U0710314

问吧 WENBA

王钧林 主编

王钧林 张磊 彭耀光 齐姜红 王光福 许东 孙娜 孙爱妮 撰写

3

有关孔子与《论语》的101个趣味问题

中华书局

图书在版编目(CIP)数据

问吧 3,有关孔子与《论语》的 101 个趣味问题／王钧林主编.—北京:中华书局,2008.5(2013.4 重印)
ISBN 978－7－101－06153－6

Ⅰ.问… Ⅱ.王… Ⅲ.①传统文化—中国—通俗读物 ②孔丘(前 551~前 479)—哲学思想—通俗读物③论语—通俗读物 Ⅳ.G12-49 B222.2-49

中国版本图书馆 CIP 数据核字(2008)第 064718 号

书　　名	问吧 3——有关孔子与《论语》的 101 个趣味问题	
主　　编	王钧林	
撰 写 者	王钧林　张　磊　彭耀光　齐姜红	
	王光福　许　东　孙　娜　孙爱妮	
责任编辑	王守青	
出版发行	中华书局	
	(北京市丰台区太平桥西里 38 号　100073)	
	http://www.zhbc.com.cn	
	E-mail:zhbc@zhbc.com.cn	
印　　刷	北京天来印务有限公司	
版　　次	2008 年 5 月北京第 1 版	
	2013 年 4 月北京第 5 次印刷	
规　　格	开本/700×1000 毫米　1/16	
	印张 16½　插页 2　字数 170 千字	
印　　数	26001-30000 册	
国际书号	ISBN 978－7－101－06153－6	
定　　价	26.00 元	

目录

4

1 为什么孔子自称是"殷人"?

孔子临死前,曾做了一个梦,梦见自己坐奠于两柱之间。醒来后,他便对守候在身旁的弟子子贡说:"予始殷人也。"七天后,孔子便去世了。孔子为什么这样说呢? 原来,按照夏商周三代的丧葬礼俗,人死以后,出殡前,夏代是将灵柩停放在东阶,周代是将灵柩停放在西阶,惟商代是停放在两柱之间。孔子临死前

梦奠两楹

梦见自己坐奠于两柱之间,正表明了他是殷人的身份。孔子是鲁国人,为何又是殷人呢?

原来,孔子的祖先是宋国人,而宋国是殷遗民的封国。公元前 11 世纪中叶,商朝灭亡,新建立的周朝按照当时"灭国,不灭其祀"的惯例,拿出商朝王畿地区的一部分封给了商纣王的儿子禄父(武庚),让他奉守商祀,不灭商朝王族的香火。不久,武庚禄父利用周王室的内部矛盾发动叛乱,被镇压后,周朝改封商纣王的庶兄微子启,让他在商朝旧都商丘一带立国,称"宋"。

微子启之后,经历了四传,到了湣公时期。宋湣公有两个儿

微子墓　在微山岛上。

子,长子叫弗父何,次子叫鲋祀。这位弗父何便是孔子的始祖。
弗父何是长子,可以继位为君,却让给了弟弟鲋祀,自为公卿,世
代相传。传了五世,到了孔父嘉时,不幸发生了一件大祸。发生
大祸的原因,在于孔父嘉有一位美丽的妻子!

孔父嘉贤而有德,在宋穆公时任大司马,穆公十分信任他,
临终时又将其子殇公托付给了他。孔父嘉娶了一位貌美的妻
子,有一次,被太宰华父督在路上偶遇,华父督惊叹"美而艳",便
起了夺为己有的邪念。当时,殇公即位不久,连连对外战争,民
众不堪忍受。华父督乘机散布流言,把战争的责任完全推到了
孔父嘉的头上,挑动起民众的不满,然后率兵攻杀了孔父嘉,霸
占了其妻。随后又杀了宋殇公。时在公元前710年。

接着孔父嘉突遭横祸而发生的,是其子孙"避祸奔鲁"一事。
这是孔氏家族史上的另一件大事。由于"避祸奔鲁",孔子先祖
才从宋国人转变成了鲁国人。

"避祸"是避华父督之祸。华父督杀了孔父嘉,又霸占了其
妻,孔父嘉的子孙惧祸及身,于是弃宋奔鲁。但到底是何人奔
鲁,由于记载疏略,便有了不同的说法。最早的说法是孔父嘉的
曾孙防叔"避祸奔鲁"。因为有人怀疑防叔距离华父督之祸已过
三代,此祸不会再对防叔构成什么威胁,认为防叔不必"避祸奔

鲁",所以又提出了后一种说法:孔父嘉的儿子木金父"避祸奔鲁"。这两种说法都有一些言之成理的地方,而且由于缺乏直接的历史证据,现在也很难判断何者为是。不过,防叔"避祸奔鲁"的说法毕竟早出,为早期的一些古文献如《世本》、《孔子家语》、《潜夫论》所记,在两说不可并存的情况下,应当取防叔"避祸奔鲁"这一说法。

防叔弃宋奔鲁,从此,孔子先祖"灭于宋",迁居于鲁国,世为鲁国人。后来,孔子认鲁国为"父母之邦",每当他要离开鲁国时,总是"迟迟吾行也",表示对"父母之邦"的一种难以离别的感情。(齐姜红)

知识链接
《诗经》里说"天命玄鸟,降而生商",商人真的和鸟有关系吗?

我国上古时代与世界上其他民族的早期历史一样盛行图腾崇拜。《诗经·商颂·玄鸟》开篇即说"天命玄鸟,降而生商"。玄鸟,通常指燕子,燕子是黑色的,所以称玄鸟;商,指商人的始祖——契。传说,契的母亲简狄,是有娀氏之女。有一天,简狄与另外两个女子一起到河里洗澡,看见一只燕子下蛋,简狄拾起鸟蛋吃进肚里,从此怀了孕,生下了契。契生当舜、禹之际,他长大后辅佐大禹治水有功,被舜提拔为司徒,又被封于商,赐给子姓。后来,契的子孙繁衍昌盛,传十四世,到成汤时建立了商朝。因为契是"天命玄鸟"而生,商人又尊契为"玄王"。

"天命玄鸟,降而生商",实际上反映了商人的图腾崇拜。上古时代,东夷人多以鸟为图腾,最著名的是少昊氏以鸟命官:祝鸠氏为司徒,雎鸠氏为司马,鸣鸠氏为司空,爽鸠氏为司寇,鹘鸠氏为司事;又让凤鸟氏、玄鸟氏、伯赵氏、青鸟氏、丹鸟氏分管历法方面的事情。这反映了少昊部落以鸟为图腾的情景。除了少昊以外,其他东夷部落也有以鸟为图腾的,如《山海经·大荒东经》提到帝俊时代的"彩鸟"、"五采之鸟",同书《大荒西经》说:"有五采鸟,三名:一曰皇鸟,一曰鸾鸟,一曰凤鸟。"可见,"五采鸟"是指凤凰；至于"五采鸟"有三名，应该是指凤凰的三个种类而言。郭沫若认为，商人崇拜的玄鸟就是凤凰；陈梦家则考证吞吃玄鸟蛋的简狄是凤凰的别名。商人最初兴起于东方，看来，商人的玄鸟崇拜与东夷人的鸟图腾崇拜是有联系的。（齐姜红）

《满洲实录》记载的满族始祖降生神话　三仙女佛库伦沐浴时误吞食神鹊所衔朱果，因而有孕，生下满族始祖。中华各民族的始祖降生也极其相似。

2 鲁国大贵族孟僖子为什么说孔子是"圣人之后"？

孔子学礼、知礼，二十多岁时在鲁国就很有名了。大贵族孟僖子集其一生经验，深知"礼，人之干也。无礼，无以立"；临死之际，后悔自己没有学好礼，乃嘱咐他的两个儿子孟懿子和南宫敬叔说：孔子是圣人之后，他的先祖弗父何有让国之德，正考父有恭敬之风。圣人之后，虽不在位，必有贤达之人。孔丘就是这样的贤达之人，我死之后，你们一定要拜孔丘为师学礼。

孔子年轻时被孟僖子指认为圣人之后，晚年则获得了圣人的称号，看来，孔子的确与圣人有缘。

孟僖子为什么说孔子是圣人之后？他的根据是孔子的先祖中弗父何和正考父有明德，是圣人。

弗父何是孔子的十世祖，也是孔子先祖中第一个从宋国公室中分立出来、由公子转变为卿大夫的人。弗父何是宋湣公的长子，按照当时的继承传统，长子应该继宋湣公之后而"有宋"的。可是，宋湣公死后，没有把君位传给儿子，而是传给了弟弟炀公。弗父何沉默不争，可是，弟弟鲋祀不干了，他杀掉了叔父炀公，欲立哥哥弗父何，弗父何让而不受，鲋祀便自立为君了，称厉公。

在这次事件中，弗父何有两次不凡的表现：一次是不与叔父争位，一次是让位给弟弟。在古代，让位即让国，这是一直受人称颂的至德，被认为是圣人之事。让国虽不多见，却也不乏典型事例。比如泰伯，他是周人先王古公亶父的长子，次子曰仲雍，三子曰季历。季历生了个儿子昌，即后来的周文王，自幼秉赋异常，很讨古公亶父的喜欢，认为他能光大周人的事业，于是想传位给他。泰伯为了成全父亲的心意，约二弟仲雍一起出走，到了南方吴越之地，断发文身，不再回来。孔子对此称赞不已，说："泰伯，其可谓至德也已矣。三以天下让，民无得而称焉。"

正考父是孔子的七世祖。他以谦恭、俭朴和熟悉古文献而著称于世。正考父曾连续辅佐宋国三君——戴公、武公、宣公，都是位在上卿，权高势重，地位显赫，然而，他不但不骄傲自满，反而愈加谦恭俭朴。《左传》昭公七年记正考父在一只鼎上自制铭文曰："一命而偻，二命而伛，三命而俯。循墙而走，亦莫余敢侮。饘于是，鬻于是，以糊余口。"这意思是说：我接受过三位国君的任命，我的地位一次比一次巩固，威望一次比一次提高，我却一次比一次谦恭：第一次任命后，我在人面前总是低着头；第二次任命后，我在人面前总是鞠着躬；第三次任命后，我在人面前总是弯着腰，连走路也

商汤　商王朝的建立者。

是小心翼翼地靠着墙边快走，然而谁也不敢侮辱我。我用这只鼎煮粥，也用这只鼎食粥，以此充饥糊口而已。这只鼎是孔氏的传家之宝，鼎上的铭文是正考父留给其后世子孙看的。

此外，正考父还是一位熟悉礼乐、爱好历史，具有很高文化水平和艺术才能的人。据说，《诗经》中的《商颂》部分就是由他校订整理的。今存《商颂》五篇，是宋国祭祀祖先的乐歌，内容是对祖先功业的赞颂。如《玄鸟》篇中有"天命玄鸟，降而生商"的诗句，《殷武》篇中有"昔有成汤，自彼氐羌，莫敢不来享，莫敢不来王，曰商是常"的诗句，歌颂了祖先承天有命、威武建国的历史功业。

弗父何和正考父有圣明之德，在当时人看来，祖宗积德，子孙其昌，所以孟僖子认定孔子是圣人之后，将来必成大气候。
（齐姜红）

知识链接
尧舜禹为什么实行禅让制？

禅让制是我国上古时代政权转移方式之一。禅让制是一种传贤的让国方式，实行于"天下为公"的"大同"时代，也就是尧舜禹时代。那时，王位的传授，不是实行传子的世袭制，而是实行传贤的禅让制。就是说，王位不是传授给自己的儿子，不在一个家族内世代相传，而是面向大众，传授给公认有才德的人。继位者必须经过严格的考察选拔，还要有各方面的推荐，才能获得继承王位的资格。

传说尧舜之间的禅让就是如此。尧年老的时候，召集大臣讨论继承人选。大臣们起初推选尧的儿子丹朱，尧认为其子不肖，没有同意；大臣们又推选共工，尧认为共工言而不实，不堪重用；大臣们最后推荐在民间以孝闻名的舜，尧表示认可，并接着对舜进行了长时间、多方面的考察。尧把两个女儿嫁给了舜，以观察舜如何治家；让九个儿子和舜一起共事，以观察舜如何接待人物；让舜担任重要官职，以观察舜如何治国。舜各方面皆有出色的表现，尧又进一步让舜摄政，以观察舜是否有天命的支持。

待一切必要的历练和考验都经过之后，尧才放心地把王位正式传授给了舜，完成了政权的和平转移。这就是历史上人们津津乐道的尧舜禅让。

尧之后，舜对于禹同样实行禅让制。禹继尧舜之志，仍按禅让制，将王位传授给了益；可是，禹的儿子启起而夺取了王位，建立了夏王朝。启中止了禅让制，死后将王位传给自己的儿子，开了传子制的先例。从此，我国历史进入了"家天下"的时代。

禅让制和世袭制，都是和平的政权转移方式。除此之外，还有暴力式的政权转移方式，如汤武革命，常用于改朝换代之际。可以说，禅让、世袭、革命是我国历史上政权转移的三种基本方式，尤其以世袭制最为常见。偶尔杂以篡夺的方式，不是政权转移的常态，缺乏最必要的合法性，不仅得不到承认，反而备受谴责。（齐姜红）

汉画像石尧帝像

3 孔子的父亲叔梁纥是大力士吗？

孔子的父亲叔梁纥，是鲁国陬邑（今曲阜市息陬乡东南一带）人，拥有士的身份，被称为陬邑大夫。据《左传》记载，叔梁纥力大无比，以勇武果敢著称。他曾经立过两次战功，"以勇力闻于诸侯"，靠着忠诚和勇敢赢得人们的称赞，很有名气。

叔梁纥第一次立功，是在鲁襄公十年（前563年），晋国率领诸侯联军围攻偪阳（今山东省枣庄市南面），叔梁纥作为一名武士，随同鲁军参加作战。在攻城时，偪阳人为诱敌入城，故意把城门打开，放一部分攻城的军队进去，再突然放下悬门，将攻城的军队拦腰截断，关门聚歼。就在悬门将要落下的刹那间，叔梁纥飞步上前，双手托起悬门，使攻进城内的鲁军及时撤了出来，避免了伤亡，为鲁军立下了战功。叔梁纥双手托起城门，无疑是名副其实的大力士。

叔梁纥第二次立功，是在鲁襄公十七年（前556年），齐国入侵鲁国臧孙氏的防邑（在今山东泗水县南28里），将鲁大夫臧纥及其弟臧畴、臧贾和叔梁纥围困在防邑中。鲁军前去解救，抵达防邑附近的旅松。待天黑之后，叔梁纥和臧畴、臧贾率三百武士，突围而出，护送臧纥到了旅松，然后又杀回防邑继续守卫。齐军无奈，罢兵而去。这一年叔梁纥已63岁，还如此英勇，很让人佩服。

很可能由于遗传的原因，孔子也是身高1.91米，筋骨强健，力大过人。《吕氏春秋·慎大》篇记载："孔子之劲，举国门之关。"关，指门闩。国门之关，指城门上用一巨大横木做成的门闩。孔子的力气虽然不及其父，但"举国门之关"的力气也非常人可比。《淮南子·主术训》篇还记载孔子有多项出众的本领："孔子之通，智过于苌宏，勇服于孟贲，足蹑郊菟，力招城关，能亦

多矣。"苌宏是周大夫，以博学多才著称，而孔子的睿智超过了苌宏。孟贲是有名的勇士，传说他"水行不避蛟龙，陆行不避兕虎"，力大至"生拔牛角"，而孔子之勇犹过之。"足蹑郊菟"，菟即兔，是说孔子双足疾跑能够追上郊外的野兔。"力招城关"，即上面提到的"举国门之关"。可见，孔子并不是一身书生气的"夫子"，而是一位智、仁、勇兼备，文质彬彬的英杰。（齐姜红）

孔子燕居像

古书中有著名的"二桃杀三士"的故事,古代的武士需要具备哪些基本素质呢?

武士,顾名思义,是习武的士。在孔子时代,武士不是专职的战士,而是士农合一,和平时期务农,有了战事则执干戈以卫社稷。到了战国时期,有了常备军,才有了专职的战士。武士的社会地位,居士、农、工、商四民之首,属于最低一级的贵族。出土的战国及秦汉文物中,有不少以武士为题材的造型,如"武士俑"和画像石中的武士形象。孔子的父亲叔梁纥就是一名武士。

武士基本的素质要求是忠诚和勇敢。忠,指忠于社稷,忠于职守。勇,不仅指行为上的敢作敢为,也指心理素质方面的沉着无畏。孟子曾经提到北宫黝、孟施舍二位武士的勇。北宫黝之勇是,刺其皮肤,若无其事;戳其眼睛,目不转睛;决不忍受一点点委屈,从他身上拔一毛,犹如在大庭广

隋武士俑

众面前鞭打他一样;刺杀万乘之君,如同刺杀匹夫;藐视诸侯,挨了骂必定还击。孟施舍之勇是,不计胜与不胜,不问敌人多少,冲锋陷阵,毫无惧色。

古书中记载了许多武士的故事,最著名的是"二桃杀三士"的故事。齐景公有三位勇士公孙接、古冶子和田开疆,力能伏

二桃杀三士

虎,功勋显赫,然而却傲慢无礼。这引起了齐景公和晏婴的忧虑。于是晏婴设计,让齐景公赐给三位武士两只桃子,让他们按照功劳的大小分食。公孙接说他一搏野猪、再搏老虎,论功应吃桃子,于是抢了一桃在手。田开疆说他手执干戈,两次击退三军之兵,立有大功,应该吃桃子,随后也抢了一桃在手。古冶子见状,高声说道:他曾随齐景公渡黄河,一只大鳖咬住驾车的马拖入河中,他跳入河里,逆流潜水百步,顺流搏斗九里,终于杀死大鳖,左手牵着马尾,右手拿着鳖头,走上岸来。论功应吃桃子,你们还我桃来! 话毕,拔剑而起。公孙接、田开疆听罢面有愧色,说:我们二人勇不如你,功不及你,吃桃不让是贪,贪而不死是无勇。于是返还桃子,自刎而死。古冶子见此大为感动,说:你们二位死了,惟独我活着,是为不仁;言语让人蒙耻,高声夺人,是为不义;行为可恨,不死,是为无勇。说完,也返还桃子,挥剑自杀。孔子说:“勇而无礼则乱。”公孙接、古冶子、田开疆勇而无礼,晏婴设计杀之,除去了齐景公的心腹之患。(齐姜红)

4 有人说孔子是私生子,这到底是怎么回事?

不少人说孔子是私生子,其根据是《史记·孔子世家》记载叔梁纥和颜徵在“野合而生孔子”。这里的“野合”二字究竟是什么意思呢? 事涉圣人,人们多有兴趣探究,很想弄个明白。古往今来,共形成了三种意见。

第一种意见认为,“野合”,顾名思义,就是指野外幽会。叔梁纥和颜徵未经婚配,在野外幽会而生孔子,孔子是私生子。

第二种意见认为,叔梁纥和颜徵在是合法婚姻。根据《孔子家语·本姓解》记载,叔梁纥原有一妻一妾,妻生九女,妾生一子。此子叫孟皮,生有残疾,是个跛子,不能承祧做继承人。年已六十多岁的叔梁纥不甘心,再向颜氏求婚。颜氏有三个女儿,最小的叫徵在。颜父征求三个女儿的意见,说:陬邑大夫叔梁纥,虽然父、祖为士,其先却是圣王的后裔。其人身高十尺,武力绝伦,甚合我意。虽说他年长性严,不足为虑,你们谁愿意嫁给他?大女儿、二女儿沉默不语,三女儿徵在说:这事儿听从父亲的安排,还问什么呢?颜父听了后,知此女可嫁,于是同意了这门亲事。

颜徵在虽然"从父命为婚",但她与叔梁纥的婚姻却不合礼仪,因为两人年龄相差悬殊,叔梁纥年近70,颜徵在不到20。古人认为,男子年过64,女子年过49,不宜结婚,结婚则为"野合"。所以,《史记·孔子世家》记叔梁纥和颜徵在"野合",是"春秋笔法",隐含了对他们婚姻不合礼仪的批评。

第三种意见是对第一种意见的补充,认为"野合"的确是在野外交合,但这是合乎当时民间习俗的。春秋时期,男女婚姻形式不像后来那样单一,民间习俗允许男女在某一特定时期自由结合,如《周礼·地官·媒氏》说:"仲春之月,令会男女;于是时也,奔者不禁。"这里的"奔",是指男女双方,无论已婚或未婚,都允许在仲春之月外出会合。而且,各地还有一些大致固定的男女相会的场所,如燕国的"祖"、齐国的"社稷"、郑国的"溱洧"、卫国的"淇上"、宋国的"桑林"、楚国的"云梦"等等,都是有名的男女相会的地方。据此,叔梁纥和颜徵在的"野合",是合乎民间习俗的行为,不值得大惊小怪。

桑林野合图

11

以上三种意见孰是孰非，似乎很难断定。综合起来看，一个比较合理的推测是，叔梁纥和颜徵在既然年龄相差悬殊，一个年近70，一个不到20，则两人不大可能是因为自由恋爱而去野外幽会；他们应有正式的婚姻，叔梁纥年老而求子心切，在已有一妻一妾的情况下，再娶颜徵在，无非是希望再生一子，因此，叔梁纥很有可能过于看重娶妾生子的目的，而忽略婚礼的形式，把婚事办得草率一些，某些环节不合礼仪，"质胜文则野"，所以被称为"野合"。（齐姜红）

知识链接
古人是如何求婚的？

我国的婚姻形式到了周代已趋稳定成熟，形成了比较规范的婚姻礼制和婚姻习俗。从一些文献记载来看，当时的婚姻关系虽然比较自由，青年男女可以大胆地追求爱情，也可以自由约会，但是，礼的约束和限制依然存在。青年男女不经媒人介绍而恋爱，不待父母之命而嫁娶，要受到社会舆论的谴责，如孟子就曾经说过："不待父母之命，媒妁之言，钻穴隙相窥，逾墙相从，则父母、国人皆贱之。"（《孟子·滕文公下》）

婚姻是人生的大事，不可草率为之，必须接受礼的规范，按照礼的程序进行。留传至今的《仪礼·士昏礼》篇，详细记载了周代士人求婚、结婚的程序及其相应的礼节仪式。我们从中可以看到古人是如何求婚的。一般来说，古人的求婚，从开始征婚到正式结婚，中间要经过纳采、问名、纳吉、纳征、请期、亲迎六道程序，简称"六礼"。

一、纳采，意思是"纳其采择之礼"，指男方请媒人提着一只雁到女方家中提亲。为什么用雁作贽礼？因为雁是候鸟，春秋迁徙，来往有时，可以象征男女双方信守不渝；而且，雁行有序，还可以象征一家之内夫妇有别、长幼有序。由于雁只在春秋两季可见，而且飞得高，捕捉不易，所以后来也用羔羊、白鹅等作贽礼。

二、问名，意在切实弄清楚女方的出身，因为女方未必是主人亲生的,也有可能是主人收养的异姓之女,在严守"同姓不婚"原则的时代,了解女方的姓、氏非常必要。

后来,问名一变而为问女方是嫡出还是庶出,重在辨其贵贱;再变而为问女方出生的年、月、日、时,以便算命先生推算男女双方婚姻是否相合。

三、纳吉,指问名之后,男方卜于家庙,以占婚事吉凶,如果占得吉兆,则再请媒人携雁赴女方家告知,定下婚事。

后世婚礼多将纳吉并入纳采,合二为一。纳吉一节虽然省去,但婚卜却照常进行。而且,周代婚卜,男方卜,女方不卜,后世则男女互卜。占卜的内容更有差异,周代卜其吉,即卜其是否尊祖宜家;后世则卜其忌,即卜其命中有无克犯之忌。

四、纳征,又称纳币,指男方备下聘礼派人送至女方家,女方接受聘礼,表示成婚,婚姻关系正式确立。聘礼一般为彩色的丝帛和成对的鹿皮。纳征之后,则进入结婚准备阶段。

五、请期,指男方派人到女方家中询问完婚的吉日,女方推辞不敢定,所派之人再将男方卜选的吉日如实相告,进一步跟女方商量,如果双方都同意,就可以定下结婚的日期。

六、亲迎,指新郎在结婚的那一天黄昏,乘车前往女方家中迎接新娘。这是婚礼中最隆重、最复杂的一个环节。据说,仅仅

合卺图

13

新娘一方就有多种仪式，如《诗经·东山》有"亲结其缡，九十其仪"的说法。将新娘迎娶进门后，首先举行合卺仪式，即：用一瓠做成两瓢状的饮酒器"卺"，二人各持一卺饮酒，称为合卺。第二天清晨，新娘沐浴梳妆之后拜见舅姑（新郎父母），婚礼才算基本完成。（齐姜红）

5 孔子的名字到底有什么来历？

关于孔子的出生，后世有许多神话传说，明清时期所绘的各种版本的《圣迹图》中，就收录了"麒麟玉书"、"二龙五老"、"钧天降圣"等几则神话传说。孔子故里曲阜及其周围地区，也流传着不少有关孔子出生的传说故事。司马迁在作《孔子世家》时，只是记载了叔梁纥与颜徵在"祷于尼丘得孔子"。

尼丘，山名，后来因为避孔子名讳而改称尼山。位于今曲

尼山致祷

阜市东南约 25 公里处，海拔 340 米，五峰并峙，中间一峰略低，称尼丘山。叔梁纥所在的陬邑，离尼山不远。传说叔梁纥夫妇婚后求子心切，按当地习俗，经常到附近的尼山祈祷，祈求尼山之神能够赐给他们一个儿子。颜徵在怀孕以后，仍然继续祈祷。鲁襄公二十二年（前551年），在一次祈祷结束后，叔梁纥扶颜徵在到

尼山东侧山脚下一个山洞里休息，在这个山洞里，颜徵在突然临盆生下了孔子。为了纪念孔子的出生，后人把这个山洞称作"夫子洞"或"坤灵洞"。

夫子洞　在曲阜东南三十公里的尼山东南麓。传说为孔子出生处。

夫子洞，原名坤灵洞，位于尼山脚下智源溪北岸，为一天然石洞。据元代杨奂《东游记》记载，坤灵洞洞名是刘晔刻的，曾经有人手持火把深入夫子洞中，走到约三四丈深的时候，忽然发现有一石室，中间有天然形成的石床石枕。元代至正三十年（1370年），曾在洞中置孔子石像，在洞前立"尼山孔子像记碑"，今皆不存。后来，夫子洞渐为智源溪流沙所淹没，1979年清除了淤沙，才见其全貌。现在的夫子洞，深、阔仅两米多，洞前立"夫子洞"石碑。

司马迁《孔子世家》在记载叔梁纥夫妇"祷于尼丘得孔子"之后，继续写道：孔子"生而首上圩顶，故因名曰丘云"。这是说，孔子名丘的来历，与尼山有关。《白虎通·姓名》篇说得很明白："孔子首类鲁国尼丘山，故名为丘。"所谓"首上圩顶"，是指孔子头顶的形状而言。什么是"圩顶"？唐代司马贞《史记索隐》解释

15

说："圩顶，言顶上窳也。"窳，通洼，凹低的意思，"圩顶"即指头顶凹陷。由于"圩顶"取象于尼丘山，所以又被称作"尼首"。值得注意的是，历史上不止孔子一人拥有这种颇为独特的头部特征，《后汉书·高获传》记高获"为人尼首方面"，唐代李贤注曰："尼首，首象尼丘山，中下四方高也。"看来，作为一种独特的相貌特征，一个人的头顶中间低、四周高，是的确存在的，——不过，不可能是全部头顶都如此，很可能是头顶上的某个局部如此。（齐姜红）

知识链接
麒麟送子的传说与孔子有什么关系？

麒麟送子是传统社会盛行的祈子习俗之一。古人认为，麒麟是"兽之圣者也"，是仁兽，是吉祥的象征，求拜麒麟可以生育得子。而且，古人还常常把自己的儿子比作麒麟，以赞美其聪明俊秀，称作"吾家麒麟"；民间则有"麒麟儿"、"麟儿"一类的美称。传统的吉祥图案中，多有麒麟送子图，麒麟送子的木板画上往往刻着一副对联："天上麒麟儿，地上状元郎。"

中国人自古多有祈子的习俗，形式多种多样，而且还受到外来文化的影响，如民间多称观音菩萨为送子娘娘。可是，很少有人知道，麒麟送子的传说，与孔子有关，源于孔子出生的神话传说。

西狩获麟

据东晋王嘉《拾遗记》记载："夫子未生时，有麟吐玉书于阙里人家，文云：水精之子，系衰周而素王……徵在贤明，知为神异，乃以绣绂系麟角，信宿而麟去。"这是说，孔子出生之前，有一头麒麟来到了阙里，从嘴里吐出一方帛书，上面写着："水精之子，系衰周而素王。"颜徵在聪慧，知道这是祥瑞，就把一条彩绣丝巾系在麒麟的角上，第二天麒麟走了。接着孔子就诞生了。后来，人们将这则神话传说演绎成了麒麟送子，广为传播。

此外，《春秋》、《左传》、《史记》等还记载了一则孔子与麒麟有关的事。鲁哀公十四年（前477年）春天，鲁国人在其西郊大野泽狩猎，捕获了一只麒麟。孔子见到后，认为麒麟在该出现的时候出现是祥瑞，在不该出现的时候出现是不祥之兆，麒麟这时出现是不祥之兆，因此十分伤感地悲叹"吾道穷矣"，在其所作的《春秋》书中记下"西狩获麟"四字，就搁笔不再作了。过了两年，孔子就去世了。如此看来，孔子一生还真的与麒麟有关系呢。
（齐姜红）

6 孔子到底是哪一天出生的？

孔子诞辰到底是哪一年、哪一天？虽然古文献有明确记载，但由于记载不一，也由于古今历法不同而导致推算的结果有差异，所以一直存有争议。

孔子的去世年，《左传》、《史记·孔子世家》记载一致，是鲁哀公十六年四月十一日，即公元前479年夏历二月十一日，这很少有争议。但孔子出生的年、月、日，却有不同的记载：

《公羊传》：鲁襄公二十一年，"冬，十月庚辰朔，日有食之。十有一月，庚子，孔子生"。

《谷梁传》：鲁襄公二十一年，"冬，十月庚辰朔，日有食之。庚子，孔子生"。

《史记·孔子世家》："鲁襄公二十二年而孔子生。"

以上三种记载，关于孔子的出生年，《公羊传》和《谷梁传》一致，都是鲁襄公二十一年，即公元前552年；《史记·孔子世家》所记差了一年，是鲁襄公二十二年，即公元前551年。这就产生了问题。历史上，这两说并存，各有一定数量的支持者，双方旗鼓相当，以致很难达成共识。值得注意的是，孔氏族人从南宋时就认取《史记·孔子世家》的记载，以鲁襄公二十二年为孔子的出生年。所以，到了民国时期，《史记·孔子世家》所记的鲁襄公二十二年说，得到了广泛的认同，至今沿袭不改。

关于孔子出生的月、日，《史记·孔子世家》没有记载，《公羊传》的记载是十一月、庚子日，《谷梁传》的记载是十月、庚子日。两者所记，日期一致，月份有差异。对于这个月份差异，实际上前人早已解决。从宋代起，不断有学者指出《公羊传》所记十一月有误，认为按当时历法，十月有庚子日，十一月无庚子日，因此，应当采用《谷梁传》的记载。问题是《谷梁传》所记"十月，庚子"，是周正，即周代历法，换算成如今仍然通行的农历，是哪一月、哪一天呢？

唐代应劭著、明代孔彦绳增修的《孔庭纂要》明确指出："鲁襄公二十二年，冬十月，庚子日，先圣生，即今之八月二十七日。"即把孔子诞辰日定为农历八月二十七日。此外，清代崔述《洙泗考信录》指出应定为八月二十一日。《孔庭纂要》的说法，为此后数种阙里文献包括《孔子世家谱》所采用，成为孔氏族人认同的孔子诞辰日，也逐渐为国人所接受。1914年，孔教总会把农历八月二十七日定为"孔子大成令节"。1934年7月，南京国民政府制定并公布了《先师孔子诞辰纪念办法》，明确规定农历八月二十七日是孔子诞辰纪念日。沿袭至今，农历八月二十七日成了人们普遍接受的孔子生日。

1999年，江晓原教授重新研究了孔子的出生时间问题。他考察发现，同样记载孔子出生，鲁襄公二十一年有日食记载，鲁襄公二十二年无日食记载。而根据现代天文学知识推算，鲁襄公二十一年，在曲阜的确可以见到一次食分达到0.77的大食分日偏食。这说明《公羊传》和《谷梁传》的记载是准确的。江晓原教授据此考定孔子出生于鲁襄公二十一年十月庚子,即公元前552年10月9日,卒于鲁哀公十六年四月己丑,即公元前479年3月9日。这是一项值得重视的最新研究成果。(齐姜红)

知识链接
民间俗语为什么说"七十三、八十四,阎王不请自己去"?

我国民间有一句流传甚广的俗语:"七十三、八十四,阎王不请自己去。"意思是说,一个人活到了73岁或84岁,就到了一个不吉利的"坎",不大容易过得去,要特别小心。而过了这道坎,就可以放心几年了。这句谚语虽然没有丝毫的科学根据,但对老年人的心理有很大的影响,连毛泽东晚年都说过呢。

这句谚语是怎么来的呢?应该说,它的来历并不神秘,但却相当的不平凡。原来,73、84这两个年龄,正是我国历史上两位圣人孔子和孟子所享的年龄。孔子活了73岁,孟子活了84岁。孔子的生卒年,史有记载;孟子的生卒年,却语焉不详,一般考证认为,孟子生于公元前372年,卒于公元前289年,周岁是83岁,虚岁是84岁。由于孔孟是圣人,一言一行都是人们学习的榜样,连他们的年龄也是如此,久而久之,73、84便成了两个象征性的数字,是老年人可能"学"又怕"学"的两个年龄。

须知,在孔子、孟子生活的春秋战国时期,人的平均年龄不过三十多岁,孔子活到73岁,孟子活到84岁,已是十分难得的高寿。孔子说"仁者寿",那时,人们美慕孔孟享有高寿,并不忌讳73或84,反而认为能够活到73岁或84岁是人生的奢望和幸运。只是到了现代,随着经济和社会的发展,人们的生活水平有了极大提高,我国多数地区人的平均寿命超过了70岁,"人生七十古来稀"已成为历史陈迹。这时,许多老年人年龄一到73或84,就往往联想到人生的那道坎,视73或84为不吉利,避之惟恐不及。

其实,据统计,老年人死于73或84的,并不比其他年龄的

19

商山四皓图　此为东汉彩箧漆画。

多，也就是说，73 或 84 并非危险年龄。老年人与其为此担心忧愁，不如学学孔孟的养生之道。孔子晚年根据他的切身体会，提出养生之道在于"三戒"："少之时，血气未足，戒之在色；及其壮也，血气方刚，戒之在斗；及其老也，血气既衰，戒之在得。"指出人到了老年，不要患得患失，要保持平和心态。（齐姜红）

7　孔子的父亲叫叔梁纥，他为什么姓孔？

　　孔子的父亲叫叔梁纥，他叫孔丘，父子二人的名号显然有着结构性的差异。孔子的名号中，有名有姓，名丘姓孔。叔梁纥的名号中，却有名无姓；纥是名，故叔梁纥又称陬人纥；叔梁不是姓，而是字。那么，孔子为什么姓孔？

　　从文献记载可知，孔子的列祖列宗中，没有以孔为姓的，孔姓是从孔子开始的。孔子的祖先不姓孔，姓什么？姓子。孔子自称是殷人，其祖先属于殷遗民。在先秦，商、周两代，商是子姓，周是姬姓。但在当时，女子称姓，男子不称姓。所以，孔子的祖先姓子，但他们的名号中都不冠以子姓。

孔子祖先姓子，孔子本人自然也姓子，这确定无疑。孔子怎么又姓孔呢？

原来，准确地说，孔并不是孔子本人的姓，而是他的氏。古人的姓与氏是分开的，男子不称姓，称氏。孔子的孔，最初是氏，后来才变成了姓。孔子的孔，作为氏号，也就是孔氏，又是从哪儿来的呢？古文献中已有明确答案。《孔子家语·本姓解》指出：孔子先祖本是宋国公室成员，传到孔父嘉时，"五世亲尽，别为公族，故后以孔为氏焉"。《阙里文献考》卷一也说：孔子先祖从弗父何到孔父嘉，"五世亲尽，当别为公族，乃以字为孔氏"。这是说，孔子先祖弗父何让国后，其子孙仍然属于宋国公室成员，传了五世，到了孔父嘉的时候，按照宗法制的规定，五世亲尽，不能再继续列入公室，而是应该别立一族。别立一族，必须有个族的名号，于是就取孔父嘉的字作为族的名号。孔氏的孔，是从孔父嘉那儿来的，孔是孔父嘉的字。

孔氏虽然从孔父嘉开始别立一族，但那时男子的名号，称氏，称名，称字，似乎并无一定之规，所以，孔父嘉以后，孔子的先祖如木金父、祈父、防叔、伯夏、叔梁纥，都不称氏，其名号中都无孔字。孔氏一系，名号中称氏的，是从孔子开始，其后固定下来，如孔子的儿子叫孔鲤，孙子叫孔伋，曾孙叫孔白，玄孙叫孔求，等等。后来，氏变成了姓，孔也就由氏变成了姓。

由于孔子是圣人，也由于孔氏是从孔子开始固定下来，所以战国中后期孔子的直系子孙皆奉孔子为始祖。据《孔丛子·独治》篇记载，孔氏后人为祭祀先祖，立有两座祖庙，一是弗父何之庙，一是孔子之庙。孔子九世孙孔鲋说：他们"哭孔氏之别姓于弗父之庙，哭孔氏于夫子之庙"。孔鲋所说的"孔氏之别姓"，是指孔氏别立一族以来的其他分支，这些分支并不以孔为氏，所以称"别姓"；所有孔氏和孔氏之别姓，都奉弗父何为始祖。孔鲋所说的"孔氏"，则是指孔子的直系后裔，都以孔为氏，都奉孔子为始祖。（齐姜红）

知识链接
古代姓与氏有分别吗？

今天我们所说的姓氏，拆分开来，或曰姓，或曰氏，以及合而言之曰姓氏，其意义完全一样，如：赵钱孙李，周吴郑王，都是一家一族的名称。然而，在古代却并非如此，姓与氏是有分别的。

南宋郑樵《通志·氏族略序》说："三代以前，姓氏分而为二，男子称氏，妇人称姓……三代之后，姓氏合而为一。"清初顾炎武《日知录·氏族》进一步指出："姓氏之称，自太史公始混而为一。"

古代学者显然注意到了姓与氏的分别，并且指出，姓与氏的合而为一，是从汉代才开始的。问题在于，汉代以前姓与氏有什么分别？

简单地说，姓大氏小，氏是从姓分化出来的。在古代，一个有着共同血缘关系的宗族，有一个总名；随着人口的繁衍，这个宗族不断分裂出一些分支，各个分支又都有自己的别名。这个宗族的总名就是姓，各个分支的别名就是氏。以周人为例，周人是黄帝之后，姬姓；周人灭商后，建立了周朝，接着封建了许多同姓诸侯，如鲁、卫、晋、曹、滕等等，这些诸侯都以国为氏；各国诸侯传至几代之后，再封立卿大夫，卿大夫或以王父字为氏，或以官为氏，或以封邑为氏，如鲁国有展氏、臧氏、东门氏、季孙氏、孟孙氏、叔孙氏等等；以此类推，卿大夫再分置"侧室"、"贰宗"，如，从季孙氏分立出公父氏，从叔孙氏分立出叔仲氏，从孟孙氏分立出子服氏，等等，这又产生了一些氏。在这个大系统中，姬姓是始终如一的，从天下、诸侯、卿大夫、士一直到庶人，都属于姬姓；而各个不同层次的分支，则各有各的氏，并且，不同层次的氏之间，还有大宗、小宗的从属关系。

可见，在周代，姓与氏截然不同。男子称氏，是为了表明自己的族属，让人一看即知从属于哪个宗族哪个分支。女子称姓，则是为了严守"同姓不婚"的原则，避免与同姓谈婚论嫁的尴尬。

（齐姜红）

8

孔子和他的孙子子思真的都没长胡子吗?

成年男人长胡子,换言之,长胡子是男子成熟的标志。而且,胡子具有重要的美容作用,所以男人很重视修饰自己的胡子。一位留着大胡子的男人,如果被称为美髯公,往往给人以飘逸、潇洒、俊秀的印象,心里不免有几分得意。

正因为胡须具有重要的美容作用,几乎所有的孔子画像都给孔子画出了长长的胡子,——当然不是美髯公的形象,而是稳重、威严、睿智的圣人形象。

然而,历史的真相是,孔子不长胡子!并且,孔子的孙子子思也不长胡子。据《孔丛子·居卫》篇记载,子思到了齐国,齐国国君见子思没有胡子,便指着身旁一位“美须眉”的嬖臣,戏弄子思说:如果相貌可以互换的话,我不惜将此须眉让给先生。子思正色回答说:一个人是否贤明,在德不在貌,“且吾先君生无须眉,而天下王侯不以此损其敬”。意思是说,孔子虽然“生无须眉”,但天下王侯并不因此而降低对孔子的崇敬。孔子祖孙二人都不长胡子,大概是遗传的原因吧。

《孔丛子》是记述孔子及其八世子孙言行的书,共21篇,过去一向被视为伪书。然而,现代学者研究认为,《孔丛子》并非伪书,其成书经数代人之手,不免有讹误;书中所记大多有所本,其中记述子思言行的六篇,很可能杂取《子思子》

子思　画像中的子思长有胡须,这和真实的子思可能有距离。

问吧
三

一书,应有可信的资料。据此,可以认为,子思游齐,因为不长胡子而受到齐国国君的戏弄这样的细节,恐怕很难臆造出来;子思回击齐国国君,连带说出孔子也不长胡子,更是细节中的细节,尤难臆造。所以说,《孔丛子》关于孔子、子思不长胡子的记载应该是可信的。明代学者陈继儒、清代学者杭世骏等都曾据此指出,孔子本无胡须,而所见孔子像多胡须,是错误的。(齐姜红)

知识链接
孔氏有无家学传统?

孔子死后,他的后世子孙是否继承了先人之业,形成了一个家学传统? 答案是肯定的。

《史记·孔子世家》记孔子死后,他所居住过的房屋,立即被改造成了家庙,内藏孔子的衣冠、琴、车、书等,成为最早的孔子纪念堂。直到二百多年后,司马迁到曲阜还参观了这座因宅为庙的孔子纪念堂——司马迁称其为"仲尼庙堂",看到了陈列其中的车、服、礼器,以及学生们按时到这里来演习礼仪。"仲尼庙堂"自然成为孔氏家学发生、兴起的场所。

孔氏家学由孔子发其端,子思踵事增华,大约到孔穿、孔谦、孔鲋时蔚然形成。

在孔氏家学的形成与传承中,大致有三个方面值得注意:

(1)家藏文献的保护与传授。孔子整理、使用过的六经,以及子思等人的著述,自然藏于"仲尼庙堂",细心保护,世代相传。到了秦始皇焚书坑儒时,孔子九世孙孔鲋,将其家传的《论语》、《孝经》、《尚书》等书秘藏于祖宅壁中,然后逃到嵩山隐居。到汉初鲁恭王拆除孔

孔子故宅门　在孔庙东墙外,元代建筑。

子故宅时，这批珍贵的文献被发现，成为两汉学术的一件大事。

（2）记述家学源流的著作。比较重要的有：

《孔丛子》，三卷，二十一篇，相传为孔鲋所作。主要记述孔子、子思（孔伋）、子上（孔白）、子高（孔穿）、子顺（孔腾）、子鱼（孔鲋）等孔氏重要人物的言行。

《孔子家语》，原书二十七卷，见《汉书·艺文志》著录，为孔子弟子所撰，早已亡佚。传世本《孔子家语》，是三国时期王肃收集整理的，共十卷，四十四篇。主要记述孔子的言语行事以及孔子的祖先、弟子等各方面的情况。

《孔子三朝记》，相传为孔子三见鲁哀公所作，《汉书·艺文志》有著录，共七篇，今已不传。

（3）孔氏学人及其著作。这是孔氏家学的最重要的一个方面。从孔子开始，孔氏人才辈出，著述宏富。除了孔子以外，孔子的孙子子思是儒家思孟学派的创始人，有著作《子思子》七卷，亡佚，但有一些篇章见于《礼记》以及简帛儒家文献，藉以留传于世。孔子七世孙孔穿是战国名士，曾与名家公孙龙辩论"坚白异同"而取胜，著作有《谰言》一卷十二篇。孔子九世孙孔鲋，博学多才，教授弟子，著作有《孔丛子》。孔子十一世孙孔臧，西汉时为博士、太常，著作有《太常集》一卷十篇、《连丛子》两篇。孔子十一世孙孔安国，是西汉著名经学家，《尚书》古文学的开创者，著述有七八种之多。自孔安国以后，孔氏专攻经学而成名的有，孔子十三世孙孔霸、孔骥，十四世孙孔光，十六世孙孔奋、孔奇，十世孙孔嘉，十九世孙孔宙、孔僖，等等。由此可见，从孔子开始，孔氏形成了传世悠长的家学传统。（齐姜红）

9 孔子有特殊的相貌吗？

孔子是圣人，而且是至圣，是圣人中的圣人。在古人眼中，

凡是圣人往往有异相,比如,黄帝龙颜,尧眉八彩,舜目重瞳,皋陶鸟喙,禹耳三漏,文王四乳,周公背偻,等等。孔子既然是至圣,更有多种异相。曲阜民间传说,孔子相貌有"七露",即:眼露白,耳露轮,口露齿,鼻露孔。七窍豁露,不甚美观,所以"七露"又写作"七陋"。《孔丛子·嘉言》篇记周大夫苌弘在与孔子见面后说:"吾观孔仲尼有圣人之表。河目而隆颡,黄帝之形貌也;修肱而龟背,长九尺有六寸,成汤之容体也。"据说《世本》更记孔子有"四十九表",即指孔子的体态、相貌有四十九种特征。看来,至圣的孔子在体态、相貌上也是集圣人之大成。

孔子真有特殊的长相吗?

孔子行教像　传为唐代吴道子作,此为明代摹本。

应该说,孔子在世的时候,人们已经注意到了他的长相。《史记·孔子世家》记载,孔子周游列国,途经郑国时,不慎与弟子走散,独自一人来到了郑国城门下。子贡随后到达,便打听孔子在哪儿。郑人告诉子贡城东门有一个人,脑门像尧,脖子像皋陶,肩膀像子产,然自腰以下不及禹三寸。子贡果然到那儿找到了孔子。那么,孔子到底长得什么样呢?1990年,李启谦、王钧林两先生发表《孔子体态、相貌考》一文,根据各种文献记载,对孔子的体态、相貌进行了比较详细的考证。该文得出的结论是,孔子的体态特征有五项:

（1）身材高大。

（2）上身长,下身短。

（3）驼背。

（4）胳膊长。

（5）筋骨强健，力大过人。

孔子的相貌特征也有五项：

（1）头顶局部凹陷。

（2）面貌比较丑陋。

（3）头上七窍豁露。

（4）天庭饱满。

（5）没有胡须。

这些体态、相貌特征，多无异于常人之处，但也有一些为常人所罕见，如头顶局部凹陷、头上七窍豁露、没有胡须三项。如果说孔子有特殊的长相，这三项就算是吧。（齐姜红）

知识链接
释迦牟尼的"相好"是指什么？

释迦牟尼是佛教的创始人，佛教传入中国后，逐渐形成了儒释道三教鼎立的格局，儒释道三教的创始人孔子、释迦牟尼、老子并称为"三圣"。同孔子一样，释迦牟尼的出生和长相也有着许多异于常人之处，孔子的长相有"四十九表"，释迦牟尼的长相则有着"三十二种相，八十种好"，合而称之曰"相好"。

"三十二种相"，指释迦牟尼的形体、相貌有三十二种特征，如：足下平安相、手长过膝相、七处隆满相、眉间白毫相、肉髻相，等等；"八十种好"，则是指在"三十二种相"的基础上再进一步具体化的八十种形体、相貌特征，如：手足光泽红润、手纹深长明直、额广平正、手足及胸前有吉祥喜旋德相（即卍字），等等。佛经认为释迦牟尼福德圆满，智慧俱足，"身有无量相，相有无量好"。

释迦牟尼（前565—前486年），原是古印度迦毗罗卫国（今尼泊尔境内）的王子，姓乔答摩，名悉达多。成佛后，被尊称为释迦牟尼，意思是"释迦族的圣人"。传说他是从母亲的右肋降生的，出生后，父亲净饭王请了许多仙人为其看相。众仙人异口同声地说：王子具有三十二种相，八十种好，如果在家，一定会做转轮圣王，如果出家，一定会成佛。但众仙人不能预知王子将来究竟是在家还是出家，于是净饭王又请来了智慧超群的阿私陀仙。

释迦牟尼塑像　敦煌莫高窟北魏时期塑像，神情沉稳庄重，面露微笑，被誉为"东方的蒙娜丽莎"。

阿私陀仙仔细地看了半天，突然把王子高高举在头顶上，放声大哭起来，哭得非常伤心。净饭王莫名其妙，问："你为什么哭得这么伤心，难道王子的相有什么问题？"阿私陀仙回答："不，王子的相实在是太好了，真是德慧俱足，相好庄严。王子有三十二相，第一是肉髻相，第三十二是足下千辐轮相。全世界只有二个人有三十二相，一个是佛，一个是转轮圣王。转轮圣王的三十二相远远不及佛的三十二相那样分明。如今王子的三十二相，是相相分明，端正润泽，将来一定是出家成佛的。我现在已经120岁了，等到王子成佛，向众生说法的时候，我早就死了，不能亲见佛的金身，不能亲闻佛的妙法，我心里十分难过，深感悲伤。"

据佛经记载，乔答摩·悉达多王子在29岁时深感人生有生、老、病、死诸多苦恼，舍弃王子生活，出家修行；35岁时，在菩提树下大彻大悟，证得宇宙人生真谛，创立了佛教。（齐姜红）

10 最早的孔子像是哪个时代的？谁画的孔子像最流行？

现在人们能够见到的孔子像，林林总总，不计其数，孔子故里骆承烈教授一人收藏的孔子像,就多达两千余件。各种各样的孔子像,从分布上说,不仅在国内常见,而且遍及世界各地;从年代上说,有汉代的,有当代的,时间跨度达两千多年;从材质上说,有纸绘、布绣、石雕、木雕、泥塑、陶制、金属制,等等;从形象上说,有帝王形象的、先师形象的、平民形象的,也有正面形象的、反面形象的,等等;从活动内容上说,有读书的、讲学的、从政的、周游列国的,等等。可谓层出不穷,应有尽有。

孔子见老子画像砖

历史上最早出现的孔子像,传说是孔子弟子子贡雕刻的孔子夫妇楷木像。到了汉代,出现了若干新的孔子像。汉景帝时,蜀郡太守文翁创办学校,称"文翁石室",即供奉孔子像。东汉时,则在孔庙内绘有孔子及七十二弟子像。可惜这些汉代孔子像今已不存,我们今天能够见到的,是汉画像石上的孔子像,尤以孔子见老子图最著名。2007年10月,在山东东平县发现的汉墓壁画中,有一幅是保存完好的"孔子见老子"的彩色壁画,色泽鲜艳,线条清晰,殊为珍贵。这是我们目前所能见到的最早的孔子画像,也是比较而言最接近历史真实的孔子画像。

汉代以后,随着绘画艺术的提高与普及,备受尊崇的孔子成了画家创作的主题人物。南朝梁元帝萧绎画的孔子像及其亲笔题写的赞辞,被时人称为"三绝"。唐代著名画家王维、阎立本、吴道子等都画有孔子像,其中,吴道子所画的孔子行教像,广为流传,影响最大,为人们普遍认可和接受,成为迄今最流行的孔子像。另一幅流传甚广的孔子像,是明代不知何人所作的"孔子燕居像"。

孔子后裔收藏有不少珍贵的孔子像。据孔子四十七代孙孔传所著《东家杂记》记载,衢州孔氏家庙所藏孔子画像,孔子身着燕居服,颜回从行,世称"先圣小影",认为此像"于圣像为最真"。传说"先圣小影"是晋顾恺之所绘。这应是孔子后裔收藏的最珍贵的孔子像。

各种各样的孔子像,都力图反映真实的孔子,但是,由于历史久远,谁也不知孔子究竟长得什么样子,所以无法判断那个孔子像最接近真实的孔子。尽管如此,人人心目中都有一个孔子形象,人人都按照自己心目中的孔子形象,走近孔子,理解孔子,崇敬孔子。(齐姜红)

知识链接
孔府有什么世代相传的传家宝?

孔子夫妇楷木像,又称孔子及亓官夫人楷木雕像,是孔府世代相传、不轻易示人的传家宝。楷木圣像共有两尊,表面呈褐色。孔子雕像高 38 厘米,身着大袖长袍,手捧笏板,神态威严。亓官夫人雕像高 41 厘米,长裙垂地,雍容大方。因为从不轻易示人,不是祭祀的时候不许瞻仰,很少有人见到真的楷木圣像,见到的只是其照片或复制品。

孔子及亓官夫人楷木像 孔府的世传之宝,传为子贡所刻。

楷木圣像世代供奉于孔府。南宋建炎三年(1129年),金兵大举南下,衍圣公孔端友随宋高宗南渡,将楷木圣像带到了浙江衢州。传说,孔端友一行乘船渡江时遭遇暴风雨,船被掀翻,孔端友紧抱楷木圣像,随波逐流,情形万分危急。这时,孔端友忽然感觉有三位神人托着他,顶风破浪,慢慢游到了长江南岸。登岸后,赶紧焚香祷谢,只见香火缭绕处,出现了"鲁阜山神"四个大字。孔端友恍然大悟，原来是故乡山神在护送圣像。后来，衍圣公在衢州孔氏家庙内修建了鲁阜山神祠，楷木圣像则供奉于孔氏家庙内的思鲁阁。1959年后，楷木圣像藏于曲阜孔府。

世传孔子及亓官夫人楷木雕像，是子贡在孔子去世后庐墓六年，为追思孔子而雕刻的。20世纪二三十年代，鉴赏家余绍宋有幸几次见到楷木圣像，据他介绍，楷木圣像木质坚硬如石，雕刻古朴、浑厚，虽然不敢断定必是子贡所刻，但应是汉代以前的作品；指出："木质而能流传至今，世间更无其偶，况属圣容，尤堪称重。"因此，孔子及亓官夫人楷木雕像异常珍贵，不仅是孔府的世传之宝，也是难得的国宝。（齐姜红）

11

孔子小时候游戏玩什么？

孔子父亲叔梁纥在孔子3岁时候去世，母亲颜徵在二十多岁便成了寡妇。在丈夫原有的一妻一妾以及九个女儿、一个儿子组成的大家庭里，叔梁纥在世的时候，颜徵在母子能够受到保护和照顾，然而，如今叔梁纥永远地走了，颜徵在孤独无依，她明白她必须离开这个人多、复杂的大家庭，于是她带着自己的儿子离开了叔梁纥家，孤儿寡母从陬邑来到了鲁国国都曲阜，在城内

为儿戏图

问吧三

阙里找到一处房子定居了下来。母子二人相依为命，从此开始独立谋生，过着贫贱而清苦的生活。

这时的鲁国国都曲阜，不仅是鲁国的政治、经济、文化的中心，而且还是整个东周除了京师洛邑之外另一个文化重镇，保存有大量的典籍资料，素有礼乐之邦之称。据《左传》记载，鲁襄公二十九年（前544年），孔子7岁时，吴国人季札遍游鲁、齐、郑、卫、晋几个诸侯国，只有在鲁国观赏了当时惟一保存比较完备的周代乐曲，当他依次观赏了二十几种乐舞后，惊叹："观止矣！若有他乐，吾不敢请已。"四年后，孔子11岁时，晋国大夫韩宣子来到鲁国，在考察了鲁国的典章文物方面的情况后，赞叹："周礼尽在鲁矣！"不仅如此，鲁国人还普遍好学，学礼学乐，蔚然成风。有一次，周大夫原伯鲁对学不以为然，说："可以无学，无学不害。"鲁国人听后，表示十分诧异，说："夫学，殖也。不学将落，原氏其亡乎？"在鲁国人看来，学习如同种植草木，不学，才智日退，就像草木枯萎落叶一样。显然，这样一种发达的礼乐文化环境和浓郁的好学氛围，十分有利于孔子的成长。

颜徵在带着3岁的儿子来到国都曲阜，最初考虑的也许只是谋生，但孔子幼时表现出的聪慧，以及她母子二人的生活磨难，使她觉得必须把儿子培养成一个受人尊敬的有学识、有教养的人，她把自己的全部希望都寄托在了年幼的儿子身上。据《史记·孔子世家》记载："孔子为儿嬉戏，常陈俎豆，设礼容。""俎豆"是祭祀时用于存放供品的礼器。"礼容"则是祭祀的礼仪动作。这是说，孔子小时候玩游戏，常常把俎豆一类的礼器摆放出来，模仿、练习祭祀的礼仪。我们知道，祭祀是大人的事情，小孩子凑凑热闹，看了

纹饰漆木俎　　　　　　　　　　雕花漆木豆

几遍后,觉得好玩,便模仿一下,这不足为怪。可是,如果是经常性的模仿,就不同寻常了。儿童心理学告诉我们,在通常情况下,儿童对于成年人的行为很难形成习惯性的模仿,而孔子相反,他玩游戏时常常模仿大人们的祭祀礼仪,这其中一定有母教的因素在起作用。郑环《孔子世家考》说:"颜徵在'豫市礼器,以供嬉戏'。"这是说,母亲颜徵在买礼器给儿子当玩具,供儿子游戏用。可见,孔子儿时的游戏,用礼器作玩具,是母亲的引导。颜徵在不仅意志坚强,而且聪慧有眼光,实在是一位伟大的母亲!(许东)

知识链接
礼器的种类和用途是什么?

"礼器"是专为施行礼仪而设的器具,常在祭祀、朝聘、宴飨、征伐及丧葬等各种典礼、仪式上使用,是当时极为贵重的器物。

礼器是伴随着礼的出现而出现的。从考古发现来看,我国早在距今五六千年前,就已有了玉制和陶制的礼器,而且达到了相当高的制作水平。到了夏商周三代,礼乐文化逐步走向繁荣,夏礼、商礼、周礼及其礼器十分发达,不仅种类多,式样新,制作精美,更重要的是,这时期的礼器,有不少是用青铜制作的,体现了金属的发明和使用所带来的社会进步。

我们今天所能见到的礼器,主要是商周礼器,几乎都是出土的珍贵文物。仅以青铜礼器为例,大致可分为四类:一是食器类,有鼎、鬲、甗、簋、簠、盨、敦、豆等,尤以鼎为最重要。二是酒器类,有饮酒器爵、觯、觥,盛酒器尊、卣、壶、罍、罂、觚等。三是盥洗器,有匜、盘、鉴等。四是乐器,有钟、铙、铎、铃等。由于青铜器代表了那个时代生产和工艺的最高水平,所以历史学家习惯上称之为"青铜时代"。

商周时期,礼器与礼配合使用,根据《礼记·礼器》篇和其他文献的记载,不同的礼器及其组合体现着什么,在什么场合使用什么样的礼器,以及什么身份等级使用什么样的礼器,等等,当时都有着详细的说明和严格的规定。以周代的列鼎制度而言,不同的等级有不同数量的规定:天子用9鼎,诸侯用7鼎,卿大夫用5鼎，士用3鼎或1鼎。无视规定而多用，是违礼的僭越行为，是要受到谴责和惩罚的。

由于周代青铜器比较普及，一般贵族之家都有大小、数量不等的礼器。孔子五十多岁从政后，拥有了大夫的身份，也同样如此。《史记·儒林列传》记载，秦末陈胜、吴广起义，"鲁诸儒持孔氏之礼器，往归陈王"。这里所说的"鲁诸儒"，其中包括孔子的九世孙孔鲋。可见，孔子后裔保存了一些传家的礼器。汉代独尊儒术以后，孔子及其后裔的社会

"商周十供"中的周伯簠彝

地位大幅提升，孔府不断受到帝王的封爵和赏赐，以至于成为名副其实的"天下第一家"。为了祭孔的需要，孔府内备有不少的礼器，最珍贵的就是著名的"商周十供"，即木工鼎、父乙卣、亚弓觚、方鼎、饕餮甗、牺尊、伯簠彝、宝簠、蟠夔敦、夔凤豆。"商周十供"原为清宫珍藏，1771年，由乾隆皇帝赐与孔子七十一世孙、衍圣公孔昭焕。经多次鉴定，"十供"中，木工鼎、父乙卣、亚弓觚属于商代，牺尊疑为宋代仿制，其余6件属于周代。"商周十供"是极为难得的完整组合，是国宝中的极品。（许东）

12 孔子为什么将父母合葬在一起？为什么修坟？

孔子17岁时，母亲颜徵在由于生活的压力，终日辛勤劳作，

积劳成疾,再加上心情孤寂,无依无靠,三十多岁便过早地离开了人世。

《史记·孔子世家》中有孔子将父母"合葬于防"的记载。孔子父亲叔梁纥在孔子 3 岁时去世,葬于防山,当时孔子年幼,并不知道父亲所葬之处。而且,母亲生前也没有告诉他父亲的墓在什么地方。那时的墓,大多没有封土,没有明确的标记,很难辨认、寻找。孔子虽然年仅 17 岁,一个人独立承担母亲的丧事,但他表现不凡,他做出了一个重要决定,将母亲与父亲合葬在一起。由于暂时不知父亲的墓在什么地方,孔子将母亲的灵柩停放在一个叫"五父之衢"的地方,然后四处打听父亲的墓,而鲁都曲阜城内无人知晓。后来,还是一位好心的陬邑妇女,她熟悉孔家的情况,她从儿子挽父嘴里知道了孔子葬母的难题,于是她将叔梁纥墓的确切位置告诉了孔子,孔子才得以将父母合葬于防。防,指防山,今曲阜市东约 13 公里处。防山北麓有梁公林,即叔梁纥和颜徵在合葬的墓地,孔子的哥哥孟皮死后也葬在这里。

梁公林 孔子父母墓地。

孔子坚持将父母合葬,这反映了他对父母的深厚感情,此外,还应有另一方面的考虑。孔子从小就随母亲来到鲁都曲阜谋生,他和陬邑的孔氏家人联系非常少。按理说,孔子应当是叔梁纥的继承人,但这似乎不被孔氏族人所认可。孔子将父母合

葬，既提高了母亲在孔家的地位，又说明了他才是父亲叔梁纥的名正言顺的继承人。

《礼记·檀弓上》记载："孔子既得合葬于防，曰：'吾闻之，古也墓而不坟。今丘也，东西南北之人也，不可以弗识也。'于是封之，崇四尺。"孔子三十二代孙、唐代的孔颖达解释说，孔子认为自己是一个四海为家的人，将父母合葬，封土为坟，是为了知道自己亲人所葬之地而做的一个标记。因为古时候，一般的墓都不起坟堆，"墓而不坟"，有墓，墓与地平；坟与墓有区别，坟在墓上堆土而成，呈隆起状，俗称坟堆。到了春秋晚期，墓有坟丘的埋葬形式已经流行开来，并且还要在坟墓周围植树。按照当时的礼制，坟丘的高度，植树的种类及多少，不同的等级有不同的规定："天子坟高三仞，树以松；诸侯半之，树以柏；大夫八尺，树以药草；士四尺，树以槐。"据说，孔子为父母修的坟高四尺，合乎"士四尺"的要求。（许东）

知识链接
清明扫墓修坟的习俗是怎么来的？

唐代诗人杜牧的名句"清明时节雨纷纷，路上行人欲断魂"，真实地反映了清明节祭祖扫墓的情景和氛围。清明原本是二十四节气之一，后来变成了纪念祖先的节日，其主要内容是祭祖、扫墓和修坟。

扫墓修坟的习俗，大约开始于春秋时期。此前，人们纪念列祖列宗，一般都是在家中立庙，实行庙祭，而不实行墓祭。春秋时期，人们开始在墓上修坟、植树，坟墓隆起，有了辨认的标识，随之也逐渐到墓上祭祀。到春秋晚期，伴随着修坟的普及而兴起的墓祭，已蔚然成风。《周礼》一书中就有"祭墓"一说。而孟子所说的"齐人有一妻一妾"的故事广为人知：这位齐人无所事事，每天外出，都到城外墓地向祭扫坟墓的人乞讨残菜剩饭，吃得饭饱酒足后，回家骗其妻妾说有达官贵人宴请他。

秦汉以后，祭扫坟墓的习俗延续了下来，但是，最初却与清明节无关，而与另一个重要节日——寒食有关。寒食节是为纪念春秋时期晋国的介子推而形成的节日,开始时只是禁烟火、吃冷食,后来增加了扫墓和郊游两项内容。到了唐代,寒食节上坟扫墓之风甚盛,以至于朝廷下令将其编入礼典。据《唐会要》卷二十三记载,唐开元二十年(732年)敕令:"寒食上墓,礼经无文,近代相传,浸以成俗。士庶既不合庙享,何以用展孝思。宜许上墓……编入礼典,永为常式。"寒食节通常在冬至后105天,离清明节甚近,往往在清明节前几天,汉代规定寒食节在清明节前三天,唐朝规定在清明节前两天。由于寒食节在唐朝成为法定节日,朝廷规定寒食节放假,往往将两个节日并在一起,假期从最初四天,改为五天,最后增加到七天。此后,寒食节、清明节虽然并行,但由于两个节日靠得太近,渐渐有合并的趋势,清明节慢慢反客为主,成为祭祖、扫墓修坟的主要节日,以至于到了今天,人们似乎忘记了寒食节。

清明节扫墓修坟,传统的做法是:带着祭品前往祖先和亲人的墓前,为坟墓除草、添土,修整好坟头,压上纸钱;然后,将带来的祭品陈设在坟前,焚香烧纸,进行祭奠仪式,以表示对死者的怀念。祭扫坟墓的日期,各地风俗不同,有的是在清明节的前十天后十天;有的称"前三后三";有的在清明前后逢单日举行;有些地方扫墓活动长达一个月。

现在,清明节仍是重要的传统节日,我国大部分地区仍然保留着清明节扫墓修坟的习俗,从中可以看出中国人对于祖先和亲人的深切怀念。(许东)

13 孔子走向社会遭受的第一个挫折是什么?

孔子生长在贫贱的环境,贫贱的环境压不倒他,他从不怨天尤人,全靠自己的奋斗,从贫贱的环境中脱颖而出。

孔子还在少年时期,在母亲的教诲下,好学而知礼,在鲁国

已小有名声。鲁国人几乎都知道有个"陬人之子"，对礼已经很精通了，但仍然"入太庙，每事问"。母亲去世后，年少的孔子孤立无援，以后的路全靠自己走了。他勇敢地面对人生的苦难与困境，决定自己去闯一闯，为自己闯出一条路来，走向社会。然而，即使是孔子，上天也没有给予特别的眷顾，他要走的路是崎岖坎坷的。

司马迁在《史记·孔子世家》中记述了这样一件事情：孔子母亲去世不久，鲁国实际的掌权者、"三桓"之一的季孙氏，举行大规模的"飨士"宴会，一方面借此拉拢士人，壮大声势，进一步扩大自己的影响，巩固自己的政治地位；另一方面也想从众多的士人中选拔人才，为自己服务。在周代，宴会之礼，被称作"飨礼"，不同的等级有不同的飨礼，周礼中有严格的规定，比如：天子举行飨礼，宴飨的对象是诸侯；诸侯举行飨礼，宴飨的对象是卿大夫；卿大夫宴飨的对象是士。孔子得知季孙氏要"飨士"的消息后，觉得父亲叔梁纥是有名的武士，他作为叔梁纥的儿子，也应该属于士，应该有资格参加，于是就兴冲冲地前去参加季孙氏的宴会。可是，还没有走进季氏家门，就被季氏的家臣阳虎（又称阳货）挡住了去路，冷冷地对他说："季氏宴请的是士，不敢宴请你呀。"孔子高兴赴宴，却被泼了一盆冷水，一个十几岁的失去父母、孤苦无告的孩子不敢与人争辩，只好垂头丧气退了回来。

很显然，阳虎的故意刁难，对于一个身为"圣人之后"、立志在社会上站住脚却又处世未深的年轻人来说，是很难接受的；然而，正是这个挫折，使孔子认识到了社会的复杂，认识到了只靠父亲的名声是不够的，要在社会上站住脚，更重要的还是要靠自己的奋斗，这也更加激发了他奋发学习的信心和决心。（许东）

知识链接
士为什么居四民之首？

士在中国古代社会是一个特殊的阶层。大致说来，秦汉以后的士，类似于我们今天所说的知识分子，秦汉以前的士却不然,是介于贵族与平民之间的社会阶层。

　　周代的士,多属宗法性贵族。历史学家童书业先生指出:"西周宗法封建系统中,贵族分为天子、诸侯、大夫、士四级",士是最低一级的贵族。这四个等级依次有着宗法性血缘关系,天子分封其子弟为诸侯,诸侯分封其子弟为大夫,大夫分封其子弟为士。士不再分封,其子弟,少数仍为士,多数则降为庶人——其为士者属于贵族,其为庶人者属于平民。庶人与工、商,当时被称为"国人",同属于平民阶层。而士虽然属于贵族,却介于贵族与平民之间,起着联系沟通、承上启下的作用。

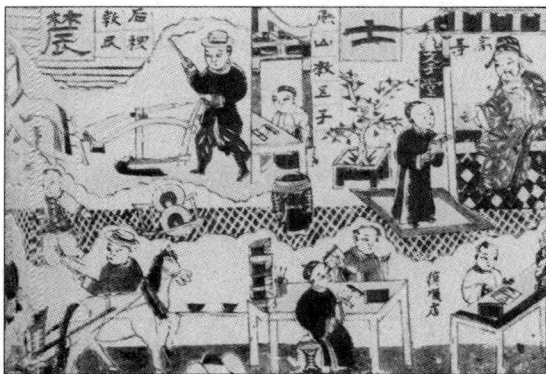

年画四民图

　　在宗法等级制下,士作为最低一级的贵族,往往只能充任卿大夫的家臣、邑宰;遇有战事,则必须执干戈以卫社稷。这是士的两项基本职能。到了礼崩乐坏的春秋战国时期,士阶层发生了重要变化。

　　(1)随着权力的下移,士阶层活跃起来,那些担任家臣、邑宰的士,通常称为"陪臣",先是掌握了卿大夫的家政,而后更进一步"陪臣执国命",竟然专一国之政,如鲁国的阳虎就是如此。

　　(2)士阶层的人数迅速膨胀,一些大贵族因为子孙的繁衍或家道败落,其身份逐渐下降到士阶层,而不少平民中的优秀人才上升到了士阶层,《墨子》、《荀子》、《管子》等古典文献中都有下层人中的"民之秀者"通过各种方式进入士阶层的记载。

　　(3)出现了比较专门的文士。随着私人办学之风的兴起以及诸子百家的出现,一批又一批单凭"学而优"而入仕的人,成为

39

士的新生代，像孔门弟子子路、冉求、宰我、子夏、子游、高柴、仲弓等等，都在各地任官，他们的身份、地位和从政的职务不是世袭的，而是全靠着自己的才干谋取一官半职，他们给当时的政坛带来了一股清新之风。

（4）"士"的身份、地位发生了变化。以前士阶层是低级贵族，列于庶人、工、商之上；到了战国时期，士阶层一降而为"四民"之首，即：士、农、工、商，士居其首。这时的士，其身份、地位可上可下，上仍然可为贵族，下则降为平民。

"四民"的概念，出自《管子·小匡》。该篇称士、农、工、商为"四民"，并从"民为邦本"的高度，强调对"四民"的重视。认为士、农、工、商各有分工，各守其职，勿使杂处；而且，"四民"的身份、地位是世袭的，士之子恒为士，农之子恒为农，工之子恒为工，商之子恒为商。当然，这只是从保持士、农、工、商四个阶层的稳定性而言的，实际情况是，士阶层的构成是变动的。

战国时期，作为"四民"之首的士，流品复杂，职业不一。有武士，或称甲士、战士，是军队的主力和骨干；有文士，这是"学而优"的士，或者从政，或者讲学；有隐士，采取与统治者不合作的态度，出世过着"不事王侯，高尚其事"的生活；有方士，以星占、医、卜、神仙之类的手段谋生。在这些不同类别的士中，武士和文士是主流，他们在战国时期非常活跃，甚至能够出将入相，如武士以军功而升为将军，文士以治国才干而担任宰相；还有学富五车的士，能够充当国君的师傅，等等。所以，那时的优异之士往往成为各国竞相延揽、招聘的对象。（孙爱妮）

14 孔子为什么给自己的儿子取名叫"鲤"？

孔子19岁时娶宋国人亓官氏为妻。据钱穆先生考证，亓官氏和孔子一样，祖上居住在宋国，后来由宋国迁到鲁国，定居于曲阜。孔子与亓官氏结婚后，第二年就生了一个儿子。由于当时孔子的聪明好学、精通礼乐和"圣人之后"的名声，已在鲁国广为人知，以至于孔子生子的消息惊动了鲁昭公，鲁昭公便派人送去一条鲤鱼以示庆贺。年方20岁的孔子以国君赐鱼为莫大的荣幸，借此给自己的刚出生的儿子取名曰"鲤"，字伯鱼。

《圣迹图》"命名荣贶"

　　孔子娶妻生子的记载，见于《孔子家语》。清代学者崔适作《洙泗考信录》，认为孔子20岁尚未出仕，不可能与国君有往来，他这时候生儿子，不可能惊动鲁昭公，并赐给鲤鱼。而据钱穆先生考证，古代国君和诸侯赐予下属礼物的情况经常出现，可能是正逢鲁国国君以捕鱼为乐，孔子可能以士的身份为国君服务，得到了国君的赏赐，正巧碰到孔鲤降生。所以说孔子不一定在20岁之前就已经步入仕途，而应该是在孔鲤出生之后。

　　孔鲤是孔子的独生子，孔子非常重视对他的教育，但又没有特别的传授，而是让孔鲤和他的弟子们一起学习，不另开"小灶"。孔子有一名弟子叫陈亢，对此表示怀疑，便问孔鲤："夫子对你有没有特别的传授？"孔鲤可答："没有啊。有一次，父亲一个人站在庭院中，我恭敬地从他身边快步走过。他问我：你学诗了吗？我说：没有。他说：不学诗，就不会说话。我便回去认真学诗。还有一天，父亲又一个人站在庭院中，我仍然恭敬地从他

鲤庭垂训

《圣迹图》"鲤庭垂训"

身边快步走过。他问我：学礼了吗？我说：没有。他说：不学礼，就不能立足于社会。我就回去认真学礼。父亲对我的单独教诲就这两次。"陈亢听后高兴地说："我问一得三呀：知道了学诗的道理，知道了学礼的道理，又知道了君子对待自己儿子也要和对待别人的孩子一样一视同仁的态度。"由于孔鲤两次"趋而过庭"，孔子顺便对其进行学诗、学礼的教导，后世便有了"庭训"、"庭教"或"过庭教"的典故。

孔鲤一生似无大的建树。《史记·孔子世家》记载，孔鲤50岁时去世，比孔子早去世5年；死后被孔氏后人尊为二世祖。因为是孔子之子，到宋徽宗时，孔鲤被封为"泗水侯"。（许东）

知识链接
被誉为"母教一人"的是谁？

一个人的成长，与父母的教育有着绝大的关系，所以古人非常重视家庭教育。孔子有"庭训"，孟母有"三徙教"，并为古代家庭教育的佳话。一个人形容自己从小没有受到良好的家庭教育，往往说"既无三徙教，不闻过庭语"，表示遗憾。现代儿童心理学研究证明，儿童的人格形成和智力开发，家庭教育至关重要，而母教胜于父教，母亲的教诲对子女的作用和影响往往比父亲更大一些。

孟母，《孟子》书及汉宋间古文献均不记其姓氏，到了金代有人称其为李氏，后又改称为仉氏。孟母被誉为"母教一人"，是母教的典范。据刘向《列女传·母仪篇》记载，孟母教育儿子，有两个为人称道的典型事例。一个是著名的"三迁教子"：孟子一家最初居住的地方，离一片墓地不远。孟子年幼，常到墓地玩耍，做一些模仿修墓埋棺的游戏。孟母说：这不是我儿子居住的地方。于是把家搬到了一个市场附近。在这里，孟子又常常学着商人叫卖的样子。孟母又说：这里不适合我儿子居住。于是第三次搬家，把家搬到了一所学校附近。孟子在学校旁耳濡目染，游戏时摆弄俎豆礼器，学习揖让进退的礼仪。孟母说：这才是适合我儿子居住的地方啊！

纪念孟母三迁的石碑

另一个是同样有名的"断机教子"：孟子上学后，起初贪玩，有一次逃学回家，孟母正在织布，问他学得怎么样？孟子回答：还是老样子。孟母听后，拿起剪刀剪断了织布机上的线。孟子见了很害怕，忙问为什么？孟母说：你荒弃学业，就像我剪断织线一样。君子必须通过"学"才能立身扬名，必须通过"问"才能增长见识。如今你荒废学业，将来不免沦落为贱役。孟子听了大惧，从此立志学习，每天都勤奋攻读，坚持不懈，终于成为一代大儒。

《三字经》说"子不教，父之过"，如果说这是指一般的父教而言，那么，《三字经》接着说的"昔孟母，择邻处。子不学，断机杼"，就是专指有口皆碑的孟母之教了。（孙爱妮）

15

孔子与妻子离婚了吗？

孔子与亓官氏结婚后，生有儿子孔鲤。亓官氏作为孔子的妻子,无疑在家中享有很高的地位。可是,有人根据《礼记·檀弓上》篇的一段记载,推测孔子与亓官氏离了婚,而且,传说离婚的理由是,孔子认为亓官氏"口多言"。

《礼记·檀弓上》篇的记载是这样的:孔鲤的母亲(亓官氏)死了一年了,孔鲤还哭,被孔子听到了,问:"谁在那里哭啊?"门人回答说:"是伯鱼在哭。"孔子知道后不高兴,说:"嘻,太过分了!"孔鲤听到父亲的话,立即停止了哭泣,并脱去了身上的丧服。按当时孔子倡导的丧礼,儿子应为母亲守三年之丧,可是,孔鲤在母亲去世一周年时哭泣,却被孔子视为过分。这是为什么呢?

人们在做解释时,注意到了《礼记·檀弓上》篇的另一段记载与此相类似:子上是孔子的曾孙,子思的儿子,他的母亲去世,他没有服丧。子思的弟子很奇怪,问子思:"昔者子之先君子丧出母乎?"子思回答说是。弟子又问:那您为什么不让子上为母亲服丧呢? 子思回答说:我的"先君子"无所失道,我哪能比呀。是我的妻子,就是子上的母亲;不是我的妻子,就不是子上的母亲。所以子思坚持不让儿子为"出母"服丧。这是因为"出母"虽然在血缘上是儿子的母亲,但其"出"了之后,不再属于自家人,死后不祭于家庙,不葬于家族墓地,所以儿子不能为其服丧。子思的这一规定后来变成了孔氏的规矩:"孔氏之不丧出母,自子思始也。"

子思与其弟子一问一答提到的"先君子"是指谁? 是指子思的父亲孔鲤,还是指子思的祖父孔子? 由此作参照,对上述孔鲤哭母的记载产生了两种不同的解释。

一种解释是,子思讲的"先君子"是指孔鲤。孔鲤的母亲亓官氏去世前,已被孔子休了,不再是孔子的妻子,对孔鲤而言则是"出母"。孔鲤是孔子的继承人,只能为父亲的正妻服丧,而不能为"出母"服丧,所以孔子视孔鲤哭母为过分。这一解释最早是由宋代朱熹提出的。然而,这一解释却忽视了"孔氏之不丧出母,自子思始也"的明确记载,也就是说,子思以前,孔子未必反对为出母服丧,也没有定下不为出母服丧的规矩,他批评孔鲤哭母,当另有原因。

另一种解释是，子思讲的"先君子"是指孔子。孔子的父亲叔梁纥，娶施氏为妻，因为生了九个女儿，不生儿子而被休。所以《孔子家语·后序》说：孔氏三世出妻，自叔梁纥始。叔梁纥休妻后，乃求婚于颜氏，生了孔子。其后，施氏去世，孔子为其办理了丧事。而孔子本人却没有出妻。孔子66岁时，妻子亓官氏去世，一年后孔鲤还在哭母，孔子作为父亲之所以提出批评，是因为按照礼的规定，如果父亲还健在的话，儿子为去世的母亲服丧一年即可；孔鲤过了服丧期之后"犹哭"，是失礼的表现。换句话说，孔子批评儿子，是批评其失礼，不是批评其哭出母。

以上两种解释各有理由，综合看来，后一种解释更合情理，而且，《孔子家语》明言孔氏三世出妻，是指叔梁纥、孔鲤、子思，不包括孔子。所以说，孔子没有和妻子亓官氏离婚。（许东）

知识链接
古人什么情况下可以离婚？什么情况下不可以离婚？

在古代，夫妻关系是不平等的。三纲五常中的"夫为妻纲"，以及女子的三从四德等等，都反映了夫妻关系的不平等性。这种不平等性，反映在婚姻关系上，在求婚、结婚阶段，因为是"合二姓之好"以求传宗接代，对女方还是很尊重的，但是，到了婚后，特别是到了婚姻破裂时，就会表现出明显的夫权高于妻权。比如离婚，夫权有"七出"，妻权有"三不去"，就是说，丈夫有七项离婚的理由，妻子有三项捍卫婚姻、保护自己不被遗弃的理由。

"七出"、"三不去"不仅仅是数量上的不平等，丈夫休妻理由有七，妻子保护自己不被扫地出门的理由却只有三；更大的不平等表现在权利和内容上。就权利而言，丈夫可以休妻，妻子却不可以休夫，这说明丈夫牢牢控制着婚姻的主动权，妻子则处于被动地位。就"七出"、"三不弃"的内容来看，对妻子的要求是很苛刻的。

"七出"，又称"七去"、"七弃"，最早见于《孔子家语·本命解》篇，其具体内容是：

（一）"不顺父母"，指妻子不孝顺公婆。在古代，女子出嫁后，视夫家公婆胜于娘家父母，不孝顺公婆被视为"逆德"，是很严重的事。

《列女传》"以乳哺姑"图

（二）"无子"，指妻子不生儿子。古人信奉孟子说的"不孝有三，无后为大"，婚姻本来就是为了传宗接代，如果妻子不生儿子，意味着"断后"、"绝世"，这是古人不能接受的。

（三）"淫僻"，指妻子与丈夫以外的男性发生性关系。俗话说"百善孝为先，万恶淫为首"，妻有淫行，不能容忍。

（四）"嫉妒"，指妻子好妒忌。古代允许男子纳妾，要求妻子与妾和睦相处，不得因妒忌而"乱家"。

（五）"恶疾"，指妻子患有严重疾病，不能参与祭祀列祖列宗。

（六）"多口舌"，指妻子闲言碎语太多，惹事生非，挑起亲属间的不和。

（七）"窃盗"，指妻子偷东西。

以我们今天的眼光来看，"七出"中的淫和窃盗两项似不为过分，其余五项则比较苛刻，有的近乎荒唐。比如有"恶疾"一项，妻子患有恶疾，正需要医治，岂能乘妻之危而将其遗弃？这不合人道，违背人情，所以尽管有此一项，却很少见以此出妻的。

古人讲"夫为妻纲"，并不意味着丈夫在离异问题上可以随意而为，不必尊重妻子的权利，而是对丈夫的行为也有规范。《孔子家语·本命解》篇在"七出"之后，接着又讲了有名的"三不去"，即："有所取无所归，与共更三年之丧，先贫贱后富贵。"第一个"不去"——"有所取无所归"，是指妻子被休之后无家可归，生活无着落，在这种情况下，不可以休妻。第二个"不去"——"与共更三年之丧"，是指妻子与丈夫一起为去世的父母守过三年之丧，尽了为妇的孝道，不可以被遗弃。第三个"不去"——"先贫贱后富贵"，是指早年贫贱娶妻，后来发达富贵，不可以休妻，也就是俗话所说的"贫贱之交不可忘，糟糠之妻不下堂"。可见，"三不去"实际上是在三种情况下保护妇女权利的规定，体现了儒家重视的人情牵挂和人道关怀。（许东）

16 孔子"食不厌精，脍不厌细"，他是美食家吗？孔子都有哪些日常生活习惯呢？

《论语·乡党》篇记述了孔子的一些日常生活习惯，其中有一句话是"食不厌精，脍不厌细"，有人据此认为孔子是美食家。

又有人提出异议，认为孔子赞赏其弟子颜渊"一箪食，一瓢饮"，他自己以身作则，"饭疏食饮水"，不耻恶衣恶食，对饮食要求不高，主张简单朴素，孔子怎么可能是美食家呢？并且，进一步解释"食不厌精，脍不厌细"，不是通常所说的"粮食不嫌精，鱼肉不嫌细"的意思，认为其中的"厌"字，不是讨厌、厌恶的意思，而是与"餍"字相通，是餍足的意思，"不厌"是指不饱食，孔子主张"食无求饱"，因此，"食不厌精，脍不厌细"，是说孔子不会因为食物精美而贪吃，吃得饱饱的。

这两种观点孰是孰非？联系孔子一生的变化来看，问题不难回答。

孔子一生中，就其生活水平而言，发生的最大变化是做官有了俸禄。在此以前，孔子的生活一直比较贫穷，无论是担任"乘田"、"委吏"，还是招徒讲学，都没有从根本上改变孔子的生活状况。孔子从政以后，则发生了重大变化。孔子从中都宰开始做起，先升司空，再升司寇，直至行摄相事，与闻国政，这时，孔子的俸禄是"奉粟六万"。这里的"六万"是指什么计量单位，今已不得而知。但可以推想，"奉粟六万"一定是一笔相当可观的收入。官高位重，自然也得讲究相应的排场。所以，孔子设置了"家宰"，相当于后世的管家，由其弟子原宪担任。孔子给原宪"粟九百"的待遇，原宪觉得太多，不肯接受，孔子很大方地说：别辞，多了可以分送邻里乡党嘛。可见，这时孔子相当富有，生活水平有了极大提高。孔子的富有，取之有道，接受起来心安理得，在此情况下，孔子饮食讲究"食不厌精，脍不厌细"，不是很自然的吗？

孔子从政，前后不过五年光景；他辞职后，周游列国，以及晚年回国后被尊为"国老"，其生活水平没有受到影响，一直保持富足。生活的富足，使得孔子养成了如下一些日常生活习惯：

穿衣方面：不用红紫色的布料缝制贴身穿的衣服；夏天，穿粗细不等的葛布单衣，一定穿在外面；黑色上衣配羔裘，白色上衣配鹿裘，黄色上衣配狐裘；家居所穿的皮袄较长，但右袖短一点；睡觉一定盖被子，被子长度为本人身长的 1.5 倍；坐垫用狐貉厚毛做成；等等。

饮食方面：讲究饮食卫生，鱼肉腐烂变质，不吃；颜色变了，不吃；味道变了，不吃；烹得不到火候，不吃；不是吃饭的时候，不吃；鱼肉割得不正，不吃；从市场上买来的酒、肉，不吃；肉食不多吃；吃饭不吃饱；饮酒无量，但不喝醉。

平日，吃饭时不说话，睡觉时不言语。

走路一定坐车，不步行。孔子最得意的弟子颜渊去世后，因为家贫，做了棺，做不起椁。颜渊的父亲颜路，也是孔子的弟子，便向孔子请求卖掉车子，给颜渊做一个椁。孔子拒绝了，说：他的儿子孔鲤去世时，也是有棺无椁，他怎么能忍心不给孔鲤做椁而给颜渊做椁呢？况且，他毕竟是大夫，不可步行啊。

保持这些生活习惯，使得孔子生活有规律，再加上孔子有着良好的仁者心态，智者风范，所以孔子享年 73 岁，这在两千五百

多年前无疑是难得的高寿。（许东）

知识链接
孔府菜是什么时候形成的？有哪些特点？

孔府号称"天下第一家"，孔府烧制的菜肴，称孔府菜，是我国少数享有盛誉的官府菜之一，也是鲁菜的重要组成部分。

孔府是"与国咸休"、"同天并老"的公府第，在历朝历代都具有特殊地位，其主人衍圣公钟鸣鼎食，对吃十分讲究。衍圣公进京晋见皇帝，受御膳招待，能够吃到宫廷菜；与王公贵族频繁交往，彼此宴请，能够吃到各种风味的名菜佳肴；孔府与各地达官贵人联姻，嫁入孔府的大家闺秀带着仆人和厨师，自然也就把各地的名菜烧制技术引进孔府。孔府内设三班厨师，每月各值10天；每班厨师有一名厨师头、几名厨师以及若干徒弟，他们精研烹饪技艺，相互间形成竞争，促进了孔府菜的发展、完善。各方面的因素，使得孔府积累了丰富的饮食文化，到清代乾隆时期，便形成了独具特色的孔府菜。

孔府菜历经年代久，文化品位高，它秉承孔子的"食不厌精，脍不厌细"的饮食原则，形成了一整套独特的菜谱和烹饪方法，具有选料广泛、制作精细、造型美观、名称典雅等特点。

选料广泛而高贵。除了常见的鸡鸭鱼肉和时令蔬菜之外，还备有上、中、下三个品类的山珍海味，更有极为罕见的象鼻、猩唇、豹胆等。

制作精细。孔府菜讲究刀工、火候、调味以及烹饪方法。以烹饪方法为例，孔府流传有两首口诀：

其一：煎炒烹炸溜，煨㸆（kào，用微火使鱼、肉等菜的汤变浓或耗干）煮炖收。

蒸烧扒焖卤，冰拔霜密玩。

其二：煸爆塌烤瓤，腌醉拌捶烫。

贴麻酱熬炝，氽烩汆羹汤。

由此可见孔府菜烹饪技艺之复杂，复杂之外更要求精细，精益求精。

49

造型美观。举一例可见一斑。清光绪二十三年（1894年），为祝贺慈禧太后60大寿，七十五代衍圣公夫人彭氏，携其子七十六代衍圣公孔令贻夫妻专程赴京，在向慈禧太后进献的一桌早膳中，共有44道菜，以燕菜四大件为中心，即"燕窝万字金银鸭块，燕窝寿字红白鸭丝，燕窝无字三鲜鸡丝，燕窝疆字口蘑肥鸡"，造型精美，呈现出"万寿无疆"四个大字，博得慈禧太后的赞赏，亲笔写下了三个寿分赠三人。回来后，为纪念此事，孔府又研制出了一道名为"带子上朝"的菜，流传至今。

名称典雅。如诗礼银杏、竹影海参、阳关三叠、一卵孵双凤，等等，每道名称典雅的菜都有其来历，或者有一个典故，蕴含着丰富的文化韵味。

八仙过海闹罗汉

最近几十年，孔子故里对孔府菜进行了系统的发掘、整理乃至再创新，使得孔府菜又有了新的发展和提高，新研制的菜如"列国行"、"圣书香"，新开发的宴如"六艺宴"、"大成宴"，备受称道和欢迎。（许东）

17

为什么说孔子"学无常师"？

孔子自幼聪慧好学，15岁就立下了为学的志向。孔子非常好学，学而不厌，他自己也认为好学是他的一个优点，说：一个有十户人家的小邑，论忠信，必有和我差不多的，论好学，却没有比得上我的。孔子不仅好学，而且乐学。乐学比好学又进了一步，如果说好学还带有几分主观的努力，乐学则完全与生命活动打成了一片，成为生命活动的内在需要，不带有丝毫的勉强。的确如此，孔子好学、乐学，处处留心，不耻下问，他"入太庙，每事问"，又说"三人行，必有我师焉"；自称不是"生而知之"，是学而知之；他重视文献学习，更重视从生活中学习，还曾经到杞国、宋国、东周洛邑专门考察夏商周三代之礼。孔子能够成为他那个时代的礼乐大师，后世景仰的儒家宗师，绝不是偶然的。

孔子好学、乐学，拥有渊博的学识，当时就有人惊诧夫子的学问是从哪儿学来的，孔子的弟子子贡作了回答：夫子何所不学，亦何常师之有？后人据此总结孔子为学的特点之一是学无常师。唐代韩愈在其名作《师说》中，就提到"圣人无常师。孔子师郯子、苌弘、师襄、老聃"。学无常师，就是没有固定的老师的意思。

据《左传》记载，鲁昭公十七年（前525年），郯国国君——郯子来鲁国访问，在宴会上，郯子向鲁昭公介绍了其先祖少昊以鸟命官的故事。孔子听说后，立即拜访郯子，向其请教有关少昊的历史事迹。事后，孔子很有感触地说：我以前听说过"天子失官，学在四夷"的话，现在看来这话是可信的呀。

此外，据《史记·孔子世家》记载，孔子还曾问礼于老聃，访乐于苌弘，学琴于师襄。

老聃，也称老子，是周朝守藏史，相当于国家图书馆兼档案馆馆长，后来辞职隐居，著书五千言，成为道家创始人。鲁国贵族子弟南宫敬叔拜孔子为师后，向鲁昭公提出申请，欲到东周洛邑访问考察。得到批准后，师徒一行到达洛邑，先

问礼老聃

后学习考察了东周的礼制、文物、典籍,参观了明堂、太庙、郊社祭祀之所等,接着拜访了老聃。老聃以长者的身份,向年轻的孔子谈了一番语重心长、有道家意味的话,孔子听后,虽然不敢苟同,却感触很深,惊叹其人是龙一样的非凡人物。

在洛邑,孔子还拜访了著名乐师苌弘,向他请教、学习有关音乐的知识。洛邑一行,使孔子开了眼界,增长了见识。

鲁国乐师师襄有着很深的音乐造诣。孔子向师襄学琴,是后世儒家津津乐道的一段佳话。

学琴师襄

师襄教孔子弹一支曲子,孔子连续学弹了十天,师襄见其已基本掌握,便说:这支曲子你已学会了,再学新曲子吧!孔子回答:曲子虽然学会了,但演奏技巧还没有娴熟呢!过了几日,师襄说:你的演奏技巧已经很好了,开始学新曲子吧!孔子说:我还没充分理解曲子的旨趣神韵呢!又过了几天,师襄第三次提出学弹新曲,孔子说:我还没有想见其为人呢!说罢,继续学弹此曲。过了些时日,孔子突然领悟,若有所思,说:我终于想见其为人了:这个曲子的作者肤色黝黑,身材高大,目光深邃,若有四海,他一定是周文王!师襄听后,十分钦佩,说:这个曲子正是《文王操》啊!

以上只是说明孔子"学无常师"的几个例子。实际上,孔子注重从生活中学习,向周围的人学习,甚至传说孔子向一个年

仅七岁的儿童项橐学习。正因为孔子好学乐学,转益多师,才使他从布衣成长为圣人。(王光福)

知识链接
六艺是指六和技艺吗?

孔子时代,学校教育多以六艺为功课。何谓六艺? 简单地说,就是六门知识和技能,通常又分为"小学"的六艺和"大学"的六艺。"小学"的六艺,在孔子以前就已经有了;"大学"的六艺,一般认为是孔子创立的。

"小学"的六艺,指礼、乐、射、御、书、数,可以简称为"小六艺"。这是当时初级教育的基本课程。"小六艺"可以细分为三组:礼、乐为一组,礼是指礼仪,乐是指音乐,这是当时求学的贵族和平民子弟必须掌握的基本知识。射、御为一组,射是指射箭,"御"是指驾车,这是当时既可用于作战,亦可用于日常生活的基本技能技巧。书、数为一组,"书"是指文字,"数"是指计数,大致类似于现代学校教育的语文和算术两门课程,这可以视为文化基础知识的学习。

"大学"的六艺,指《诗》、《书》、《礼》、《乐》、《易》、《春秋》,可以简称为"大六艺",也就是六种典籍。这六种典籍,是孔子从先前已有的文献资料中整理出来用作教材的,到了战国时期,被推崇为儒家六经;这时,六艺、六经的名称并存。到了汉代,《乐》经失传,六经变成了五经。五经是儒家最重要的经典。(王光福)

18
孔子与两小儿辩日,为什么回答不了两小儿的问题?

《列子·汤问》篇中记载了一个有趣的寓言故事:博学多识的孔子参与两个小孩的辩论,两个小孩各持己见,谁也说服不了

谁,让孔子做一个评断,而孔子茫然不知孰是孰非。故事是这样的:

孔子到东方游学,路上遇到两个小孩子在争论,就走上前去问道:你们为什么争论呢?

一个小孩说:我觉得太阳刚出来时离人比较近,到了中午,太阳离人就远了。

另一个小孩的看法正好相反,说:我觉得太阳刚出来时离人远,到了中午,太阳离人就近了。

孔子很有兴趣地问道:你们能说说自己的理由吗?

一个小孩说:太阳刚出来的时候,好像车的盖篷那么大;到了中午,它就只有一个盘子那么大了。这不是说明远的时候看起来小、近的时候看起来大吗?

另一个小孩说:太阳刚出来时,使人感到还有些凉凉的;到了中午,就热得像泡汤一样,这不是说明远的时候感觉凉、近的时候感觉热吗?

孔子听了他们的话,一时也判断不出谁对谁错。两个小孩笑着说:谁说你的知识很丰富呢?

从这个故事中,可以看出,两个小孩是在凭着直觉或感觉去讨论大自然的问题。人们往往认为,直觉或感觉是真实的,具有普遍性。一个人远远地观看某个物体,越远看着越小,反之,越近看着越大;同样,一个人距离火源越近感觉越热,反之,距离火源越远感觉热度越低。这就是认识上的直觉和感觉。直觉和感觉在人的视、听、嗅、触等经验范围内常常是适用的,超出了这个经验范围往往就不灵了。很显然,太阳离人远近的问题,是一个现代天文学才能解答的问题,它远远超出了古人的经验范围,不是孔子时代能够解答的。人的认识总是有限的,即使到了今天,人类仍然有着许许多多的未知领域。后世儒家喜欢强调"一物不知,儒者之耻",这在认识论上是有问题的。当然,从"知耻而后勇"的角度看,这句话起到了激励人们追求知识的作用。不过,也不排斥有人从消极的意义上去理解,不懂装懂,强不知以为知,以掩饰自己的无知。难能可贵的是,孔子面对那两个小孩,老老实实表示自己无知,遵循了他自己一贯倡导的"知之为

知之,不知为不知,是知也"的实事求是态度和精神。(王光福)

知识链接
孔子时代关于太阳的知识有多少?

我国是较早发明和建立天文学的国家之一。先民们很早就懂得通过天文观测来确定季节、时间和方位。传说黄帝时设专人掌管天文历法,让羲和占日,常仪占月。占日,就是观测太阳,计算日子。后来羲和成为占日世家,有关羲和的传说,从尧舜时期一直到夏代初年,都不断见于记载。

观测太阳,是为了确定历法。历法与人类的生活、生产活动息息相关。古代历法有年、月、日和季节四个要素,除了月之外,年、日和季节都是根据太阳的运行规律确定的。一年的长度,现代科学测定为 365.2422 天,而在春秋战国时期使用的"四分历"中,一年为 365.25 天,二者非常接近;并且那时人们已知用置闰的办法,19 年 7 闰,来解决一年 365 日之外的余数问题。

春秋时期,人们已发明了圭表测影法,以确定一个回归年的长度和冬至、夏至的准确时刻。所谓圭表,就是测日影的仪器,圭是平置的尺子,表是直立的杆子,圭表都放在一个石座上。太阳在正午时分投射到表杆上的影子,随着太阳的周期性运行而有长有短,根据日影的长短,可以确定太阳距离赤道南北的远近。当太阳运行到最靠北的时候,杆影最长,古人称为"日北至",也就是夏至;当太阳运行到最靠南的时候,杆影最短,古人称为"日南至",也就是冬至。春分和秋分也是用同样的方法确定的。据记载,我国最早的冬至时刻的观测记录是在鲁僖公五年(前 655 年)和鲁昭公二十年(前 522 年)。

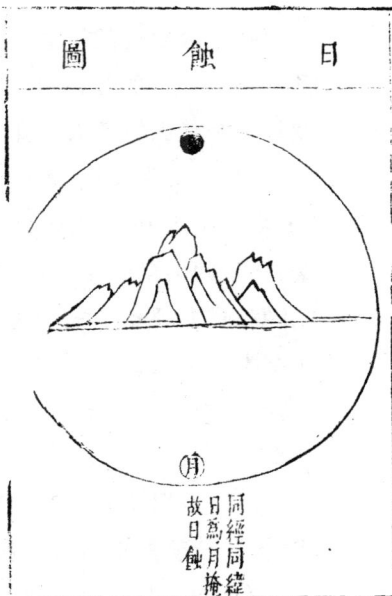

《三才图会》之《日蚀图》

首先确定了夏至、冬至、春分、秋分四个节气，接下来再进一步划分，便形成了二十四节气。一年四季和二十四节气的划分，对于指导农业生产是非常重要的。

日食是太阳运行中出现的现象，现代科学解释了日食的发生，但在古人认为，日食是异象，日食的出现非同寻常，所以古人非常重视对日食的观测。商代甲骨文中就有日食的记录。《诗经·小雅·十月之交》还以诗歌的形式记录了一次日食："十月之交，朔日辛卯，日有食之。"传为孔子所作的《春秋》一书，记载了鲁国242年的历史，其中关于日食的记载有37次，经现代天文学家的计算，有33次是可靠的。如此完整而可靠的日食记载，是当时世界上极为罕见的。（王光福）

19 孔子拜七岁神童项橐为师，真有其事吗？

孔子师项橐的故事，借助《三字经》中"昔仲尼，师项橐。古圣贤，尚勤学"的描述，广为传颂，家喻户晓，妇孺皆知。项橐究竟是一个什么样的人？孔子师项橐历史上是否真有其事呢？

项橐，又作项托，相传是春秋时鲁国人，与孔子同时代，因为"七岁为圣人师"，被尊为圣公，民间称其"小儿神"。项橐是神童，孔子师项橐的传说故事，早在《战国策·秦策》中就有记载："甘罗曰：大项橐生七岁为孔子师。"此后，《史记》等汉代文献中多有类似记载。山东嘉祥县武氏祠汉画像石《孔子见老子图》中，两位老人中间有一推车的小儿，有专家认为那很可能就是项橐。

后世根据文献记载，将孔子师项橐演绎成有趣的故事，编写成《孔子与项橐相问书》，其中有一部分情节是这样的：

有一天，七岁的项橐和小伙伴们在路上玩筑土为城的游戏，正巧孔子率众弟子经过。他们只顾埋头游戏，没有躲避孔子乘坐的车。孔子弟子下车责备,项橐回答说:从古至今,只有车避城,哪有城躲车?孔子看小小的项橐说得头头是道,心里欢喜,便令弟子绕道而行。

孔子心想,这小孩聪明,我到要考考他,便问:什么山上没有石头?什么水里没有鱼儿?什么门没有门闩?什么车没有轮子?什么牛不生犊儿?什么马不产驹儿?什么刀没有环?什么火没有烟?什么男人没有妻子?什么女人没有丈夫?什么天短?什么天长?什么树没有枝儿?什么城里没有官儿?什么人有名没有字儿?

项橐想了想,回答说:土山上没有石头,井水里没有鱼儿,空门没有门闩,舆车没有轮子,泥牛不生犊儿,木马不产驹儿,砍刀没有环,萤火没有烟,神仙没有妻子,仙女没有丈夫,冬天白天短,夏天白天长,枯树没有枝儿,空城没有官儿,小孩子有名没有字儿。

孔子听完,暗暗吃惊项橐的聪明。项橐接着反问孔子:鹅鸭为什么能浮在水面上?雁鹤为什么善于鸣叫?松柏为什么冬夏常青?

孔子回答:鹅鸭能浮在水面上,是因为它们的脚是方的;雁鹤善于鸣叫,是因为它们的脖子长;松柏冬夏常青,是因为树心坚实。

项橐笑着说:不对!龟鳖能浮在水面上,难道是因为它们的脚方吗?青蛙善于鸣叫,难道是因为它们的脖子长吗?竹子冬夏常青,难道是因为竹心坚实吗?

孔子知道项橐非常聪明、知识渊博,惊叹:后生可畏也,后生可畏也!又对弟子们说:项橐虽幼,可以为师。这就是孔子师项橐的由来。

孔子师项橐的故事,与两小儿辩日的故事一样,都是与孔子有关的寓言故事,而不是历史上真实发生的事。有人认为项橐实有其人,说《论语·子罕》篇中提到的"达巷党人"应该就是项橐。即使项橐实有其人,也不能相信孔子师项橐实有其事。(王光福)

知识链接
我国历史上有哪些著名的神童?

在我国的历史长河中,有许多神童如璀璨的星辰点缀其间,灿烂如银河。他们的故事流芳百世,家喻户晓。下面只介绍众多神童中的四位:

甘罗十二岁拜相

甘罗,秦国下蔡人,祖父甘茂曾任秦国的左丞相。甘罗从小聪明机智,能言善辩,深受家人的喜爱,12岁时便成为宰相吕不韦的门人。有一次,秦始皇想派张唐去燕国为相,联燕伐赵,以开拓河间之地。张唐害怕不敢去,连宰相吕不韦亲自去请也请不动。甘罗听说后,自告奋勇去见张唐,晓以利害,竟然说服张唐。张唐前往燕国的行程已定,甘罗又毛遂自荐,先到赵国去打招呼。甘罗到了赵国,成功说服赵王割五城给秦,并同意联秦攻燕。回国后,12岁的甘罗被封为上卿。

孔融四岁让梨

《三字经》描述了孔融四岁让梨的故事,说:"融四岁,能让梨,弟与长,宜先知。"除了让梨的故事以外,孔融还有一个"小时了了,大未必佳"的典故。孔融十岁时,随父到京城洛阳。洛阳李元礼是一位声名显赫的大学者,不肯轻易见人。孔融一人来到李府,对守门人说:我是李大人的亲戚。待进门见面后,李元礼问:你和我有什么亲戚?孔融回答说:过去,我的先祖孔子与您的先祖老子有问礼之谊,所以我与您算作奕世通好呢。此言一出,举座皆惊:一个十岁的儿童竟然如此机智聪明!说话间,太中大夫陈韪来了,听说此事后,很不以为然,说:"小时了了,大未必佳。"意思是小时候聪明,长大后未必优秀。孔融应声答道:"想君小时,必当了了。"陈韪一时语塞,极为尴尬。

曹冲六岁称象

曹冲是曹操的儿子,因为聪明伶俐,很受宠爱。曹冲6岁的时候,孙权送给曹操一头大象,曹操很高兴,带着儿子曹冲和官员一同前去看大象。人们一边看一边议论:这头大象能有多重呢?曹操问大家:谁有办法把这头大象称一称?有人说:这得造一杆巨大的秤。有人说：有了大秤也不行，谁有力气把大秤抬起来呢？这时，曹冲灵机一动，站出来说：我有个办法，把大象牵到一艘船上，看船身往下沉多少，沿着水面在船舷上划一道线，再把大象牵上岸，往船上装石头，等船下沉到划线的地方停下，然后称一称石头的重量。石头有多重，大象就有多重。用这个方法，果然称出了大象的重量。

寇准七岁《咏华山》

寇准是北宋真宗时期的宰相。他小时候聪颖过人，吟诗作对常常令人赞叹。有一次，父亲大宴宾客，饮酒正酣，客人请小寇准吟诗助兴。寇准年仅7岁，一点儿不怯场，请客人出题。客人说：此地离华山不远，你就作一首《咏华山》吧。寇准在客人面前不慌不忙，踱步思索，一步、二步，到第三步便随口吟出一首五言绝句：

只有天在上，更无山与齐。

举头红日近，回首白云低。

客人们听后，交口称赞，说这是一首三步诗，超过了曹植的七步诗，况且，寇准才7岁呢。客人们为寇准的才华所折服，异口同声对其父亲说：这孩子将来必成大器！（王光福）

20 孔子、老子两位天才见过面吗？

《礼记》、《庄子》、《史记》、《孔子家语》等许多古代文献，都记载了孔子见老子的事。在迄今发现的汉画像石中，更有多处孔子见老子的题材。2007年10月，在山东东平县一座汉代墓室中发现了一组彩绘壁画，也有一幅描绘了孔子见老子。这些都说明，至少从战国晚期，一直到汉代，孔子见老子的故事广为流传，人们信以为真。

不容否认，孔子与老子这两位中国文化巨擘是见过面的，可

是，由于文献记载不一，人们对于孔子见老子的次数以及时间、地点，却存有争议。一种观点认为，孔子与老子只见过一次面，即孔子适周问礼那一次；另一种观点认为，孔子与老子见面不止一次，至少应有三次。

孔子老子相会图

第一次，据《礼记·曾子问》记载，孔子说他曾经随从老聃在巷党这个地方办理丧事，遇到了日食，老聃告诉孔子如何应变。巷党，是鲁国地名。老聃，即老子，不知何故在周王朝丢了官，来到了鲁国，以办理丧事为谋生手段，孔子这时跟随老子学习丧礼。孔子与老子这次见面发生在何时，学者们意见不一。清代学者阎若璩《先圣生卒年月考》，根据老子、孔子二人治丧过程中遇到了日食的记载，考证时在鲁昭公二十四年，孔子34岁。当代学者孙以楷教授《老子通论》考证认为，时在鲁昭公七年，孔子17岁。应该说，孙以楷教授的考证结论更为合理。

第二次，据《史记·孔子世家》记载，孔子与南宫敬叔一起到东周洛邑访问，借此机会，孔子拜访了担任周守藏史的老子，向老子请教有关礼的问题。关于这次见面的时间，学者们多有考证，一种说法认为是鲁昭公十五年（前527年），孔子25岁；另一种说法是鲁昭公二十一年（前521年），孔子31岁。通常以第二种说法为是。

第三次，据《庄子·天运》等篇记载，孔子51岁时，老聃被免去周守藏史的职务，回到故乡宋国沛地相邑，孔子与弟子前往沛地相邑拜见老聃，二人讨论了天道的问题。《庄子》一书多寓言故事，其中所记未必是历史事实，但有学者认真考察了《庄子》书中有关孔子的记载，发现基本上符合孔子的思想学说和生平事迹，大致可信。但是，就孔子、老子二人这次见面来说，《庄子·天运》篇明确记载"孔子行年五十有一而不闻道,乃南之沛见老聃",却是有问题的。孔子 51 岁开始从政,出任中都宰,政务繁忙,这一年孔子大概不会出游。另外,孔子自述"五十而知天命",《庄子·天运》篇却说"孔子行年五十有一而不闻道",明显与孔子的自述不合。因此,孔子、老子二人这次见面的时间,不会在孔子 51 岁时,很可能是在孔子周游列国期间的某一年。

除了以上三次见面以外,孙以楷教授认为,孔子、老子还应该有两次交往,即二人见面交往应在五次以上。总之,孔子、老子两位天才见过面,并且见过不止一次,这是确定无疑的。但是,由于文献记载的缺失简略,二人见面的细节,如时间、地点以及讨论的话题等等,还存在许多问题有待考证。(王钧林)

知识链接
"金人铭"为何能引发出大道理?

《说苑·敬慎》篇、《孔子家语·观周》篇都记载,孔子到东周洛邑访问时,参观周朝太庙——即周人的太祖后稷之庙,见庙堂右阶上有一个金人,金人的背上铭刻着这样一段文字:

> 古之慎言人也,戒之哉,戒之哉!无多言,多言多败。无多事,多事多患。安乐必戒,无行所悔。勿谓何伤,其祸将长。勿谓何害,其祸将大。勿谓何残,其祸将然。勿谓莫闻,天妖伺人。荧荧不灭,炎炎奈何。涓涓不壅,将成江河。绵绵不绝,将成网罗。青青不伐,将寻斧柯。诚不能慎之,祸之根也。口是何伤,祸之门也。强梁者不得其死,好胜者必遇其敌。盗怨主人,民害其贵。君子知天下之不可盖也,故后之下之,使人慕之。执雌持下,莫能与之争者。人皆趋彼,我独守此。众人惑惑,我独不徙。内藏我知,不与人论技。我虽尊高,人莫我害。夫江河长百谷者,以其卑下也。天道无亲,常与善人。戒之哉!戒之哉!

这就是著名的"金人铭"。孔子读后,对随行的弟子们说:你们要记住啊!这话虽然说得粗浅,却切合实用。《诗经》上说:"战战兢兢,如临深渊,如履薄冰。"一个人守身如此,怎能以口舌惹祸!

金人铭图

金人铭的中心思想，是告诫人们说话要谨慎，不要多说话，话多有失，招惹是非。就这一点而论，它和孔子说的"巧言令色，鲜矣仁"有相通接近之处，所以得到了孔子的认可。但是，总起来看，金人铭有着浓厚的道家色彩，尤其与《老子》接近，有些话很明显是引用《老子》的，应该是道家著作。

金人铭是孔子以后的道家作品，不可能出现在孔子时代，《说苑》、《孔子家语》关于孔子见金人铭的记载，应属后世演绎。演绎不是凭空捏造，而是有着一定的根据。宋代学者王应麟认为，金人铭应是《黄帝铭》六篇之一。当代学者朱渊清先生认为，商周时期多有箴铭之作，《太公金匮》收录了若干，其中就有金人铭，这是金人铭的原始文本。《说苑》、《孔子家语》所记的金人铭，应是战国末年至秦朝初年道家学者根据《太公金匮》中的金人铭充实改写而成。（王光福）

21 孔子"闻韶，三月不知肉味"，为什么将音乐和肉联系在一起？

孔子访问东周洛邑，向著名乐师苌弘学习音乐的时候，曾经请教过"韶乐"的问题。孔子说：我喜爱音乐，却似通非通。韶乐和武乐都很高雅，都流行于各诸侯国的宫廷之间，二者的区别在哪里呢？苌弘缓缓地回答说：韶乐，是虞舜太平和谐之乐，曲调优雅宏盛。武乐,是武王伐纣一统天下之乐,音韵壮阔豪放。就音乐形式来看,二者虽然风格不同,却是同样美好的。孔子进一步请教:那么,二者在内容上有什么差别吗?苌弘回答说:从内容上看,韶乐侧重于安泰祥和,礼仪教化;武乐侧重于大乱大治,述功正名,这就是二者内容上的根本区别。孔子听后,若有所思,说:如此看来,武乐尽美而不尽善,韶乐则尽善尽美啊!

后来,孔子到了齐国,欣赏韶乐,《论语·述而》篇记载:"子在齐闻韶,三月不知肉味。"《史记·孔子世家》的记载与此略有差异,说孔子与齐国太师讨论音乐,"闻韶音,学之,三月不知肉味"。今山东济阳县有孔子闻韶台遗址,为元代所建,相传为孔子在齐闻韶处。

在齐闻韶

韶乐,史称舜乐,相传是舜作的乐。韶,同绍,有继承的意思。舜作韶乐,当在接受尧的禅让不久,用以表达歌颂并继承尧的美德。夏商周三代非常重视韶乐,凡举行国家大典必奏韶乐。那么,韶乐是怎么传入齐国的呢?一种说法是,周朝建立后,姜太公以首功受封于齐,将韶乐传入齐国。另一种说法是,舜的后裔有随国,为齐所灭,齐国随之拥有了韶乐。还一种说法是,舜的后裔陈国公子完从陈国逃奔到齐国时,将韶乐带到了齐国。

孔子在齐国欣赏韶乐,沉迷其中,如痴如醉,不禁手之舞之,足之蹈之,以致于发出了"三月不知肉味"的赞叹。

孔子为什么将音乐与肉味联系在一起呢？这是因为当时吃肉是一种难得的美味享受。不仅平民吃不到肉，连一般的贵族平日都没有吃肉的口福。《左传》中有一段著名的"曹刿论战"，说的是齐国将要侵犯鲁国，在国君准备迎战之际，曹刿请见，乡人评论说：这是肉食者谋划的事，与你何干？曹刿说："肉食者鄙，未能远谋。"曹刿说的"肉食者"，指的是鲁国国君和执政的大贵族。孔子招收弟子，收取的学费称作"束脩"，不过是一束干肉而已。一直到战国中期，孟子在谈论仁政的时候，把"鸡豚狗彘之畜，无失其时，七十者可以食肉"作为仁政的一项指标，可见肉食之珍贵而难得。正因为如此，孔子才将闻韶所获得的审美享受与吃肉所获得的美味享受联系起来，以彼喻此，说明欣赏韶乐是多么的美妙！（王光福）

知识链接
春秋时期有哪些肉食？肉食的烹饪方法是什么？

春秋时期，人们的食物构成，以五谷、蔬菜为主，肉食难得一见。这是农业社会的特点。那时的肉食，按其来源，可分为三类：一类是鱼虾等水产品；一类是"野味"，即野兔、狐狸、雁、雉等飞禽走兽；一类是饲养的家畜，如牛、羊、马、猪、狗、鸡等。前两类肉食，靠捕鱼、狩猎获得，可是，当时人们并不热衷于捕鱼、狩猎，所以这两类肉食很少见。至于家畜，牛马用于耕作、驾车，是辅助劳动力，备受爱护，只有祭祀大典，才杀牛以作牺牲；其余用作肉食来源的，主要是羊、猪、鸡。然而，当时又有"诸侯无故不杀牛，大夫无故不杀羊，士无故不杀犬豕"的规定，所以宰杀家畜以为肉食的情况也比较少见。这就使得肉类成为稀缺食品，吃肉成为一件相当奢侈的事情。

《周礼》有一篇《膳夫》，讲到周天子的饮食有"六牲"，即马、牛、羊、鸡、狗、猪，有"羞用百有二十品，珍用八物"，即各种各样的山珍海味，等等。天子的饮食规格最高，天子以下，各个等级的饮食规格都有具体的规定。《国语·楚语下》记举行宴飨的规格，天子可用牛、羊、猪各一，诸侯用一牛，卿用羊、猪各一，大夫用一猪,士食鱼,庶人食菜。士是低级贵族,可见,连士都吃不上肉,只能吃鱼。春秋后期,越王勾践奖励生育,规定"生丈夫,二壶酒,一犬;生女子,二壶酒,一豚"。豚是小猪。生男生女,国家奖励发酒肉,足见酒肉是平民难得一见的。

懂得享受的贵族爱吃、会吃,对饮食非常讲究。墨子曾经抨击贵族们的奢侈生活:美食刍豢,蒸炙鱼鳖,大国食器上百,小国食器数十;一桌豪华宴席,目不能遍视,手不能遍操,口不能遍味。当时的饮食,最讲究的是肉食。肉食的烹饪方法多种多样,最常见的是做羹,用鼎烹制。齐国晏婴曾经讲到做羹的方法:用水、火、醋、酱、盐、梅烹调鱼肉,火候适当,厨师调味,味淡则加,味浓则减,做到味道适中。郑国国君灵公将楚国人送来的一只大鳖做成了一鼎美食,宴请大夫,却故意不请公子宋;公子宋大怒,赶来"染指于鼎",稍后戛杀死郑灵公。这就是"染指"典故的由来。

除了做羹以外,春秋时期还经常把肉做成肉脯和肉干,以备储存食用。孔子招收弟子,收取的学费是"束脩"。"束脩"通常认为是一束干肉,这应是当时流行的肉食制品。(王光福)

22　孔子为什么说"学在四夷"?

鲁昭公十七年(前525年)秋,郯国(位于今山东郯城县西南20里)国君——郯子来鲁国访问,鲁昭公设盛宴款待。

席间,鲁大夫叔孙昭子向郯子仔细询问了少昊氏以鸟名官的故事。郯子侃侃而谈,说:少昊是我的祖先,我知道这个典故的来历。从前,黄帝以"云"记事,以"云"命名百官;炎帝以"火"记事,以"火"命名百官;共工氏以"水"记事,以"水"命名百官;太昊氏以"龙"记事,以"龙"命名百官。到了我的祖先少昊立为帝的时候,恰遇凤鸟飞来,便以鸟记事,以鸟命名百官:

凤鸟氏，为司正，掌管历法。下设玄鸟氏、伯赵氏、青鸟氏、丹鸟氏，分别掌管春、夏、秋、冬四个季节。

祝鸠氏，为司徒，负责民众教化的工作。

鸤鸠氏，为司马，负责司法工作。

鸤鸠氏，为司空，负责水土治理工作。

爽鸠氏，为司寇，负责社会治安、搜捕盗贼的工作。

鹘鸠氏，为司事，负责五谷的春播夏种、秋收冬藏的农事工作。

郯子谈论少昊以鸟命官的往事，如数家珍，娓娓道来。孔子听说后，立即去拜见郯子，虚心向他请教有关少昊的历史故事。从郯子那儿出来后，孔子告诉人们：我以前听说过"天子失官，学在四夷"，看来这话是可信的啊。

乍一看来，孔子说"天子失官，学在四夷"，是就事论事，其实不然，这里有一个很重要的历史背景。

原来，西周实行政教合一体制，教育学术掌握在官府手里，所以有"王官学"的说法。进入春秋时期，王权衰微，学术下移。前后表现为两个阶段：

第一个阶段，是周王朝的文化官员开始外流，散入各诸侯国，甚至有的远走高飞，进入边远四夷之地。如老子，原任周守藏史，见周朝衰落，丢下官职而去。再如，《左传》昭公二十六年记载，王子朝和一批贵族子弟携带周王室的典籍投奔到了楚国。《论语·微子》篇记述了一批乐官四散而去，如：大师挚去了齐国，亚饭干去了楚国，三饭缭去了蔡国，四饭缺去了秦国，鼓方叔逃到了黄河之滨，播鼗武逃到了汉水之岸，少师阳和击磬襄二人则逃到了海滨隐居。中央文化官员的外流，直接导致了周王

老子　道家创始人。

朝学术文化中心地位的衰落,促进了地域性文化的繁荣发展,一些不用"周礼"而用"夷礼"的诸侯国也随之有了比较发达的学术文化,这就是孔子说的"天子失官,学在四夷"。

第二个阶段,是从春秋末期开始,诸侯衰落,政在大夫,甚至出现了"陪臣执国命"的现象,一些诸侯国的文化官员直接流入民间。他们走出官府,不再有官禄可食,为了谋生,不得不利用手中的文化知识,向人提供各种各样的文化服务,比如,担任礼仪顾问、家庭教师,等等,一些有声望的则招徒讲学,这直接导致了民间私学的兴起。

如果说第一阶段是"天子失官,学在四夷",那么,第二阶段也可以说是"诸侯失官,学在民间"。(孙爱妮)

知识链接
什么是夷夏之辨?

夷夏之辨是中国二千多年来一直争论不休的话题,最早是由《春秋》公羊学家提出来的。所谓夷夏之辨,就是分别出夷与夏的不同。夏,指诸夏,也称华夏,从地理概念上说则是指中国。夷,是指中国周边的少数民族,通称四夷,即东夷、西戎、北狄、南蛮。就文化发展程度而言,中国"先进于礼乐",礼乐文化发达;四夷"后进于礼乐",礼乐文化落后。就民族关系而言,春秋时期,人们普遍有着"非我族类,其心必异"的观念,再加上夷狄时常侵扰中国,所以春秋时期不断有"攘夷"之举。齐桓公称霸,首先打出了"尊王攘夷"的旗帜,受到了孔子的称赞。孔子认为,中国在南夷与北狄夹击下,情况危急,不绝如缕,如果没有管仲辅佐齐桓公"尊王攘夷",就会出现"夷化"现象,中国倒退接受夷礼、夷俗。夷夏之辨正是在这样一种历史文化背景下出现的。

夷夏之辨虽然是讲民族关系,但是,它不是从地域和血统上来讲民族关系,而是从文化上讲民族关系。这是夷夏之辨的一大特点和优点。儒家把当时的民族关系简化为夷夏两大族群,而划分夷夏族群的标准不是地域和血统,而是文化。孔子作《春秋》,对于夷夏的看法是:如果原为夷狄,而采用了华夏的礼乐文

化，就视为华夏；反之，如果原为华夏，而采用了夷狄的礼俗文化，则视为夷狄。这就是唐代韩愈说的："诸侯用夷礼，则夷之；进于中国，则中国之。"这样一种民族划分标准，即使在今天也是有其积极意义的。

由于华夏文化先进，夷夏之辨的另一内涵是：落后的夷狄接受先进的华夏文化，是受到称赞和鼓励的；相反，先进的华夏接受落后的夷狄文化，则要受到讥笑和批评的。这就是孟子说的："吾闻用夏变夷者，未闻变于夷者也。"这是合乎社会发展要求和历史发展规律的。在历史上，任何民族都希望向前发展，或者是发展队伍中的领跑者、先进者，或者是向先进学习，没有自甘落后的。

在孔孟时代，华夏文明居于领先地位，明显高于周围各民族的发展水平，所以那时确定的夷夏之辨的基本内涵，是普遍适用的；即使在以后的历史发展中，也是长期适用的。然而，到了近代，中国的发展落伍了，一些有封闭心态的中国人仍然套用传统的夷夏之辨，来为中国的落后辩护，为他们排斥"西学"、拒绝现代化寻找历史根据，就不足为训了。1876 年，郭嵩焘奉命出使英国，任驻英公使。这是我国历史上第一位驻外大使。此事在当时引起了轩然大波。守旧派认为，蛮夷之邦一向来中国"朝贡"，中国断无派使驻外之理，他们编出了一副对联攻击郭嵩焘本人："出乎其类，拔乎其萃，不容于尧舜之世；未能事人，焉能事鬼，何必去父母之邦。"守旧派昧于世界大势，不知夷夏之辨的格局到了近代发生了根本性的变化，一味弹夷夏之辨的老调子，所以闹出了不少笑话。（王光福）

23 孔子赞赏什么样的女性？

刘向《列女传》第六卷记载了一则"阿谷处女"的故事，讲述孔子周游列国期间，在南方楚地与一位年轻女子的交往、对话，"听其言，观其行"，藉以考察民风。故事情节是这样的：

孔子一行南游楚地，盛夏季节，来到了一处风景宜人、名叫阿谷的地方，看见一位佩戴美玉的年轻女子在河边洗衣服。孔子为了了解风土人情，叫子贡三番五次去河边与洗衣女子对话，看看她的为人如何。

第一次，孔子递给子贡一只杯子，子贡拿着杯子走到洗衣女子面前，自我介绍说："我是北方之人，从北到南，将到楚国去。今逢天热，心里烦燥，请借杯水喝。"洗衣女子回答说："阿谷之水，一清一浊，东流大海。你随便喝呗，何必问我？"说罢，接过杯子，逆流冲洗干净，再顺流舀水灌满，放在沙地上，请子贡自己拿，说："依礼，我不能亲手交给你。"子贡返回告诉了孔子二人见面的情景，孔子由此认为，这位阿谷之女言语举止很得体，是一位有良好教养的女子。

第二次，孔子拿出琴，去掉控弦的轴，让子贡再去请她调一调琴弦。子贡走过去，对阿谷之女说："刚才听你讲话，如沐春风，正合我意，好像他乡遇知音。我有把琴，少了调弦的轴，请你给调调。"洗衣女子说："我是一个乡野女子，见识短浅，鄙陋寡闻，不知五音，怎能调琴？"子贡回来将二人的对话告诉了孔子，孔子对子贡说："如果遇上贤人，她会表示礼敬的。"

卫庄姜　春秋时卫庄公的夫人。"巧笑倩兮，美目盼兮"就是《诗经》中专门用来描绘庄姜的美丽的。

第三次，孔子拿出五两葛布，让子贡交给洗衣女子。子贡走过去，对洗衣女子说："这点东西没什么价值，不敢请你接受，你把它丢在水边吧。"洗衣女子说："你是行旅之人，少不了忧叹之事。你却拿出资财，忍心丢弃野外。我年纪轻轻，怎能接受你的礼物？你还是快走开吧，免得落个狂夫之名。"子贡返回把二人的对话复述了一遍，孔子听后赞叹说："这位女子通人情、知礼节啊！《诗》曰：'南有乔木，不可休息；汉有游女，不可求思'，说的就是这种情况啊。"（孙爱妮）

知识链接
孔子有心中的偶像吗？

一个人心中的偶像，往往寄寓着他的人格理想，即：把自己崇拜的对象，视为人格的楷模，视为可望不可及的人生典范。孟子崇拜孔子、司马迁景仰孔子，都是如此。那么，孔子心中有无偶像呢？答案是肯定的。孔子心中的偶像，是尧、舜、禹、周文王和周公。

尧是上古五帝之一，传说是帝喾的次子，名尧，号放勋，因封于唐，史称陶唐氏。尧在位时，定历法，治洪水，选贤与能，勤政俭朴，与人民共甘苦，到年老后，将帝位禅让于舜。孔子对尧非常景仰，据《论语·泰伯》记载，孔子对尧的颂扬是："大哉尧之为君也！巍巍乎！唯天为大，唯尧则之。荡荡乎，民无能名焉。巍巍乎其有成功也，焕乎其有文章。"这是说，尧为圣王，伟大啊！天是那样的崇高啊，只有尧能够效法天；德是那样的广大啊，人民都不知道如何称颂。尧的成功永传不朽，尧的文章光明灿烂。

舜，与尧并称，也是五帝之一。传说姓姚，名重华，因封于虞，以国为氏，称有虞氏。舜出身低微，极尽孝道。即位后，继承尧的事业，建立了百官制度，任用禹、契、弃、皋陶、伯益等，天下大治，升平祥和。年老后，将帝位禅让于禹。孔子赞扬舜为圣王的楷模，认为舜为政的突出特点是选贤任能，无为而治。《论语·泰伯》记孔子说："舜有臣五人而天下治"；《论语·卫灵公》又记孔子说："无为而治者，其舜也与。夫何为哉？恭己正南面而已矣。"意思是说，舜任用了五位德才兼备的大臣，放手让这五位大臣处理政务，他自己只是恭敬端正地坐在朝廷，真正做到了无为而治。

禹，尊称大禹，又称夏禹，姒姓，名文命，是上古最后一位通过禅让而即位的帝王。禹的最大功绩是治理洪水。为了治水，禹三过家门而不入，他采取疏导而不是壅堵的做法，彻底解决了洪水泛滥的问题，让人民安居乐业。《论语·泰伯》记孔子对禹的称赞是："禹,吾无间然矣。菲饮食而致孝乎鬼神,恶衣服而致美乎黻冕,卑宫室而尽力乎沟洫。禹,吾无间然矣。"这是说,禹平日不讲究吃穿,住的也很简陋,但在祭祀时,却把食品办得十分丰盛;在祭祀以及朝见百官需要穿礼服的时候,却是衣冠整洁而华美;一心扑在治水上,全力挖沟渠以疏导洪水。大禹的美德无以复加,我无话可说啊。

周文王,姬姓,名昌,是周朝的实际开创者。他在位时,以德治国,勤政爱民,礼贤下士,大力发展农业生产,以致周人的势力迅速壮大起来,尽管仍然是附属于殷王朝的一个方国,但已能三分天下有其二。在这种情况下,周文王一如既往服从殷王朝。《论语·泰伯》记载,孔子对周文王称赞不已,说:"三分天下有其二,以服事殷。周之德,其可谓至德也已矣。"孔子认为,周文王拥有"至德",即最高的道德。

周公,名旦,是周文王的第四个儿子。周公先是协助周武王灭商,建立了周朝;又在武王死后辅佐周成王,平定东方叛乱,制礼作乐,奠定了有周一代典章制度的基础。孔子推崇周公多才多艺,人格完美。在孔子心中,周公是他最向往、思慕的圣人,以至于常常梦见周公;到了老年,孔子不再梦见周公,大发感慨:"甚矣吾衰也! 久矣吾不复梦见周公。"

除了以上尧、舜、禹、周文王、周公以外,孔子崇敬的古代圣贤还有泰伯、周武王、管仲等人。后世儒家称孔子"祖述尧舜,宪章文武",并不是指孔子只崇敬和效法尧、舜、周文王、周武王四人,而是指尧舜和文武两个时代,以及这两个时代最有代表性的圣王。(王光福)

24 孔子是创办私学第一人吗? 为什么他被奉为"万世师表"?

西周末年和春秋时期,周王朝的统治削弱了,"天子失官,学在四夷"。原来在官府的很多文化人走向民间,文化逐渐下移,

孔子讲学图

成为春秋时期社会文化的一大特色。

这些走向民间的文化人开设私学，聚徒传授文化知识。大约和孔子同一时代，郑国邓析教人"学讼"，传说鲁国少正卯、王骀也开设私学。所以从时间上来说，孔子不是第一个创办私学的人。

孔子志在恢复周礼，整理上古文化典籍，创建儒家学说。他开办私学，实行"有教无类"的办学方针，提出了"学而时习之"、"温故而知新"以及学思结合等学习方法。史载孔子以"以《诗》、《书》、《礼》、《乐》教，弟子盖三千焉，身通六艺者七十有二人"。孔子从事的教育事业在中国历史上产生了深远的影响。从这个意义上来说，孔子是创办私学的第一人。

作为一位伟大的教育家，孔子受到后世的尊崇。三国魏文帝黄初二年的诏书封孔子后裔时，称孔子为"亿载之师表"，称赞孔子是千秋万代人师的表率。元朝至大元年武宗在加封孔子"大成至圣文宣王"的诏书中称孔子"师表万世"。到清朝时，康熙皇帝于康熙五十二年为孔庙大成殿亲自题匾"万世师表"。

（张磊）

知识链接
古代学校名称和今天一样吗？

我国有重视教育的传统。早在原始社会，鉴于老人多经历过人生磨难，他们积累的丰富知识和宝贵的社会经验有传承的价值；而年轻人亦乐意向他们请教，所以教育的任务就由氏族里受尊重的老人来承担。这些老人居住养老的地方逐渐变成了教育场所。

《说文·广部》云："礼官养老，夏曰校，殷曰庠，周曰序。"意思是说，夏代礼官养老的地方叫"校"，殷代称之为"庠"，周代则称之为"序"。由于夏商周三代对礼乐教化越来越重视，而这些礼官熟悉礼乐文化，所以校、庠、序的教育功能越来越明显。

《孟子·滕文公上》云："设为庠序学校以教之：庠者，养也；校者，教也；序者，射也。夏曰校，殷曰序，周曰庠，学则三代共之，皆所以明人伦也。"孟子的话表明，庠、序、学、校早在先秦时期指的就是教育的场所和机构。后来，"庠序"二字连用，泛称学校或教育事业。（张磊）

25 孔子说"自行束脩以上"，是说孔子收学费吗？

《论语·述而》记孔子云："自行束脩以上，吾未尝无诲焉。"通常的解释是：脩，干肉，束脩就是十条干肉。朱熹注云："古者相见，必执赞以为礼；束脩，其至薄者……故苟以礼来，则无不有以教之也。"但是也有另外的看法认为，"束脩"为束发修饰，代指年龄在十五岁以上。细绎孔子之意，他重视的并非礼物的轻重，并不是要求交学费。只要年龄够了，而且乐于求教，孔子都愿意教诲。这是孔子的教育理念"有教无类"的反映。各种出身的人都可以跟孔子学习，所以他弟子众多。孔子以前的时代，只有贵族才能受教育。孔子打破了这个局限，是他从事教育的一个成功，在当时具有进步意义。

那么古代的学费是怎样的呢？从夏商周到明清时期，官学

占据主导地位。古代官学由国家举办，基本不收学生学费。当然，各个朝代具体情况有所不同。

如隋唐时期，社会经济有了较大发展。官学免收学生的学费，甚至对外国留学生也免收学费。学生在学期间，包括衣服、膳食都由国家提供。只是学生入学的时候要送一些礼物给老师，作为对老师的尊敬。例如，国子学和太学学生每人送绢3匹。

又如明朝时期，国家免收学费，包揽了学生的衣、食、住、行等费用，甚至允许带家属伴读、赐家属廪粮，同时免除在校学生本人的兵役、差役。（张磊）

知识链接
古代对入学的弟子都有哪些要求？

现在新生入学，学校往往会发给每人一本《学生守则》，上面记载着学生必须遵守的规章制度。而在我国古代，又是如何要求入学弟子的呢？古代也有专门的规范弟子言行的书，如《弟子规》等。这类书是依据孔子的教诲编成的，三字一句，朗朗上口，目的是便于学生背诵和记忆。

古代对入学弟子的要求首重孝道。孝悌是中国文化的基础，古人有"百善孝为先"的说法。人们认为，如果一个人在家能够孝顺自己的父母，他就会拥有一颗善良、仁慈的心；而有了这份仁心，他出门在外，就能益于他人。因此，《弟子规》的总叙就说："圣人训，首孝悌。"尽孝是子女对父母应尽的责任和义务，落实到日常生活中来，则要求子女心怀恭敬地对待父母，对父母孝敬。"父母教，须敬听。父母责，须顺承。"父母有了过失，要怡色、柔声、亲切以谏，如果父母不听自己的，还是要耐心地劝谏。如果因为劝谏惹恼了父母，受到父母的鞭挞，也不能心有怨恨。父母活着的时候要无微不至地伺候、关心他们的日常起居生活。"冬则温，夏则清。晨则省，昏则定。出必告，反必面"，"亲有疾，药先尝。昼夜侍，不离床"；父母死后则要居丧守孝三年，断绝酒肉，诚心诚意地祭祀，仍然当他们活着。

鞭打芦花处　闵子骞遭后母用芦花作棉衣的虐待，但他仍劝阻父亲赶走后母。

　　由此引申到其家庭成员之间，乃至与社会上各色各样人进行交往时，都要求克己谦让。在家，兄弟之间要长幼有序，和睦相处，千万不要因为财产问题而生隙罅。在外，遇到长辈，要和颜悦色，主动上前问候；如果长辈没和自己说话，就应先退在一旁，恭恭敬敬地站着，等长辈把话说完。诸如此类的为人之道，都是入学弟子必须牢记在心的。

　　其次，入学弟子要注重自我修行。这些包括早起晚睡，珍惜时光。早晨起床要洗脸、漱口，清理内务。出门要检查帽子是否戴正了，衣服纽扣是否都系上了。自己的衣物冠帽类，需整洁、有规律地安放。吃饭不要挑食，适量即可，不得暴饮暴食。年轻的时候不要饮酒等等。

　　我国自古就有"站有站相，坐有坐相，睡有睡相"的教诲，后来又具体表述为"站如松，立如钟，睡如弓"。《弟子规》中即要求入学弟子走路步履要从容，站立的时候要端正，作揖的时候要弯下腰来，礼拜则心怀恭敬。行为举止需庄重，且彬彬有礼。日常做事不要慌张，以免乱中出错。对任何事情都不能有畏难情绪，当然有了问题也不可忽视。不要去打闹场所，不要关心邪僻的

问吧

三

事情。与人交往，要真诚、有信用。别人的东西，不能擅自拿走，那是偷窃行为；如果是借的，则要及时归还，这就是所谓"有借有还，再借不难"。

第三，入学弟子要勤于问学。古人认为读书不仅可以增进智慧，纠正偏见，而且有知识的人能得到社会的尊重。读书需要掌握正确的方法，不能死读书，或读死书。《弟子规》中提出，读书要做到"三到"：心到、眼到、口到，这样才能把书读好。有了疑问要随时请教他人，不能不懂装懂。学习的环境也要收拾干净，笔墨纸砚类要摆放端正，取用的书籍，看完后要归还原处，发现书籍有损坏处，则要耐心细致地修补好。读书需有选择性，要读好书，不好的书，则不要去看了。学习是个艰苦事，正所谓"书山有路勤为径，学海无涯苦作舟"。只有克服畏难情绪，用心读书，学问才会长进，这也是后人所说的"只要功夫深，铁棒磨成针"的道理。

古代对入学弟子的这些规定，有不少对于今天的学生来说，仍有借鉴之处。（张磊）

26 孔子是否真的曾在"杏坛"讲学？

"杏坛"是传说孔子讲学之处，也成为孔子教育的象征。《庄子·渔父篇》云："孔子游乎缁帷之林，休坐乎杏坛之上。弟子读书，孔子弦歌鼓琴。"庄子的这则寓言说，孔子带领弟子们出游，在杏林里讲学，累了就在杏坛上坐着休息。《庄子·渔父篇》本是寓言，所以难以深究杏坛究竟在何处。司马彪注"杏坛"为"泽中高处也"。"杏坛"指孔子教学授徒的地方就成为一个典故，流传下来。

宋天禧二年（1018 年），孔子四十五代孙孔道辅修建曲阜孔庙，以正殿旧址建杏坛，周围环植以杏。金代始于坛上建亭，当时的著名文士党怀英篆书"杏坛"二字。这就是后来曲阜孔庙大成殿前的杏坛。

杏坛位于大成殿前甬道正中，黄瓦朱栏，细雕藻井·彩绘金色盘龙，亭前有金代遗物石香炉。坛旁植有杏树。每当春天到来的时候，粉红的杏花挤满枝头，清风拂过，芳香沁人心脾。当年乾隆皇帝来孔庙祭孔，曾经满怀兴致地为杏坛赋诗一首："重来又值灿开时，几树东风簇绛枝。岂是人间凡卉比，文明终古共春熙。"（张磊）

杏坛　传说孔子讲学处，在曲阜孔庙内。

知识链接
"杏园"与科举及第的进士有什么联系？

"杏园"本指有杏树或杏花的园子，但在唐代指的是新科进士游宴之地，其故址在今西安市大雁塔南。

"杏园游宴"是唐代文人的雅趣活动之一。早在唐中宗神龙年间，凡新科进士及第，先要一起在曲江、杏园游宴，然后登临大雁塔，并题名塔壁留念。唐宋诗词多有吟咏杏园宴、杏园客、杏园路者，如刘沧有《及第后宴曲江》诗："及第新春选胜游，杏园初宴曲江头。"白居易有《酬哥舒大见赠》诗："去岁欢游何处去，曲江西岸杏园东。"赵嘏有《喜张濆及第》诗："春风贺喜无言语，排比花枝满杏园。"温庭筠有《下第寄司马札》诗："知有杏园无路入，马前惆怅满枝红。"写的都是与此相关的活动或心理感受。

唐代科举考试实行功名取士，能否中榜，以及名次如何，对那些想踏入仕途的文人来说，意义重大。故而古人四大快事，"久旱逢甘霖，他乡遇故知。洞房花烛夜，金榜题名时"，金榜题

杏坛礼乐

名即为其中之一。中进士者自是得意非凡,如孟郊《登第》,写的
是"春风得意马蹄疾,一日看尽长安花";而落榜者却是无限失
意,如贾岛《下第》写的是"下第只空囊,如何住帝乡。杏园啼百
舌,谁醉在花傍";杜荀鹤《下第出关投郑拾遗》写的是"杏园人醉
日,关路独归时"。这些对"杏园"的演绎,使其具有丰富的文化
象征意向。(张磊)

27 孔子教育儿子"不学《诗》,无以言", 是说不学《诗》就不能说话吗?

孔子认为,《诗》的基本性质和功能是抒发人的情感,通过兴
起人的喜、怒、哀、乐等自然情感,使之得到进一步的升华,从而
培养人的德性。

孔子说:"《诗》可以兴、可以观、可以群、可以怨。"指出学《诗》
可以激发人的情志,可以观察民俗风情的盛衰,可以建立相互之
间的谅解,可以讽喻或批评时政的得失。《诗》之所以有这样的
功能,是因为在孔子看来,《诗》本身就是帮助人升华自己的情

感、培养自身的德性的。有一次，孔子的学生子夏向孔子请教《诗经》中的"巧笑倩兮，美目盼兮，素以为绚兮"是什么意思，孔子回答说："绘事后素。"意思是先有白色的底子，然后再在上面绘画。子夏听后受到启发，说："礼后乎？"即礼乐是不是以人的真实情感为基础呢？孔子对子夏的理解非常欣赏，说："起予者商也！始可与言《诗》矣。"认为子夏启发了他，有了这样的理解，就能够开始讨论《诗》了。孔子肯定子夏由绘画引申出在自然情感的基础上文之以礼乐的道德修养方式，说明《诗》在孔子那里主要是通过情感兴起而发挥道德教化的作用。

　　《诗》的功能是兴起人的真实的自然情感，所以孔子说："《诗》三百，一言以蔽之，曰：'思无邪。'"认为《诗》就是使人的情感升华、道德纯正。而在孔子看来，这一点是人成就文质彬彬的君子人格的前提。孔子说："兴于《诗》、立于礼、成于乐。"意谓兴起在《诗》，卓立在礼，完成在乐。只有情志真诚，一心向善，才能学好礼、立于礼，才能达致自由和谐的精神境界，所以学《诗》是立于礼、成于乐的基础，是道德修养、完成人格的第一步，这也正是孔子所说的"绘事后素"之意。孔子教育弟子先从《诗》开始，其原因即在于此。

诗礼堂照片　孔子教育儿子孔鲤"不学诗，无以言"，后人于孔庙内建诗礼堂以作纪念。

　　当然，孔子重视《诗》的教育，还与《诗》在社会活动中的重要

问吧
三

作用有关。在孔子看来，学《诗》除了兴、观、群、怨之外，还可以"迩之事父，远之事君；多识于鸟、兽、草、木之名"，在生活的方方面面都用的着；如果不学《诗》，则"无以言"，"犹正墙面而立"，不学《诗》就不懂得如何讲话，就寸步难行。（彭耀光）

知识链接
古代的启蒙教育教什么？

在中国启蒙教育历史中，早期教育教学的中心课程是"六艺"，即：礼、乐、射、御、书、数。根据《周礼·地官》记载，"六艺"为：五礼、六乐、五射、五御、六书、九数。孔子教学，主张"兴于诗、立于礼、成于乐"，提倡"行有余力，则以学文"，说的就是教育教学中基本的学科或中心的课程。孔子整理"六经"（《诗经》、《尚书》、《礼记》、《乐经》、《易经》、《春秋》，后《乐经》丢失），启蒙教育所教授内容逐渐由"六艺"变为"六经"（或"五经"）；宋代以后"四书"（《大学》、《中庸》、《论语》、《孟子》）地位提升，教学基本内容又演变为"四书"、"五经"。宋代尤其是明清时期，大批的幼儿启蒙读物开始出现，如《三字经》、《百家姓》、《千字文》、《弟子规》、《增广贤文》等。这些书采用整齐押韵的方式，对经典的常识内容和基本精神做了整理，易背好学，逐渐成为教育尤其是幼儿启蒙教育的必读读物。（彭耀光）

28 孔子真有"弟子三千"吗？年龄最大和最小的弟子是谁？父子同为孔子弟子的又有谁？

《史记·孔子世家》云："孔子以诗书礼乐教，弟子盖三千焉……颇受业者甚众。"孔子从年轻的时候即从事教育，"有教无类"。他的学生来自鲁、齐、宋、卫等数个诸侯国。在他几十年的教育生涯中，教过的弟子不计其数，"弟子三千"是个约数。

孔子弟子中最大的是秦商,最小的是公孙龙,一说是叔仲会。

秦商,鲁国人,字不慈,比孔子小四岁。他的父亲是秦堇父,与孔子的父亲叔梁纥都是以勇力闻名。

叔仲会,鲁国人,字子期,比孔子小五十四岁,与孔璇年龄相仿,孔子将他俩当做小孩子看待。他俩在孔子身边负责抄写记事,轮流侍立左右。孟武伯见到孔子就问道:"这两个孩子这么小就来学习,怎么能知道他们长大后的学问情况呢?"孔子说:"能知道。年少的时候养成的就好像是天性,习惯了就好像十分自然。"

曾参　被称为"宗圣",以孝行著称。

公孙龙,卫国人,字子石,比孔子小五十三岁。

孔子学生中,颜由、颜回为父子,曾点、曾参为父子。

颜由,鲁国人,颜回的父亲,字季路,孔子开始在阙里教学的时候,他就跟从孔子学习,比孔子小六岁。

颜回,字子渊,以德行著名,居住在陋巷而不改其志。孔子非常称许他的仁德。

曾子庙　在山东嘉祥县南部。

曾点，南武城人，曾参的父亲，字子皙，《论语·先进》记孔子赞赏曾点之志。

曾参，字子舆，以孝著称，传说孔子因他而授《孝经》。齐国曾经聘请他，想让他为卿，他因父母年高无法远游而推辞。曾参的后母对他没有恩德，他却一直供养后母，从来没有懈怠。（张磊）

知识链接
孔子为什么不收女弟子？

孔子号称"弟子三千"，知名的就有七十二人，但是其中却没有女弟子。这是因为古代有"重男轻女"的观念，女子不能在外抛头露面，自然也就与学校教育无缘。当然，这也不是说女子就不接受教育了。她们"学则在家"，由父兄教授。条件好的家庭请私塾先生来家授课，如果家长又很开通的话，则女子可跟随其兄弟一起听课。故在中国古代，也出现了像李清照、王照园（郝懿行之妻）之类的才女。

我国最早的女子学校是由外国传教士来华创办的。十九世纪四五十年代，大批传教士进入中国，他们为了传教，免费在华办学，不少地方女校纷纷得以建立。如1844年，英国东方女子教育协进会的传教士阿尔德塞女士在宁波开设女塾，专收女生，被认为是基督教会在中国开办的第一所女子学校。

中国近代第一所自办女校是维新派妇女团体女学会，于1898年6月1日在上海城南桂墅里创办，名为中国女学会书塾。这所女校开设中文、西文、医学、女红四门功课，还创办近代中国第一张女报——《女学报》，提倡女学，反对缠足。

女性能够上学，是社会进步的标志。女性教育，带来了女性的自由、解放和独立。这对女性来说，意义重大。有的女性接受教育后，走上革命道路，成为不让须眉的巾帼英雄。（张磊）

29

孔子弟子中有"贤人七十二",为什么
是"七十二",有特殊含义吗?

孔子创办私学,号称弟子三千,贤人七十二。这一说法出自
《史记·孔子世家》所记:"孔子以诗书礼乐教,弟子盖三千焉,身
通六艺者七十有二人。"所谓弟子三千,只是一个大概的数字。
那么,贤人七十二呢,是否也是个概数?

在留传至今的文献中,专门记载孔子弟子的姓名及言行事
迹的,有《史记·仲尼弟子列传》和《孔子家语·七十二弟子解》。
前者引用孔子的话,说"受业身通者七十有七人",所以记录了 77
人;后者篇名称"七十二弟子",实则记录了 76 人。可见两者所
记都不是 72 人。这说明,所谓贤人七十二,只是一个概数。

另外,根据其他文献的记载,还可以补充 20 人。也就是说,
目前可知的有姓有名的孔子弟子共有 97 人,这其中包括几位存
有争议者。

既然贤人七十二,只是概数,不是准确数字,为什么人们喜
欢说七十二呢? 这大概有两个原因:

(1)根据各种古文献记载,孔子的优秀弟子实有七十余人,
这与七十二非常接近。

(2)七十二是神秘的也是吉利的数字。在古人看来,七十二是
天地阴阳之数相乘而成。《易传》把从 1 到 9 的奇偶自然数分为阴
阳两组,奇数 1、3、5、7、9 属于阳性数字,也是天数,9 是其中最大的
数;偶数 2、4、6、8 属于阴性数字,也是地数,8 是其中最大的数。8
×9＝72,所以七十二成了象征天地阴阳交泰的神秘数字,也是古
文献中最常见的一个数字。如《管子·地数》讲古帝王"封于泰山,
禅于梁父,封禅之王七十二家";《史记·滑稽列传》讲姜太公"躬行
仁义七十二年,逢文王,得行其说";《说苑·贵德》讲"孔子历七十
二君,冀道之一行……卒不遇";《新序·杂事》记"邹忌既为齐相,
稷下先生淳于髡之属七十二人皆轻忌"等等。(王钧林)

问吧
三

知识链接
古人是怎么借孔子和《论语》开玩笑的？

孔子是圣人，《论语》是经典，但是，在古人眼里，孔子与《论语》也可以"戏说"。

传为隋代侯白所作的《启颜录》记了一则笑话：北齐有一个人叫石动筩，为人诙谐风趣。有一次他与国学博士谈到孔子弟子达者七十二人时，他问："这达者七十二人中，有几人已冠，几人未冠？"博士回答："经传没有记载，不知道。"石动筩笑着说："先生读书，怎能不知孔子弟子已冠者三十人，未冠者四十二？"博士问："有何根据？"石动筩回答："《论语》上明明写着'冠者五六人，童子六七人'，五六三十，六七四十二，不正是七十二嘛。"博士听罢一时语塞，回答不上来。石动筩巧解《论语》，取得了幽默的效果。

清代陈皋谟《笑倒》记了一则歪解《论语》的搞笑故事：孔子在陈蔡绝粮，命令颜回前往回回国借粮。颜回觉得他的名与回回国国号相同，有几分亲近感，应该容易通融一些，借粮大概不成问题。于是兴冲冲地赶到了回回国，不料，不但没有借到粮食，反而遭到了一顿斥责："你的老师孔子，要攘夷狄，怪俺回回，连你也骂着呀，说'回之为人也贼乎'。"颜回怏怏而归。子贡请往，到了回回国，说："我平日一个劲儿地奉承你们呀，常常说：'赐也，何敢望回回也！'"回回国人听后大喜，立即答应借粮。子贡回来后，讲给孔子听。孔子皱着眉头说："粮食倒是借来了，只是文理不通。"原来，这里说的"回之为人也贼乎"，见于《中庸》"回之为人也择乎中庸"，把"择"改为"贼"，就变成了骂人；"赐也，何敢望回回也"，见于《论语·公冶长》"赐也，何敢望回。回也，闻一以知十"，把句读变一下，就纯属搞笑了。

唐代高择《群居解颐》记了一个李可及戏说儒释道三教的故事：李可及是唐代晚期有名的滑稽演员，有一次，在唐懿宗亲自参加的儒释道三教讲论会结束后，李可及登台表演，称"三教论衡"。有人问："你声称博通三教，那么，请问释迦如来是什么人？"李可及回答："妇人。"问者惊讶，说："为什么这样说？"李可及回答："《金刚经》说'敷坐而坐',如果不是妇人,为什么先让夫坐,再让儿坐?"接着又问:"太上老君是什么人?"回答:"也是妇人。"问者困惑,李可及解释道:"《道德经》说:'吾有大患,为吾有身;及吾无身,吾有何患?'如果不是妇人,会怕有身吗?"此人第三次再问:"文宣王孔子是什么人?"回答:"也是妇人!"问者说:"为什么这样说?"李可及回答:"《论语》说'沽之哉,沽之哉,我待贾者也。'如果不是妇人,为什么要嫁人?"李可及的戏说博浮满座喝彩。李可及聪明机智,先是利用谐音,把"敷坐而坐"说成"夫坐儿坐";再有意曲解"有身"为有身孕;然后把"沽之哉,沽之哉,我待贾者也",说成是女子等待出嫁,这样一来,就变成了纯粹的搞笑。(王钧林)

30 孔门"四科"是什么?

孔子门下弟子众多,身份各异。据《论语》记载,孔子教育学生的内容,主要包括四个方面,所谓"子以四教:文,行,忠,信"。

"文"主要指各种文献知识。孔子教育学生的主要文献有《诗》、《书》、《礼》、《乐》、《易》、《春秋》等,内容包括了哲学、政治、历史、文艺等方面;"行"主要指道德实践。孔子固然重视"文",但更重视"行",二者相比,"行"比"文"更重要,所谓"行有余力,则以学文"。而且,在孔子看来,文化知识只有落实于道德实践,才真正起到了作用;"忠"是对待别人真诚、忠心,所谓"与人忠"、"与人谋而不忠乎"。只有以忠心待人,以忠心事人,才能问心无愧,心安理得;"信"指与人交往的诚信。它主要是对"言"而说的,即"言而有信"的"信",指说话信实没有虚伪。这也是与人交往的一个基本原则,孔子说:"人而无信,不知其可。"人要是不讲信用,不知道拿他怎么办了。

孔子的教育,还有"四科"之说。这是后人总结出来的说法,表示孔子的学生,按其不同的特长或专长而分成四类,类似

问吧
三

闵子骞单衣顺母　闵子骞的后母虐待闵子骞,冬天只给他穿芦花絮的棉
衣。闵子骞的父亲想休掉她,闵子骞却跪求父亲把她留下来。

今天大学里的分系。《论语·先进》记载:"德行:颜渊、闵子
骞、冉伯牛、仲弓;言语:宰我、子贡;政事:冉有、季路;文学:子
游、子夏。""德行"、"言语"、"政事"、"文学"即是四科的内容;
后面所列举的孔子弟子,则表示在这方面有突出的专长和上佳
的表现。四科就其内容性质而言,相当于今日大学的伦理、语
言、政治、文学等科目。当然,"孔子四科"主要是强调孔子学生
在这四个方面有优长表现,并不是说教学内容只限于这四类。
(彭耀光)

知识链接
中国古代有没有大学?

据史料记载,我国古代学校,在周代称为辟雍、泮宫,也叫庠、
序,都为政府所办,相当于今天的国立学校。到了春秋、战国时期,
官学散落民间,开始出现平民教育。当时并没有固定的教育场所,
孔子杏坛执教,其实只是在家设教而已。其他诸子也都常年游学,

没有固定的教育场所。汉武帝建立太学，五经博士在太学中正式任教，又恢复了西周官立教育的旧传统，但已不是贵族教育，贫寒子弟亦可入学。这时的太学相当于今日的大学。东汉以下，教育改由门第教育和寺院教育承担，到了唐代才重新恢复太学。唐代末年又出现书院，至宋代书院大盛。书院又称精舍，是私人收徒教学的场所。此后太学和书院成为承担中国大学教育的主要场所，一直延续到清代末年。

（彭耀光）

孔子杏坛设教图　明吴彬作

31　孔子最得意的弟子是谁？

在孔子的众多弟子中，孔子最器重颜回。孔子不但对颜回称赞有加，而且把他作为自己道德学问的继承人。孔子曾说："有颜回者好学，不迁怒，不贰过。不幸短命死矣，今也则亡，未闻好学者也。"认为颜回最为"好学"，即在德性修养方面做的最好，能不迁怒于人，不犯同样的错误。颜回短命而死，再也没有这样好学的人了。可见孔子对颜回的寄望之深。

孔子之所以这样高度评价颜回，是因为颜回在道德文章方面

问吧
三

颜子庙　祭祀颜渊的专祠，在曲阜北门内。

最了解孔子。比如，在孔子率弟子周游列国，陈蔡绝粮，弟子们面
对困境心生疑惑之时，孔子问学生们："《诗》云：'不是老虎，不是犀
牛，徘徊在旷野，是何缘由？'我的主张不对吗？为什么受困在这
里？"这其实是考察学生们如何理解当前的困境。子路认为主张不
被别人采纳，是由于自身在仁、智方面的修养不到家，所以别人看
不起。子贡则认为是由于老师把标准定得太高，别人接受不了，应
该降低要求。孔子对子路、子贡的回答不满意，他说："伯夷、叔齐
是仁者吧，却饿死在首阳山。这说明仁智的人也会不遇时而遭厄
运。至于降低标准，迎合世俗，实际是放弃理想，更要不得。"孔子
问颜回如何理解。颜回说："老师的主张是伟大的，别人不接受，那
是他们的责任。如果我们的道没有修好，这是我们的耻辱；我们的
道已经完善而不被采纳，那是执政掌权者的耻辱。正确的主张不
被人家采纳，自己仍坚持下去，这才显出君子的修养。"孔子听了颜
回的议论，高兴地说："好样的，颜氏之子，如果将来你发了财，我愿
替你当管家。"可见在孔子看来颜回最能理解自己。

　　颜回不但最理解孔子的思想，而且最能仿效、最能落实孔子
之道。颜回曾感叹地说："仰之弥高，钻之弥坚。瞻之在前，忽焉
在后。夫子循循然善诱人，博我以文，约我以礼，欲罢不能。既

竭吾才，如有所立卓尔。虽欲从之，末由也已。"其大意是说，老师的道，越抬头看，越觉得它高明，越用力钻研，越觉得它深奥。看着它似乎在前面，等我们向前面寻找时，它又忽然出现在后面。老师的道虽然这样高深和不易捉摸，可是老师善于有步骤地诱导我们，用各种文献知识来丰富我们，提高我们，又用一定的礼来约束我们，使我们想停止学习都不可能。我已经用尽我的才力，似乎已能够独立工作。要想再向前迈一步，又不知怎样着手了。颜回的赞叹，表明他对孔子之道有深入的理解和强烈的向往。传说少正卯与孔子争夺弟子时，"孔子之门三盈三虚"，唯有颜回未离孔门半步，而颜回自己也说："夫子步亦步，夫子趋亦趋。"孔子走得慢，颜回也走得慢，孔子走得快，颜回也走得快，因而后人评价说："颜渊独知孔子圣也。"（彭耀光）

知识链接
儒家为什么称人生的最高境界为"孔颜乐处"？

孔子把道作为人生的终极追求和最高境界。在孔子看来，人生的最高境界是一种无限的自由和快乐。这种源于内心的快乐不受一切外在条件限制，是在任何情况下都有的。换句活说，即使在艰难困苦的条件下，也不影响人的这种自由快乐的心境。孔子说："饭疏食饮水，曲肱而枕之，乐亦在其中矣。"在吃粗茶淡饭、枕着胳膊睡觉的条件下，体验到的仍是快乐。孔子的这种境界，体现的就是得道的境界。在孔子的弟子中，颜回也颇能做到这种境界，所以深得孔子赏识。孔子说："一箪食，一瓢饮，在陋巷，人不堪其忧，回也不改其乐。贤哉

陋巷故址

89

回也。"夸赞颜回在贫穷困苦的环境中也可以有快乐幸福的生活，是一种很高的生命境界。后来宋明儒把孔子和颜回的这种境界称为"孔颜乐处"，用以表征得道的最高境界。（彭耀光）

32 孔子弟子中最有政治才干的是谁？

孔子弟子中最有政治才干的是子路。

子路，名仲由，卞（今山东泗水）人。子路性格直率，为人诚实，讲信用，勇敢尚武。子路初遇孔子的时候，对孔子很不礼貌。孔子发现子路是可造之才，遂对子路进行说服教育。子路被感化，拜孔子为师，跟随孔子左右。孔子曰："自吾得由，恶言不闻于耳。"成为孔子最器重的弟子之一。子路从老师那里学到为政治国的道理，成为孔子最有政治才干的弟子。

子路问孔子怎样管理政事。孔子说："自己给百姓带头，然后让他们勤劳地工作。"子路请求多讲一点。孔子说："永远不要懈怠。"应该说，子路正是秉承老师的这一教导，从政不敢懈怠。子路曾经说："一个拥有一千辆兵车的国家，夹在大国中间，常常受到别的国家侵犯，加上国内又闹饥荒，让我去治理，只要三年，就可以使人们勇敢善战，而且懂得礼仪。"事实证明子路所言非虚，他的确很有政治才干。

子路在孔门弟子中做官最多，在鲁国和卫国都做过邑宰或家宰一类的官。

子路在鲁国做官，当过季孙氏的家宰。鲁国执政大夫季康子问孔子："仲由这人，可以使用他治理政事吗？"孔子说："仲由果敢决断，让他治理政事有什么困难呢？"一般人听讼必须听取双方言辞以定是非，子路却根据一方面的语言就可以比较准确地判决案件，子路善于为政由此可见一斑。

因为鲁、卫相距甚近，政治情况差不多，再加上子路的连襟

子路祠

颜仇由、弥子瑕在卫国，所以子路对卫国的情况比较熟悉，在卫国做过蒲宰（又称蒲大夫、蒲令）、孔悝邑宰等官。

子路在卫国做蒲宰，请求拜见孔子，说："我希望从老师这里得到教诲。"孔子问道："蒲邑的情况如何呢？"子路回答说："蒲邑这个地方有很多勇士，难以治理。"孔子说："如果这样的话，那么我告诉你，对人谦恭尊敬，就可以慑服那些勇士；为人宽厚而正直，就可以亲近周围的人。如此推行措施，那么治理蒲邑就不困难了。"

子路在卫国做官的时候，卫国发生了蒯聩之乱。子路在和作乱之人战斗中被砍断冠缨。子路想扶正帽子，结果被作乱之人砍死。孔子得知这个不幸的消息后，心情悲痛至极。（张磊）

知识链接
卫懿公如何因好鹤而亡国？

卫懿公好鹤亡国的故事，《左传》闵公二年有记载："冬十二月，狄人伐卫。卫懿公好鹤，鹤有乘轩者。将战，国人受甲者皆曰：'使鹤，鹤实有禄位，余焉能战！'……及狄人战于荥泽，卫师败绩，遂灭卫。卫侯不去其旗，是以甚败。"

卫懿公在位期间，嗜好养鹤。他把所养的鹤如官分出品位俸禄：上等竟食大夫禄，较次者食士禄。外出游玩时必带鹤，载

于车前，号称"鹤将军"。

由于卫懿公好鹤名声很大，不少人为讨好卫懿公，纷纷为其四处寻觅，然后将搜罗到的鹤献给卫懿公。对于这些人，卫懿公都给以重赏。卫懿公几乎把全部精力都放在养鹤上去了。故卫国朝政荒废，民怨沸腾，国势衰弱。

公元前660年冬，北方狄人乘机从邢国的夷仪（今山东省聊城西南）攻打卫国。到荣泽时，卫懿公欲发兵抵抗，问计于大臣们。大臣们说："有一物完全可以助君，哪里还用得上我们呀。"卫懿公问是什么。大臣说："是鹤。"卫懿公说："鹤怎么能抵抗敌人？"大臣说："鹤既然不能战，那大王您养它们干什么呢，还是让它们替您抵抗敌人吧。"卫懿公又去游说士兵，士兵们说："让鹤去抵抗敌人吧，它们高官厚禄，享受待遇，我们算什么，哪里能够去打仗呢！"国民都不愿听卫懿公的调遣，无奈之下，他只好带着少数亲信，赴荣泽迎敌，结果兵败被杀。（张磊）

33 孔子弟子中最有军事才干的是谁？

孔子弟子中最有军事才干的是冉求。

冉求，字子有，孔门高足，鲁国人，与孔子弟子冉仲弓、冉伯牛是同一个宗族。孔子曾评论说："冉求这个人，可以让他在一个有千户人家的采邑里当邑宰，或有一百辆兵车的卿大夫家当家宰。"

季康子执鲁政后，召跟随孔子在卫的冉求回国。冉求将行，孔子曰："鲁人召求，非小用之，将大用之也。"冉求回国后，做了季孙氏的家宰。

鲁哀公十一年春天，齐国军队由国书、高无丕率领，准备进攻鲁国。鲁国的两位卿大夫叔孙氏和孟孙氏不愿意出兵。季康子谓其宰冉求曰："齐国军队准备来犯，怎么办呢？"冉求说："如果他们两位不同意，您一人率领军队，背城而战吧，您一家的战车也多于齐军，您担心什么呢？他们两位不想作战是很自然的，因为政权掌握在季氏手里。鲁国有您在，齐国人攻打鲁国而不迎战，那是您的耻辱。"

冉求对季康子动之以情，晓之以理，季康子决心出兵。季氏让冉求跟着他上朝，在党氏之沟等着。叔孙氏喊过冉求问他关于作战的意见。冉求回答说："君子有着深远的考虑，小人知道什么？"叔孙氏再问他，他回答说："小人是考虑了才能而说话，估计了力量才出力

孔子弟子冉求

的。"叔孙氏说："这是说我成不了大丈夫啊。"退回去以后就检阅部队。冉求用激将法使叔孙氏出兵。季康子派冉求率领左军抵御。冉求变防为攻，顺利攻入敌阵，打败齐军。

战后，季孙氏问冉求说："您对于战法，是通过学习得来的呢，还是天生就会呢？"冉求回答说："是学习得来的。"季孙氏问："跟着孔子，能学得到战法吗？"冉求回答说："就是跟着孔子学的战法。孔子是一位大圣人，无所不知，文武兼通并用。我恰好听过他讲战法，但却了解得还不够详细。"季孙氏听了以后很高兴。

冉求又说："我们老师的学说传播到百姓中间，即使请鬼神来评判也是无可挑剔的，如果任用他就会使鲁国名声大振。"季康子把这些话报告给了鲁哀公，接着就派人带着礼物迎请孔子，说："人们对于冉求是信任的，我们将重用您老人家。"

冉求在鲁国与齐国的这场战争中为季康子出谋划策，并率领鲁军与齐军战斗，十分勇敢。作为孔子的弟子，冉求出色的军事才干坚定了季康子迎孔子回国的决心。（张磊）

知识链接

周代为什么盛行车战？车战时代兵力的计算单位是什么？

夏商时代，我国已经开始使用马车。到了周代，交通工具更多地使用马车，因此军队也盛行使用马拉的战车，这样车战也就成了战争的主要形式。周武王伐纣有戎车三百乘，而诸侯兵会于牧野，有车四千乘之多。随着战争规模的扩大，也就有了后来的"千乘之国"、"万乘之国"称呼。

车战时代，军队的基本编制单位是乘，以战车为中心，配以一定数量的甲士和步卒（徒兵），再加上相应的后勤车辆与徒役编组而成。周代一辆战车一般驾四匹马，上载三名甲士，按左、中、右排列。左甲士持弓、主射，是一车之长，称"车左"，又名"甲首"；右甲士执戈（或矛），主击刺，并有为战车排除障碍之责，称"车右"，又名"参乘"；居中的是驾驭战车的，称御者。三甲士都是勇敢作战，且有身份之人。

车马出行图

每乘战车有自己的步卒，用现在的说法就是步兵。他们身份低微，有的甚至是奴隶。据《司马法》记载，春秋以前为二十二人编制，其中包含七名车下甲士和十五名步卒，连同三名车上甲士，共计二十五人，为一步兵两，配合战车作战。

开战一方往往先送战书给另一方，约定决战时间。届时双方摆好阵式，擂鼓表示进军，鸣金表示收兵。开战之前，双方往往会派遣勇士去对方营地挑战，以鼓舞自己的士气，挫败对方的锐气。如晋、齐之战，齐国勇士高国乘战车冲入晋军，并用大石投掷，擒获晋人，夺其战车，将车系在齐国营垒前的桑根上，大呼"欲勇者贾余余勇"，以此激励齐军。

战国末期随着铁制兵器的出现以及强弩的使用，到秦统一全国后，马拉的战车逐渐不再使用。西汉时骑兵大量出现，车战最终退出了战争的历史舞台。（张磊）

34 孔子弟子中最有外交才干的是谁？

孔子弟子中最有外交才干的是子贡。

子贡，名端木赐，卫国人，为孔门高足。子贡通情达理，能言善辩，被孔子列在"言语"科。

子贡曾经自信地说："齐、楚两国在宽广辽阔的原野上交战，在两国之间奔走劝告，陈说各种利害，以解除国家的外患，只有我能做得到。"正是因为子贡有杰出的外交才能，所以能在春秋末年列国纷争的外交舞台上，纵横捭阖，救危解难。

子贡在外交上很出色的一次表现是为救鲁而出使齐、吴、越、晋四国。孔子在卫国，听说齐国田常准备攻打鲁国，感到非常忧虑。子贡请求出使救鲁，孔子答应了。

子贡到了齐国，建议田常放弃进攻鲁国，转而进攻吴国。田常不高兴。子贡说："忧患在内部时攻打强敌，忧患在外部时攻打弱者。我听说您三次封赏但却三次没有成功，这说明大臣不听从命令。战胜敌人会使国君骄傲，攻破敌国会使大臣专权，而您却没有

孔子弟子端木赐

95

功劳,那么您与国君的关系会日渐疏远,还会与大臣们发生争执。这样一来,您的地位就会出现危机。"田常说:"好！然而军队已经派往鲁国了,不能变动,怎么办？"子贡说:"可以让军队缓慢行进。我向吴国求情,让它救鲁伐齐,您乘机率兵迎击。"田常答应了。

子贡于是南下劝说吴王夫差道:"称王的人不灭亡别国,称霸的人没有强敌。如今齐国想私自攻占兵车千乘的鲁国,与吴王您争强,为此我很为大王感到担忧。救鲁可以显扬名声,以镇抚泗水一带的诸侯,削弱齐国,从而制服晋国,没有比这有更大好处的了。名义上是保存快要灭亡的鲁国,实际上是围困强大的齐国,对此明智的人是不会有什么疑虑的。"吴王说:"好！然而吴国曾经围困越国,越王如今怀有报复吴国之心。您等我先拿下越国,然后就按您说的去办。"子贡说:"越国的实力不过与鲁国相当,吴国的强敌是齐国。放弃攻打齐国而讨伐弱小的越国,这不是勇敢的表现。救鲁伐齐,威震晋国,诸侯一定会相继来朝见,从而使霸业兴盛。如果大王确实厌恶越国,那么臣下我请求往见越王,让他出兵跟从攻打齐国。"吴王很高兴,便派子贡前往越国。

越王勾践到郊外迎接,亲自为子贡驾车。子贡告诉越王勾践说:"如今我劝说吴王救鲁伐齐,他想同意,但心里担心越国进攻,下定决心要攻破越国了。"越王听了有些慌张,请子贡告知利害。子贡说:"为了免除越国的灾难,大王您应该发兵帮助吴王攻打齐国,来激励他的决心,而且用贵重的宝物来讨得他的欢心,用谦卑

子贡墓　在河南浚县南关外。

的言辞来表示对他的礼敬尊崇，那他一定会放弃越国讨伐齐国。如果他战而不胜，那是大王您的福份；如果胜了，他一定会率兵进攻晋国。请让我北上拜见晋国国君，请他共同攻打吴国，一定会削弱吴国的势力。吴国的精锐部队都消耗在齐国，重兵又被晋国围困住，而大王就可以趁吴国疲惫不堪的时候制服吴国。"越王非常同意子贡的计划，答应子贡派出军队助吴。吴王率领吴、越两国的军队讨伐齐国，打败了齐国。子贡再北去，拜见了晋国国君，让晋国迎击疲敝的吴国。吴、晋两国的军队在黄池相遇。越王趁势袭击吴国本土，吴王回国与越国作战，结果吴国灭亡了。

《史记·仲尼弟子列传》云："故子贡一出，存鲁，乱齐，破吴，强晋而霸越。子贡一使，使势相破，十年之中，五国各有变。"经考证，《史记》的记载与史实有出入。这是战国时代纵横家借子贡而编造的故事。但是这也从一个侧面说明子贡的确有着非凡的外交才能。（张磊）

知识链接
战国时代的纵横家是怎样的人物？

战国时代，列国纷争，各国都派遣使者游说，争取盟友，打击对手。在这种情况下，纵横家应时而生。他们能言善辩，有智有谋，周旋于列国之间。因此，纵横家在战国时期受到各国君主的重视。

纵横家的鼻祖是鬼谷子。相传张仪是他的学生，非常有口才，善于运用外交手段，被秦惠王看重，任命为相。他主张对关东六国采用连横之术，以达到分化各国关系的目的。公元前313年，秦惠王派张仪到楚国游说，以离间楚齐关系。张仪对楚怀王说："楚国如果

苏秦像

能与齐断绝外交关系，秦国愿意献给商於之地六百里。"楚怀王便轻信了他的话，与齐国断交，并派人到秦国受地。但是张仪对楚国使者说，他与楚怀王约定的是六里地。楚国使者回去后，把他的话告诉了楚怀王。楚怀王非常生气，举兵攻打秦国，结果楚军大败，并被秦军占领了汉中地。张仪运用纵横之术，又多次出使韩、齐、赵、燕等国，使得五国连横事秦，为秦国取得了成功。张仪因为很有功劳，也被赏赐五邑，封为武信君。

又如苏秦，相传也是鬼谷子的学生，曾经佩六国相印，以合纵策略联合关东六国对抗秦国。

战国纵横家的故事，经后人加工，更加丰富生动，广为流传。

（张磊）

35 孔子弟子中最有钱的是谁？

子贡擅长经商，"鬻财于曹、鲁之间"。子贡深谙经商的道理，"亿（臆）则屡中"。这就是说，他做买卖，猜测行情，每每猜对。端木赐经商很成功，以至"家累千金"。在七十子之徒中，"赐最为饶益"，即最为富有。

子贡曾经请教他的老师说："贫穷而能不谄媚，富有而能不骄傲自大，怎么样？"孔子说："这也算可以了。但是还不如虽贫穷却乐于道，虽富裕而又好礼之人。"子贡是认真按照老师的教导去做事情的。

有一次，子贡赎回了一个流落在别的诸侯国做奴仆的鲁人。本来按照鲁国法律的规定，子贡可以从鲁国府库里领取钱财，但是他却推辞而不领取钱财。孔子听说了这件事说："这是端木赐的过失啊。圣人做一件事，可以通过它移风易俗，而且可用来教化开导百姓，并非只是适合自身的行为。现在鲁国富人少而穷人多，如果因为赎人从府库领取钱财就是不廉洁，那么用什么来赎人呢？从今以后，鲁国人不再能从其他诸侯国那里赎回人了。"孔子虽然批评了子贡，但可以看出子贡富不忘义。

又有一次，孔子在周游列国的途中，被困厄在陈蔡国之间，随从的弟子一连七天没吃上粮食。子贡拿出所携带的钱财，偷偷地向乡间的农夫请求买粮，买到了一石米，才化险为夷。

正如《史记·货殖列传》所云："子贡结驷连骑，束帛之币以聘享诸侯，所至，国君无不分庭与之抗礼。夫使孔子名布扬于天下者，子贡先后之也。此所谓得势而益彰者乎？"子贡拥有大量钱财，再加上他杰出的外交才能，所到之处，诸侯国的国君都给予很高的礼遇。可以这样说，孔子扬名天下，孔子的学说在诸侯国中传播，子贡功不可没。（张磊）

知识链接
先秦时期著名的商人有哪几位？

中国人经商比较早。西周时期，工商业都由国家控制，称为"工商食官"。春秋战国之际，这种局面被逐渐打破，民间商业兴起，出现了很多大商人。

范蠡（约前518年—前445年），字少伯，楚宛三户（今河南南阳）人。范蠡很有才能，做过越国大夫，是辅助越王勾践灭掉吴国的重要功臣。后来，范蠡辞官离开越国，北到齐国海畔居住经商，很快变得非常富有，名声很大，以致齐国人打算请范蠡为相。范蠡感叹道："我作为一个布衣百姓，却能当官成卿相，还有这么多钱，这可能不是一件好事情。"于是他悄悄离开了齐国，到陶地（今山东定陶县）定居下来。在当时，陶地的地理位置特别好，范蠡在这里经商，转运货物，很快致富。《史记·货殖列传》云：范蠡在陶"十九年之中三致千金，再分散与贫交疏昆弟。此所谓富好行其德者也。后年衰老而听子孙，子孙修业而息之，遂至巨万。故言富者皆称陶朱公"。范蠡有巨万之资，经常接济穷人，可谓富而有德，人敬称之曰"陶朱公"。

另外，弦高、子贡、白圭和吕不韦等，也是先秦时期著名的大商人。（张磊）

36

孔子为什么将女儿嫁给了身陷牢狱的弟子公冶长？将侄女嫁给了南宫适？

公冶长，字子长，齐国人，一说鲁国人，孔子弟子。《论语·公冶长》记载孔子评论公冶长说："可以把女儿嫁给他，他虽然被关在牢狱里，但这并不是他的罪过呀。"公冶长曾经身陷牢狱，但是孔子认为公冶长是无罪入狱，并不介意，把自己的女儿嫁给了他。孔子嫁女儿显然是经过慎重考虑的。至于做出这个决定的具体原因如何，由于历史上对公冶长的记载并不是太多，所以难以详考。根据《孔子家语·七十二弟子解》记载，公冶长为人能够忍受耻辱。从他无罪入狱蒙受坐牢之耻来看，似乎也能印证这一点。还有一个关于公冶长的故事，虽为传说，也可从中略知他有至孝之德。

公冶长自幼家境贫寒，父亲去世早，家里只有母亲。他天资聪颖，又很勤劳。为了维持生计，母亲常领着他到山上打柴。有一次母亲生了病，不能去打柴了，可是家中又无柴做饭，公冶长为了让母亲吃上饭，就一个人上山砍柴去了。

公冶长到了山上，在空旷的山谷里，突然感到很害怕。毕竟是个小孩子，他吓哭了。山上的小鸟感到很惊奇，都飞过来看个究竟，不一会聚集了一群。其中一只鹦鹉问他："你为什么在这里哭呢？"公冶长就把事情的经过告诉了它。鹦鹉和其他的鸟听后，深为公冶长对母亲的孝心所感动。鹦鹉对他说："我们一起帮你拾柴吧。"有这群鸟儿帮忙，公冶长很快就砍好了一捆柴，背柴回家，给生病的母亲做上了饭。

公冶长心地善良，有孝行，这大概是孔子将女儿嫁给公冶长的一个很重要的原因。

孔子将侄女嫁给了他的弟子南宫适。南宫适，字子容，出身鲁国三桓之一的孟孙氏世家。

孔子的哥哥孟皮未及女儿出嫁便已去世，由孔子代嫁。孔子将侄女嫁给南宫适,是因为看中了南宫适的才华品德。

南宫适很有智慧,能够自我约束,世道清平时能够奋发向上,世道昏暗时也不同流合污。孔子这样评价他:"国家政治清明,他总有官做,不被废弃;国家政治黑暗,他也可以免去刑戮。"南宫适善于处世,既会当官,又能保全自身。

更为重要的是,南宫适对仁德有很高的追求。有一次,南宫适向孔子问道:"羿擅长射箭,奡擅长水战,都没有得到好死。禹和稷自己下地种田,却得到了天下。怎样解释这些历史?"孔子没有答复。南宫适退了出来。孔子道:"这个人,好一个君子! 这个人,多么向往仁德!"

因此在孔子看来,将侄女嫁给南宫适,侄女一辈子的幸福是有保障的。(张磊)

孔子弟子公冶长

知识链接
孔子时代青年男女可以自主婚姻吗?

孔子生活在春秋末期。这个时期,青年男女根据自己的情感,在一定程度上可以自主婚姻。

郑国的徐吾犯大约和孔子生活在同一个时代。《左传》昭公元年就记载了徐吾犯的妹妹自己作主选择对象的事情:郑国的公孙楚已经和徐吾犯的妹妹定婚,公孙黑又派人硬送去聘礼。徐吾犯感到很害怕,就把这件事情告诉了子产。子产说由她自己作主,愿意嫁给谁,就嫁给谁。于是徐吾犯就按照子产说的告诉了公孙楚和公孙黑,两人都同意了。公孙黑先到徐吾犯家里

子产祠　在河南郑州。

来。公孙黑装扮得非常华丽，到徐吾犯家里来，将财礼陈设在堂
上，然后走出去。公孙楚穿着戎服进来，左右张弓射箭，然后一
跃登上车出去了。徐吾犯的妹妹从房间里观察了这两个人，说：
"公孙黑确实是英俊，但是公孙楚更有大丈夫的气概。丈夫应该
像丈夫，妻子应该像妻子，这就是和顺。"于是她就嫁给了公孙
楚。（张磊）

37　孔子反对樊迟学稼、学圃，说明孔子轻视农业劳动吗？

　　据《论语》记载，孔子的学生樊迟向孔子请教如何种庄稼，孔
子说："吾不如老农。"樊迟又向孔子请教如何治理园圃，孔子说：
"吾不如老圃。"孔子的意思是，我不如种庄稼的老农和种菜的老
圃，这些事不要问我。孔子虽然没有明说，其实是反对樊迟学
稼、学圃的。所以樊迟出去后孔子对其他弟子说："小人哉！樊
须也。"骂樊迟是在野的小人。

孔子为什么反对樊迟学稼呢？难道孔子认为稼穑是低贱的劳动而鄙视吗？显然不是。孔子非常重视农业生产，何况他也说自己"多能鄙事"，所以他不会认为稼穑是低贱的劳动。孔子反对樊迟学稼、学圃，是因为这与樊迟的身份不符。樊迟走后孔子说："小人哉！樊须也。上好礼，则民莫敢不敬；上好义，则民莫敢不服；上好信，则民莫敢不用情。夫如是，则四方之民，襁负其子而至矣，焉用稼？"意思是说，樊迟呀，真成了一个在野小人了！君子在上位，只要能好礼，民众便不敢不敬。只要能好义，民众便不敢不服。能好信，民众便不敢不用他们的真心和实情来对上。政治能做到这地步，四方民众便会背负他们的孩子来请入籍，那时就会耕户日增，耕地日辟，何必自己学稼穑之事呀！

在孔子看来，君子学好了礼义大道，以此治国，就会四方来归，发展生产，君子不用稼穑而稼穑自然能够做好。所以孔子之学，首要的是要人完成自己的人格，成为礼义修身的君子，从而治平天下，实现王道政治，而不是成为一个专守一业的小人。所谓"君子不器"，所谓"君子上达，小人下达"，说的都是这个道理。孔子反对樊迟学稼、学圃，骂他是"小人"，正是因为樊迟游孔子之门，跟随孔子学习，不向孔子请教君子之学，研究修齐治平的大道，反而再三请教稼穑之学，是志向卑微的表现。《孔子家语》记载孔子批评子贡说："赐，良农能稼不必能穑，良弓能巧不能为顺，君子能修其道，纲而纪之，不必其能容。今不修其道，而求其容。赐，尔志不广矣，思不远矣。"孔子批评子贡不修君子大道而只求见容于世，是志向不广。这与孔子批评樊迟学稼、学圃是一个意思。

可见，孔子反对樊迟学稼、学圃，并没有轻视生产劳动的意思，而是批评樊迟志向不够高远，问所不当问。（彭耀光）

知识链接
中国的农业是何时产生的?

我国古代神话传说中有炎帝号称"神农氏"。据说神农氏之前,人们吃的是爬虫走兽、果菜螺蚌,后来人口逐渐增加,食物不足,迫切需要开辟新的食物来源。神农氏为此尝遍百草,历尽艰辛,多次中毒,找到了解毒办法,终于选择出可供人们食用的谷物。接着又观察天时地利,创制斧斤耒耜,教导人们种植谷物,于是农业出现了。这种传说是农业发生和确立的时代留下的史影。

根据历史考察,早在八九千年前,中原华夏族就开始了农耕实践。到距今 6000 年左右的河南仰韶文化时期,出现了大型定居村落,还出现了家畜饲养业,农业进入了锄耕(或耜耕)阶段。大约在西周以前,中原地区的农业种植主要以粟黍为主。春秋到汉代时,中原农业作物已有"五谷"、"九谷"之说。因此,中原人又被称为"粮食之民"。不过,粮食生产不是唯一的,当时还饲养"六畜"(马、牛、羊、猪、狗、鸡),种桑养蚕,种植蔬菜、油料,樵采捕捞,搞农副产品加工等。特别是农桑并重的生产结构,成了中国传统小农经济的基本特征。(彭耀光)

38 孔子说"朽木不可雕也"是指谁而言的?

宰予,字子我,亦称宰我,春秋末鲁国人,孔子著名弟子,小孔子二十九岁,"孔门十哲"之一。宰予是孔门四科中言语一科的翘楚,《史记·仲尼弟子列传》称宰予"利口辩辞",曾从孔子周游列国,游历期间常受孔子派遣,出使于齐国、楚国,他都出色地完成了任务。但是,孔子似乎不太喜欢他的这位"好学生",因为宰予经常对孔子"发难",很具有怀疑精神,有时候惹得孔子很不满,孔子曾经对宰予的一些观点和行为进行批评。

《论语·公冶长》篇载宰予白天睡觉，遭到孔子的严厉批评，是很耐人寻味的故事。孔子见到宰予大白天闷头大睡，说："腐朽的木头雕刻不得，粪土似的墙壁粉刷不得。对于宰予这个人，责备还起什么作用呢？"又说："起初我对于人，是听了他说的话便相信了他的行为；现在我对于人，听了他讲的话，还要观察他的行为。在宰予这里我改变了观察人的方法。"在孔子看来，光靠耍嘴皮子是难成正果的，巧言令色很难做到仁。孔子认为判断弟子是否得其真传的标准，应该是"听其言而观其行"，而不再只是轻信别人所持

宰予

的言辞了。看来宰予这次昼寝对孔子的触动太大了。

有人认为，宰予白天睡觉在现在看来是很平常的事，为什么会招惹孔子发那么大的脾气呢？孔子把仁礼作为人一生追求的最高目标，比法更为重要。而礼的起点正是人们的日常生活。宰予昼寝违礼，看似违背小礼小节，实际上干系重大，甚至可以同治国安邦联系在一起。孔子严厉的责骂，并不是指责他懒惰，而是针对他昼寝的违礼行为，因此孔子的心情可以想见。但是，还有人认为这里存在一个误誉，比如梁武帝、康有为、梁启超等人的看法是"昼"字是"画"字的笔误，昼（晝）与画（畫）的繁体字字形很是相近，所以后世流传的《论语》的本字有可能就传抄错了，宰予"昼寝"就成了"画寝"，他们认为宰予是在寝室的墙壁和柱子上乱画，破坏了环境，所以才遭到孔子的批评。但这种有趣的解释很牵强，不足以解释为什么孔子对宰予说出那么生气的话来。孔子骂宰予"朽木不可雕"，字面上是在说宰予不可教育，但不一定是骂他不勤奋，也不一定是对他顶撞自己感到不满，而是因为宰予不能坚持周礼，才向宰予提出了那么严厉的批评。实际上孔子责骂宰予，也是无奈之举，体现了一个老师对自己学生的期望。（张磊）

知识链接
古代庙里供奉的土地神"社主"是用什么木料制作的？

古代祭祀土地神的庙称为"社"，祭祀谷神的处所称为"稷"，二者合之称"社稷"，通常是国家的代称。

春秋时期，各诸侯国都有自己的社，鲁国则有两个社，一个是周社，一个是亳社。社所供奉的土地神称社主，社主的牌位一般选用宜于当地生长的树木做成。鲁哀公曾经向宰我咨询过社主的牌位应当用什么木。宰我回答说，因为夏都在河东，那里适合生长松树，所以夏代用松木制作社主；殷都在亳，那里适合生长柏树，所以殷代用柏木制作社主；周都在丰镐之间，那里适合生长栗树，所以周代用栗木制作社主，用栗木是为了使人民战战栗栗。

鲁哀公问宰我社主之事实际上另有隐情。鲁哀公在位期间，三桓专政，哀公实际上成为了傀儡。哀公向宰我问社，目的是要讨教秉政夺权的措施。宰我的回答也是隐晦地劝谏鲁哀公用严政，从三桓的手中把权力夺回来。当时，孔子不在鲁国，在陈国，他听说了宰我议论社主之事，认为宰我的回答讥讽了周天子，而孔子是周礼的忠实拥护者，所以孔子听了很不高兴，责备宰我说，已经做了的事不便再解释了，已经完成的事不便再挽救了，已经过去的事不便再追究了。实际上，孔子这次对宰我的批评应该说是一次误会。（张磊）

39 孔子为什么说子路已经"登堂"却没有"入室"？

子路是孔子的著名弟子之一。有一天，子路弹瑟，孔子闻其音，含有肃杀之气，颇不祥和，便责怪他说："仲由你弹瑟，不合雅颂，怎么会出自我的门下？"正如孔子所言，雅颂之音，令人心气平和。子路性情勇武，弹瑟有刚烈杀伐之声，而欠缺平和雅静的韵味。其他弟子听到孔子这样批评子路，都误以为孔子不喜欢子路，就对子路很不恭敬。孔子深知子路是其弟子中最能做到躬行实践的一个人，所以他得知众弟子们误解了他的话后又说："子路的学问已经大有所成，但是未臻佳境。就像人们从外面进来，登上厅堂，但是还没有进入内室一样。"孔门弟子求学，譬如入门、上阶、登堂、入室，由浅入深，程度不等。孔子的教育方法，步步引进，子路虽已升堂，但尚未能入室，所以论其弹瑟，正是希望子路能把学问做得更加精深、细致。（张磊）

知识链接
古代的五音六律是指什么？

古代的五音，又叫五声，指古乐五声音阶的五个阶名，指宫、商、角、徵、羽五音。《管子·地员》载："凡将起五音凡首，先主一而三之，四开以合九九，以是生黄钟小素之首，以成宫。三分而益之以一，为百有八，为徵。不无有三分而去其乘，适足，以是生商。有三分，而复于其所，以是成羽。有三分，去其乘，适足，以是成角。"古人把五音与五行相配：土为宫，金为商，木为角，火为徵，水为羽。

传说黄帝时代，伶伦截竹为管，定音正乐。乐律有十二，分阴阳各六，阳为律，阴为吕，合称十二律。《周礼·春官》云："以六律、六同、五声、八音、六舞，大合乐，以致鬼神祇，以和邦国，以谐万民，以安宾客，以说远人，以作动物。"六律即黄钟、大蔟、姑洗、蕤宾、夷则、无射。（张磊）

40
孔子做过哪些官，最大的官是什么？

孔子51岁时开始从政，这一年，即鲁定公九年（前501年），孔子被任命为中都宰。这是孔子做的第一个官。中都，是鲁国的一个邑，在今山东省汶上县西约 40 里。中都宰大致相当于今天的县长。孔子上任后，首先改革了养生送死之礼，接着又加强了礼制教化和社会治安管理，仅仅一年光景，就收到了境内大治的成效，周围各地纷纷前来学习。

孔子的政治才干引起了鲁定公的注意，于是召见孔子问：用你治理中都的办法来治理鲁国如何？孔子回答：岂止是鲁国，用来治理天下也是可以的！第二年，即鲁定公十年（前 500 年），孔子由中都宰升任小司空。司空是负责鲁国土木工程事务的官员，小司空是其副职。中都宰是地方官员，小司空则是中央官员。孔子担任小司空的时间很短，他秉持以礼治国的原则，纠正了一些违礼、非礼的行为。

司寇像　传为唐代吴道子始画，此为明代摹本。

大我宣聖斯
文在兹帝王
之武古今之
師志則春秋
道躿忠恕賢
其譽維時載
祜克舜日月
雍戢此武功
肅昭威儀海
内丰崇

同年，孔子再次升迁，担任司寇一职。据《韩诗外传》卷八记载，任命书是这样写的："宋公之子弗甫何孙，鲁孔丘，命尔为司寇。"司寇，是鲁国最高司法长官，负责社会治安、刑狱、纠察等事务。在孔子之前，司寇这类高官，往往由同姓卿大夫出任，孔子以异姓、平民担任司寇，在当时引起了震动。在司寇任内，孔子参加了齐鲁两国夹谷之会，取得了一次重大的外交胜利；又策划并主持了"堕三都"事件，即拆除三个大邑的城堡防御工事，结果遭到了失败，孔子的从政生涯由此结束。

司寇是孔子担任的最高官职。《史记·孔子世家》说孔子担任的是"大司寇"，经学者考证，此与《孟子》所记"孔子为鲁司寇"是一回事。值得注意的是，孔子在司寇任内，一度"行摄相事"，取得了与闻国政的权力。也就是说，这时，孔子名义上的官职仍然是司寇，但被授权代理相事，实际上掌握了鲁国的权力。时在鲁定公十一年（前499年）。当时，鲁国的实权已有数代掌握在"三桓"手里，"三桓"以季氏势力最大，长期把持国政，鲁国国君形同虚设。鲁昭公与"三桓"发生矛盾，争斗的结果是鲁昭公被赶出了鲁国，流亡在外。可见"三桓"权势之大。孔子"行摄相事"，必须取得国君和"三桓"的一致同意。鲁定公支持孔子，是希望孔子"强公室，抑私门"，增强国君的权力；"三桓"对孔子"行摄相事"表示首肯，是因为当时"三桓"的家臣们尾大不掉，经常犯上作乱，有时不仅劫持"三桓"，甚至操纵整个鲁国国政，这令"三桓"头疼不已，他们希望借助孔子的智慧和力量解决家臣犯上作乱的问题。各方面的机缘凑和，使孔子脱颖而出。孔子代理相事期间，采取一系列措施，首先打击家臣，其次削弱"三桓"，由下而上强化国君的权力，但是，到了削弱"三桓"的层面，引起了"三桓"的警惕和不满，最终导致孔子的出走。（孙娜）

知识链接
鲁国有什么样的官制？

鲁国是周天子的同姓国，忠实推行周礼，严格遵守周礼，其官制体现了这一特点。从文献记载来看，鲁国政治体制分设内朝和外朝。内朝负责鲁国公室的宗庙祭祀和宗族内部事务，外朝负责国家行政事务。内朝和外朝分工不同，内朝的重要性往往大于外朝。内朝、外朝的重要官职，通常掌握在大家族手里，世代传承，形成世族世官的格局。世族世官，是鲁国和其他诸侯国官制的共同特点。鲁国是周公的封国，由于周公的关系而享有一些特权，表现在官制上，就是可以设一些只有周天子才可以设的官，如大司徒、宗伯等。

鲁国的官职大体上依两朝而设：

（1）内朝所设官职，见于金文和文献记载的，主要有太宰、左宰、宗伯、祝、卜人、史、太师、日御等。

（2）外朝所设官职，有中央与地方之分。中央官职以"三官"即司徒、司马、司空为中心，司法则有司寇、士师等。地方官职设有宰、遂正、虞人、县人等。大司徒或司徒，总揽外朝之政，是执政之卿。春秋中后期，"三桓"兴起，垄断了司徒、司马、司空三官，控制了朝政，架空了国君。

地方官职，知之不多。鲁国行政区划分国、郊、遂三级，国指国都，国之外为郊，郊之外为遂，鲁国共有"三郊三遂"。国与郊的行政机构及官职不见记载，遂则设遂正一职，遂正之下又设县人。

国君和卿大夫均有直属的都邑，大者称都，小者称邑，都邑设宰管理。如孔子曾任中都宰，其弟子高柴任费宰、子游任武城宰，等等。（孙娜）

41

孔子做官时，最高俸禄有多少？

孔子一生谋道不谋食，谋食在谋道之中，正如他所教导弟子的"学也禄在其中矣"，修道讲学，学以致用，自然可以解决衣食之忧。孔子从政期间，担任什么官职，就有与此相应的俸禄。俸禄是孔子晚年生活的重要来源。孔子51岁后，先后担任过中都宰、小司空、司寇等职，各有多少俸禄，今已不得而知。但是，根据《史记·孔子世家》记载，我们知道，孔子以司寇身份"行摄相事"，达到了从政的顶点，他一则获得了从大夫的爵位，一则获得了"奉粟六万"的俸禄。这是孔子做官所获得的最高俸禄。这里的"六万"，指的是什么计量单位，有不同的说法。唐代司马贞《史记索隐》解释说：如果是指六万石，显然太多，似不可能；应是指六万斗。张守节《史记正义》进一步解释说：六万斗，指小斗，相当于二千石。按汉代规定"三十斤为一钧，四钧为一石"推算，一石等于 120 斤,二千石相当于 24 万斤。汉代 1 斤约等于现在的 0.516 斤,24 万斤则等于现在的 123840 斤。

孔子一年俸禄相当于今天的 12 万多斤谷物,是一笔极为可观的收入。所以,孔子的生活得到了极大的改善,并且设了家宰一职,为其管理家事,请其弟子原宪担任,给予的俸禄是"粟九百"。原宪觉得俸禄太多,推辞不受,孔子对他说:不必推辞,多余的可以送给邻里乡党嘛。

阙里坊　在曲阜城内孔庙东墙外阙里街上,明代始建,孔子故里的标志。

孔子辞去官职,周游列国期间,所到各国也都给予了优厚的待遇,以卫国给予的待遇为最。据《史记·孔子世家》记载,孔子初到卫国,卫灵公马上接见孔子,问孔子:"居鲁得禄几何?"孔子回答:"奉粟六万。"卫灵公也照此数发给孔子俸禄。因为卫国给予的礼遇和待遇最为优厚,孔子先后数次率弟子出入卫国,居留卫国的时间最长。

孔子周游列国后期,他的弟子们纷纷回国从政,如冉有、樊迟等均在鲁国做了官。在他们的鼓动下,鲁哀公十一年(前 484年),鲁国当政者季康子以极高的礼遇迎接年已 68 岁的孔子回国,尊为"国老",相当于国事顾问。这时,孔子无疑有俸禄,但有多少俸禄,史无记载。不过,这时孔子仍继续招徒讲学,他的若

干学已有成的弟子则从政,各有可观的俸禄收入,子贡则经商致富。总之,孔子晚年衣食无忧,生活有保障。(孙娜)

知识链接
古代做官的俸禄有哪些形式?

俸禄是政府支付给官吏的报酬。俸禄与官吏相伴始终。进入文明时代,有了国家,就有了官吏;有了官吏,自然也就有了俸禄。但是,历朝历代官吏的俸禄有着不同的形式,而且俸禄的多寡也有着极大的差别。

大致说来,我国古代官吏的俸禄有三种形式:

(1)采邑或禄田,这是商周时期的俸禄形式,即:政府将邑或土地授给官员,官员收取其封邑或封地的租税作为生活来源。《国语·晋语四》"公食贡,大夫食邑,士食田",即指此而言。"公"指诸侯,诸侯除了拥有"公田"以外,还收取卿大夫的贡赋,所以说"公食贡"。大夫和士则有"食邑"、"食田"。由于公、大夫、士的身份是世袭的,他们的"食贡"、"食邑"、"食田"同样也是世袭的,这就形成了世卿世禄制。除了官员以外,供职政府的其他人员,如工商、皂隶等,则各按其职业获取衣食之源,这就是《国语·晋语四》所说的"工商食官,皂隶食职"。

(2)谷禄,这是春秋后期出现的俸禄形式。春秋后期,由于社会的发展,人口的繁衍,不少邦国渐无都邑、土地可封赐,这就出现了一批无"食邑"、"食田"的低级贵族;而私人讲学之风的盛行,也培养了一批"学而优"的人才,这些人都积极谋求仕进,希望得到一官半职,以解决生活来源问题。而这些人一旦入仕从政,政府不再给予采邑或禄田,而是量官职之大小给予谷物作为俸禄。《论语·泰伯》记孔子说:"三年学,不至于谷,不易得也。"意思是说,学习了三年,还没有做官获取谷禄的念头,是很难得的。《论语·宪问》又记孔子说:"邦有道,谷;邦无道,谷,耻也。"这是说,在邦有道、政治清明的时候,可以出来做官获取谷禄;在邦无道、政治黑暗的时候,不可以出来做官获取谷禄,否则,就是耻辱。这正说明了当时实行一种新的谷禄制度。

谷禄制度自春秋后期开始实行,到战国时普遍推广开来,从秦汉到隋唐,一直是俸禄的主要形式。

(3)货币,始于汉代,起初只是谷禄制的辅助形式,后来随着商品经济的发展,货币在俸禄中所占的比重逐渐增大,到唐代开元年间,开始成为支付俸禄的主要形式,历宋元明清大致相沿不变。

以上三种俸禄形式,从历史演变来看,有先有后,而且,从土地到谷物再到货币,也体现了历史的进步;另一方面,这三种俸禄形式在历朝历代又往往是并存的。一般来说,从秦汉以后,以土地作为俸禄,主要授予皇室贵族和有特殊功勋的官员,其余官员的俸禄则主要以谷物和货币形式支付,二者的比重随着时代的变化而有差异,唐代以前以谷物为主,唐代以后以货币为主。

(孙娜)

42 有名的齐鲁"夹谷之会"是怎么回事?

"夹谷之会",是春秋时期齐鲁两国的一次重要的外交活动,发生于鲁定公十年(前500年)的夏天。

齐国是最早称霸的诸侯国,与鲁国相比是大国、强国。齐国自桓公和管仲之后盛极而衰,晋国取而代之而称霸,鲁国处于齐、晋之间,为求自保,只能依附于强势的一方。到了春秋后期,齐国在景公和晏婴的治理下,实力有所恢复,有东山再起与晋争霸之势。鲁国过去依附于晋,这时欲与齐结盟,以换取本国的安全;而齐国为削弱晋国的势力,也乐得把鲁国拉到自己一边。在这样一种情况下,齐鲁两国达成协议,于鲁定公十年两国国君在夹谷举行会谈。

夹谷,山名,又叫祝其,在齐鲁两国交界处(今山东莱芜市境内)。

夹谷会齐

　　齐鲁两方都对夹谷之会十分重视，各有各的目的，都做了周密的策划和部署。

　　鲁定公经慎重考虑，决定挑选孔子作为自己的主要随行人员，负责有关礼仪工作。这时的孔子，虽然担任司寇，但他素以知礼闻名，在这次重要的外交活动中担任礼仪傧相，正是发挥其特长。

　　孔子行前积极准备，精心安排。他怀疑齐国夹谷之会的诚意，弱国无外交，担心有不测之事发生，所以他向鲁定公建议：有文事者必有武备，有武事者必有文备。古时候，诸侯出国，必定带领武官，请左右司马随同前往。鲁定公接受了孔子的建议。

　　果然，在夹谷之会上，齐国一方表现得相当不友好。齐景公行前，齐大夫犁弥认为，孔子知礼而无勇，如果使莱人以兵劫持鲁侯，一定会成功。接着做了以"莱人之舞"作掩护劫持鲁侯的策划。

　　夹谷之会开始后，齐鲁两国之君依礼相见，揖让登台，其他随行人员列于台下。齐国方面请奏"四方之乐"，于是数十名莱人手持各类兵器鼓噪而上，意在伺机劫持鲁侯。孔子见状，立即命令随行的武士保护鲁君，自己则飞身登台，义正辞严质问齐君：两国之君友好相见，你让莱人手持兵器来捣乱，这大概不是齐君对待诸侯的所作所为吧。周边不谋中原，夷狄不乱华夏，臣虏不犯盟会，兵器不逼友好，如果这样做了，于神为不祥，于德为有亏,于人为失礼,你一定不会出此下策吧。齐景公觉得理亏,不能回答,连忙命莱人退下。

齐国方面并不善罢甘休,接着又奏"宫中之乐",一些倡优、侏儒纷纷登台表演。孔子以为无礼之甚,斥责其为荧惑诸侯,命令依法惩处,使这些倡优、侏儒手足异处。齐人大惧。

到了签订盟约的时候,齐国单方面在盟书中加进了这样一句话:"齐国军队出境,鲁国不出兵车三百乘随从,将依盟誓受到惩罚!"孔子立即让人针锋相对,予以回答:"齐国如不归还我汶阳之田,而要我听命,亦复如是!"

会盟结束后,齐景公因为己方一再失礼而颇感惭愧,为了改善与鲁国的关系,只好履行盟约,把以前侵占的鲁国汶阳地区的郓、灌、龟阴三个邑归还了鲁国。

夹谷之会至此结束,鲁国取得了以弱胜强的圆满结果。这是鲁国外交上一件值得称赞的事情。在夹谷之会上,孔子有智谋、有胆识,胸有成竹,应付自如,据理力争,毫不退缩,挫败了齐国的预谋,收复了鲁国的失地,使齐国这样的大国、强国对鲁国不敢小觑,不敢任意摆布,捍卫了鲁国的独立与尊严,为其他小国、弱国树立起以弱胜强的榜样,同时也充分展示了他个人的政治、外交才干和大义凛然的人格魅力。(齐姜红)

知识链接
古人为何要进行盟誓?什么是"执牛耳"?

盟誓起源甚早,传说在王帝时代即已有之。到了商周时期,盟誓则已司空见惯。古人认为,盟誓是一件非常重要、严肃的事情,订立盟约的双方,要在神明面前发誓,宣读誓词前,还要歃血以示诚意。这就是通常所说的歃血为盟。严格说来,盟与誓略有区别。《礼记·曲礼》说:"约信曰盟,莅牲曰誓。"这是说,双方相约,彼此信守,称之为"约";再进一步,双方起誓,歃血为盟,则称之为"誓"。

盟誓通常用于势均力敌的双方之间。上下级关系很少用盟誓。敌对双方,一方拥有对另一方的绝对优势,也很少用到盟

115

誓。因为，盟誓归根结底是用来约束盟约双方的，当一方拥有制约另一方的有效手段时，很少用到盟誓；只有双方势均力敌，彼此缺乏有效的制约手段时，为了共同的利益，或者是为了妥协，才需要盟誓。孔子生活的春秋时期，各种各样的盟会、盟约、盟誓不胜枚举，仅《左传》一书记载的盟会就有近二百次。

有一次齐鲁会盟，讨论了"诸侯盟，谁执牛耳"的问题。讨论结果是：齐大且强，鲁小而弱，齐国为盟主，先歃血。齐国杀牛歃血，鲁国须派其大夫执牛耳，以示协助。所以执牛耳的本意，不是为首主持而是协助的意思。（孙爱妮）

43 子游治理武城，孔子为什么说"割鸡焉用宰牛刀"？

子游是孔子弟子，姓言，名偃，字子游，吴国（一说鲁国）人，小孔子 45 岁。子游在孔门中以文学著称，是孔子的得意弟子之一。

子游跟随孔子学习，其出仕从政也不离孔子太远，而是就近在鲁国做了武城宰，以便随时接受孔子的指导。武城，是鲁国的一个邑，其地在今山东省平邑县南（旧属费县），一说在今山东嘉祥县。

子游做武城宰，按照孔子的教导，推行礼乐教化，把武城治理得物阜民安，秩序井然，引得孔子兴致勃勃地前去考察。据《论语·阳货》篇记载："子之武城，闻弦歌之声。夫子莞尔而笑曰：'割鸡焉用牛刀？'子游对曰：'昔者偃也闻诸夫子曰：君子学道则爱人，小人学道则易使也。'子曰：'二三子！偃之言是也，前言戏之耳。'"这段对话很有意思，将孔子师徒二人的神态及风趣充分表达了出来。孔子一到武城，就听到了弹琴唱歌的声音，便笑着对子游说："割鸡焉用牛刀？"言外之意是说，在武城这么一个偏僻的小邑大兴礼乐，相当于用牛刀杀鸡，未免小题大做了吧。这本来是一句开玩笑的话，不料，子游却当了真，回答说：从前我听夫子讲过：君子学道则有仁爱之心，老百姓学道则容易听从指使。心里想，我正是照夫子的话去做的嘛。孔子听后，对子游能够牢记他的教诲，坚持学以致用，感到十分欣慰，笑着对随行的弟子说：子游的话是对的，我刚才说的是戏言呀，不要当真。

《论语·雍也》篇还记载了孔子对子游治理武城的进一步考察，考察的重点是子游在武城是否发现了人才。子游向孔子介绍说：有一个人叫做澹台灭明，他走路不抄小道，办事不走捷径；如果不是公事，他从来不到我家里来。按《史记·仲尼弟子列传》记载，澹台灭明，姓澹台，名灭明，字子羽，武城人，孔子弟子。澹台灭明应是子游这次举荐之后，才成为孔子弟子的。（孙娜）

知识链接
孔子的孙子子思是鲁穆公的老师吗？他为什么到卫国做官？

子思，是孔子的孙子，少时曾亲受孔子的教诲。孔子去世后，子思在鲁、宋、卫、齐几国间游历讲学，寻找从政的机会。

鲁穆公（约前408—前377年）时，子思回到了鲁国，当时他已有显赫的名声，所以受到了很高的礼遇。据《圣门十六子书·述圣子思子传》说，鲁穆公急于见到子思，想请子思担任国相。子思认为，从政是为了行道，如果担任国相而不能行道，是国相的耻辱，所以他推辞不受。这条资料是根据《孔丛子》而来的，不见其他记载，所记是否真实还不能确定，但鲁穆公礼贤下士，尊礼子思，经常向子思请教却是事实。《孟子》一书多次提到鲁穆公派人侍候子思，馈赠鼎肉，以及向子思请教问题。《礼记》、《韩非子》、《说苑》、《孔丛子》等也有不少鲁穆公请教子思的记载。1993年出土的郭店竹简有《鲁穆公问子思》篇，记鲁穆公问子思：怎么才算是忠臣？子思回答：经常指称国君的过失，才是忠臣。子思的回答引起鲁穆公的不快，成孙弋解释说：子思的话说得好啊！忠于国君而牺牲自己的，不乏其人；经常指称国君过失的，鲜见其人。忠于国君而牺牲自己的，是为了获得爵禄；经常指称国君过失的，不但不是为了爵禄，反而是远爵禄。为君臣之义而远爵禄，如果不是子思，我们从哪儿听到这样的话呢！鲁穆公听了后很快释然。

既然鲁穆公经常请教子思，子思不卑不亢予以回答，那么子思在鲁穆公时究竟担任什么角色？《孟子·告子下》记淳于髡说：鲁穆公时，公仪休、子柳、子思为臣，治理鲁国。这三人同朝为臣，公仪休任相，是有明确记载的；子柳、子思担任什么官职，史无记载，只有《盐铁论》说子柳、子思为卿。但是，如果子思仅仅为臣、为卿，他不可能那么倨傲不顺。孟子看出了这一点，他在书中一则记鲁穆公尊子思为师，又记鲁穆公对子思表示，国君对士应是平等的"友"的关系，子思不以为然，认为国君应礼贤下士，对于士不止"友之"，更应该"事之"。孟子对此大加阐发，认为子思应该对鲁穆公这样说："以位，则子，君也；我，臣也。何敢与君友也！以德，则子事我者也，奚可以与我友？"显然，在孟子看来，子思德高望重，应是鲁穆公之师。班固《汉书·艺文志》明确记载子思为鲁穆公师。

子思为鲁穆公师，应在其晚年。早些时候，子思曾在卫国任职。《孔丛子·抗志》记"子思居卫，鲁穆公卒"，钱穆先生考证，此穆公应是悼公之误。也就是说，子思不是从鲁穆公那儿又来到了卫国，而是在此之前居卫任职。《孟子·离娄下》记载，子思在卫，齐军来犯，有人劝子思躲避一下，子思回答：如果我走开了，谁与卫君守城？子思辅佐卫君，有守土之责，应是任职为臣，但子思在卫担任何种官职，史无记载，不得而知。

子思在卫国的时间比较长，是因为他的母亲在卫国，而且，据《礼记·檀弓》记载，他的母亲死在卫国，葬在卫国。子思的母亲为何来到卫国？一说孔鲤死后，子思的母亲改嫁到了卫国；一说是被孔鲤休了以后回到了卫国；一说子思的母亲不是孔鲤的正妻，孔鲤死后，早早离开了孔家而来到了卫国。总之，母亲在卫国，子思随之来到卫国，就近照顾母亲，是子思居卫的重要原因。（孙娜）

44

孔子为什么要辞职周游列国？

孔子在鲁国从政，以司寇身份代理相事后，干得有声有色，可是，就在这时，他策划的一个重要的事件——"堕三都"不幸而失败，这彻底改变了孔子为政的命运，导致他不得不辞职出走，周游列国。

原来，春秋中后期，鲁国有三种政治势力：一是鲁定公为代表的公室；二是"三桓"为代表的私门，即贵族势力；三是家臣势力。孔子从政时，这三种势力形成的基本格局是：鲁定公受制于"三桓"，"三桓"专鲁国之政；"三桓"又受制于家臣，家臣专"三桓"之政。在这种情况下，鲁定公希望削弱"三桓"，"三桓"急于打击家臣。

孔子正是看出了这一点，精心策划了一个"堕三都"的计划。这是他行摄相事以来采取的一项重大举措。三都，指"三桓"的三个采邑，即：季氏的费邑（在今山东省费县境内）、叔孙氏的郈邑（在今山东省东平县境内）、孟孙氏的成邑（在今山东省宁阳县境内）。邑与都的区别是，小者称邑，大者称都。三都费、郈、成，分别由"三桓"的家臣们所把持，由于他们的长期经营，已成为城高池

孟孙氏城址　在今山东宁阳县。

问吧
三

深的军事堡垒。"堕三都"就是拆除三都的城墙和其他防御设施，使盘据其中的家臣武装无险可守，容易解决。孔子提出"堕三都"的计划，表面上是打击家臣势力，解除"三桓"之忧，实际上，他是想利用此举"强公室，弱私家"，逐步恢复国君的权威。

鲁定公考虑到打击家臣势力，有利于削弱"三桓"，加强公室，所以对孔子提出的"堕三都"计划表示支持。"三桓"则正受家臣势力的困扰，阳虎之祸使他们余悸未消，叔孙氏的家臣侯犯又据郈邑叛乱，而已有过一次叛乱记录的季氏的家臣公山不狃仍然盘据在费邑，所以"三桓"也支持"堕三都"。在鲁定公和"三桓"的共同支持下，孔子提议子路出任季氏宰，负责实施这一计划。

堕三都

"堕三都"的计划一开始进展顺利。

叔孙氏首先顺利拆毁了郈邑的城堡，基本上没有遇到什么抵抗。接下来，季氏要拆毁费邑的城堡。不料，盘据在费邑的季氏家臣公山不狃和叔孙辄抢先发难，率费人偷袭鲁都，鲁定公和"三桓"猝不及防，急忙躲进季氏宫中，登上季武子之台凭高抵抗。费人围攻甚急，差点危及鲁定公的性命。幸亏孔子及时下令鲁大夫申句须和乐颀率兵击退费人，解了围。国人纷纷参战，乘胜追击，打败了费人，平定了叛乱。公山不狃和叔孙辄逃奔齐国，费邑的城堡被拆毁。

轮到堕成邑的时候，成邑宰公敛处父向孟孙氏指出：成邑是鲁国北部的门户，堕成邑，齐国人可随时抵达鲁国北门；而且，成邑是孟孙氏的根据地，失去了成邑，孟孙氏也就失去了立足之地。你假装不知，我将坚持不堕。公敛处父一向忠于孟孙氏，他看得很清楚，"无成，是无孟氏也"，堕三都的实质是削弱"三桓"势力。孟孙氏经此点拨，如梦初醒，马上不再支持堕成邑，而是任由公敛处父顽强抵抗。鲁定公亲自率兵攻城，也未攻下，只得放弃。"堕三都"的计划最后宣告失败。

"堕三都"的失败，遭受打击的是孔子和鲁定公。"三桓"一旦了解了孔子的真实政治目的，立即对孔子有了戒心，保持着高度的警觉。他们联合起来对付孔子，对付鲁定公，再度把持国政。季氏不允许子路再任其家宰，对孔子也十分冷淡。

女乐文马

转眼到了第二年，也就是鲁定公十三年（前497年），齐国送来了美女80人，文马120匹，诱使鲁国君臣沉湎于声色狗马之

因膰去鲁　膰，音 fén，古代祭祀所用的熟肉。

中。这一招果然奏效。季桓子接受了齐国的美女、文马，与鲁定公终日游玩其中，不问朝政，怠于国事。子路见此，劝孔子辞职，一走了之。孔子则心存一丝幻想，坚持再等等看。因为马上就要到郊祭的日子了，如果郊祭后，仍能按礼的规定，把祭肉分给大夫，以示对大夫的尊重，孔子还打算留下来。结果让孔子失望，他没有分到祭肉。孔子知道是怎么回事了，他是通达之人，坚持"合则留，不合则去"，于是率领弟子们辞官去鲁。临行之际，孔子以一种独特的方式表达了他对鲁国的留恋与热爱："迟迟吾行也，去父母国之道也。"（齐姜红）

知识链接
为什么说齐鲁是甥舅之国？

齐国是姜太公的封国，属于姜姓国；鲁国是周公的封国，属于姬姓国。按周代"同姓不婚"的规定，齐鲁两国是异姓，世代通婚，有着长期的、稳定的婚姻关系，所以被称为甥舅之国。据《左传》昭公二十八年记载，鲁昭公在与"三桓"的争斗中失败，被迫离国出走，到齐国住了三年，晋国人评论说：这是鲁昭公"即安于甥舅"。可见，当时人把齐鲁视为甥舅之国。

从文献记载来看，齐国在西周时期多与周天子通婚，所以周天子往往称齐国国君为"伯舅"或"舅氏"。齐鲁两国通婚，大约开始于春秋初期。《左传》桓公三年记载，鲁桓公娶了齐僖公的女儿文姜为夫人，从此，鲁国多娶于齐国。与此同时，齐国也开始从鲁国娶亲。

齐僖公有一个儿子公子纠，其母是鲁女，说明齐僖公曾经娶鲁国女子为夫人。

周公像

春秋凡 242 年间,鲁国十二公,见于记载的,共有六位夫人娶于齐:鲁桓公夫人文姜、鲁庄公夫人哀姜、鲁僖公夫人声姜、鲁文公夫人出姜(又叫哀姜)、鲁宣公夫人穆姜、鲁成公夫人齐姜。齐国十五公,共有五位夫人娶于鲁:齐僖公夫人(不知其名)、齐昭公夫人叔姬、齐灵公夫人颜姬、齐景公夫人重姬、齐悼公夫人季姬。

除了国君间的联姻外,两国的贵族阶层也有通婚现象。

对于齐鲁两国国君而言,联姻既是为了合两姓之好,同时也是为了缔结两国之好。这时,婚姻往往变成政治的手段。齐襄公在位时荒淫无道,公子纠避难到了鲁国,公子小白避难到了莒国,因为公子纠和公子小白的母亲分别是鲁女和莒女。公元前685 年,齐襄公被杀,齐国密召公子小白回国继位,鲁国闻讯后,马上发兵护送公子纠回齐国,并在半路上伏击公子小白,结果没有成功,公子小白率先回到了齐国,被立为国君,这就是赫赫有名的齐桓公。如果公子纠回国即位,齐鲁两国关系必定得到莫大改善。

齐鲁两国既有婚姻之谊,两方互有比较密切的往来,这就难免产生一些意想不到的问题,有时甚至变成内乱的因素。鲁桓公的夫人,是齐襄公的同父异母妹妹文姜。二人早有奸情,文姜嫁往鲁国后,继续保持不正当关系,被鲁桓公发现,齐襄公竟然派人杀死鲁桓公。鲁文公、宣公时,鲁国政治明显受到齐国的影响。鲁文公的夫人是齐女出姜,生有两个儿子,次妃敬嬴生了一个儿子。文公死后,执政的东门襄仲借助齐国的力量,杀死出姜的两个儿子,立敬嬴的儿子为君,此即鲁宣公。《左传》文公十八年记载,出姜回齐国时,"哭而过市,曰:'天乎!仲为不道,杀嫡立庶。'市人皆哭。鲁人谓之哀姜"。宣公即位后,东门襄仲亲赴齐国迎娶宣公夫人穆姜,全力与齐国交好。东门襄仲死后,其子公孙归父执政,继续与齐交好,并一度与齐军联合征伐莒国。

齐鲁两国"好舅甥,修婚姻",目的在于加强两国友好关系,但是,这并不是唯一的和经常有效的形式。所以,据《左传》僖公二十六年记载,鲁国不断提醒齐国不忘旧好:"昔周公、太公股肱周室,夹辅成王。成王劳之,而赐之盟,曰:世世子孙无相害也。"

这是说，齐鲁两国的第一代国君周公和姜太公，都是周朝的股肱大臣，辅佐周成王。周成王慰劳他们，并让两国结盟，订立盟誓。也就是说，齐鲁两国立国之初就是友好的。（孙娜）

45 孔子周游列国的第一站为什么选择卫国？

　　孔子周游列国是从鲁定公十三年春（前 497 年）开始的。这一年，孔子 54 岁，带着他的部分弟子，怀着悲怆的心情，踏上了周游列国的旅途。第一站，孔子选择的是卫国。

　　孔子西去卫国，这是他与弟子经过认真商讨后决定的。卫国是鲁国的近邻，又与鲁国同为姬姓国家。鲁国为周公之后，卫国是康叔之后，周公与康叔都是周文王的儿子。鲁卫两国是名副其实的兄弟之邦。同时，卫国有孔子的好友蘧伯玉。蘧伯玉是卫国大夫，一生曾事奉卫国三公（献公、襄公、灵公），以贤德闻名于诸侯。相传他"行年五十，而知四十九年之非"，是一位求进甚急而又勇于改过的人。蘧伯玉在孔子仕鲁时，曾派使者到鲁

蘧伯玉乘车图

国拜访孔子。孔子问蘧伯玉是怎样的人，使者回答说："我们先生只想要少些过失，但总觉得还未能呀！"孔子对使者的回答非常满意，赞不绝口。其实孔子早就听说蘧伯玉是修养很好的人，从善如流、乐于改过。他曾赞扬蘧伯玉是一个能做到邦国有道便出仕、邦国无道便隐居的君子。"嘤其鸣矣，求其友声。"孔子与蘧伯玉相交甚厚，孔子几次到卫国，多数入住在蘧伯玉家。

此外，孔子选择卫国，与孔子的许多学生是卫国人也有关系。孔子的得意门生子夏、子贡、高柴是卫国人，还有一些较知名的弟子如句井疆、琴牢、颜仇由等也是卫国人，而颜仇由又是子路的连襟。这些人在卫国有广泛的社会联系，他们对孔子的宣传赞扬，使孔子在卫国的影响不亚于鲁国。子路也积极主张到卫国去。他觉得卫国有不少师弟，既是师弟又是连襟的颜仇由几年前已回卫国做官，到卫国之后有可靠的落脚点。除了颜仇由以外，他在卫国还有一位连襟，叫做弥子瑕，是卫灵公的宠臣。子路认为，可以通过蘧伯玉、颜仇由、弥子瑕等人的介绍，和卫灵公及其他的卫国执政者建立联系，或许会得到卫国的重用。孔子分析了各方面的情况，也觉得先去卫国最为合适，就同意了子路的建议。这样，孔子周游列国的第一站，就选定了卫国。（彭耀光）

卫灵公及其夫人

知识链接

周代是怎样分封诸侯国的？共分封了多少个诸侯国？

周灭商以后，从一个西部小邦变成了一个大国。为了巩固和扩大周王朝的统治，有效地管理广大被征服的地区，镇抚各地原有的邦国，周初实行了分封制。所谓分封制，就是把周王的子弟、亲戚、功臣以及古代先王圣贤的后代，分配到指定的地区，分别授给他们一定范围的土地和人民，建立诸侯国。具体办法是：（1）以都城镐京为中心，沿着渭水下游和黄河中游，划出一大片土地，建立由周天子直接统治的中央直辖行政区，称为"王畿"。（2）王畿以外的全国所有土地，划分为大小不等的土地，分封给诸侯。起初，这些封国面积很小，实质上都是一个个城堡式的军事据点，以此为中心对四周地方加以控制。这样就保证了中央对诸侯国的控制，形成了诸侯国群星捧月般地环绕拱卫周王室的局面。

周初大分封，比较集中地进行了两次：一次是周武王时期，一次是周成王时期。周成王时的分封，实际上是由周公主持进行的。受封的诸侯国分同姓、异姓两种情况：

1. 同姓封国，亦即姬姓诸侯国。周天子推行分封制，首先考虑的是其同姓子弟。《荀子·儒效》篇说：周公"兼制天下，立七十一国，姬姓独居五十三"。这些姬姓诸侯国，大致分"文之昭"、"武之穆"、"周公之胤"三个系列。据《左传》僖公二十四年记载，"文之昭"指周文王的儿子，其受封建国的有管、蔡、郕、霍、鲁、卫、毛、聃、郜、雍、曹、滕、毕、原、丰、郇等；"武之穆"指周武王的儿子，其受封建国的有邘、晋、应、韩等；"周公之胤"指周公的儿子，其受封建国的有凡、蒋、邢、茅、胙、祭等。凡是属于同一系列的诸侯国，可以互称"兄弟之国"，如鲁卫两国就是。荀子曾经讲过，周之子孙，如果不是狂惑，都可以成为显赫的诸侯。

2. 异姓诸侯。这又可分为两种情况：一是分封少数开国功臣，如姜子牙受封建立齐国；二是分封先圣王的后裔，如神农的后裔受封建立焦国，黄帝的后裔受封建立祝国，尧的后裔受封建立蓟国,舜的后裔受封建立陈国,夏王朝的后裔东楼公(姒姓)受封建立杞国,等等。另外,按照灭其国不灭其祀的传统,也为了安抚大量的殷遗民,还把商纣王的儿子武庚封于原殷商王畿地区,后来武庚叛乱被镇压,又改封商纣王的庶兄微子启于宋国。

周成王以后,不再有大规模的分封,只是陆续有个别的分封,如周宣王时,封立了郑国;周平王时,封立了秦国,等等。

周代共分封了多少个诸侯国? 据《吕氏春秋·观世》篇记载,周代共有诸侯国 1200 多个,其中,周代分封的有 400 多个,不属于周代分封但附属于同代的有 800 多个。这个数字是否准确,很难判断,恐怕只是一个晚出的大概数字。据清代学者顾栋高《春秋大事表·列国爵姓存灭》统计,春秋时期,见于记载的诸侯国有 148 个,其中比较重要的有齐、晋、楚、秦、鲁、曹、郑、宋、卫、燕、陈、蔡、吴、越等 14 国。(彭耀光)

46 匡人为什么拘押孔子?

孔子一行离开卫国后,决定取道南下,到陈国去。在路经匡邑的时候,孔子遭遇了周游列国的第一难。

匡人解围

匡邑,原来属于卫国,后来被郑国侵占,成了郑国的一个邑。孔子师徒经过匡邑时,突然冲出一批手持兵器的匡人,将他们包围了起来,进退不得。对于这突如其来的场面,大家不知原委,面面相觑,深感惊讶。原来,前不久,也就是鲁定公六年(前504年),鲁国季氏家臣阳虎率军侵袭郑国,攻占了匡邑,作恶多端,百姓大受其害,因而匡人对阳虎怀恨在心,不忘报仇雪恨。孔子师徒经过匡邑时,为孔子驾车的弟子颜刻因故地重游而忆起往事,用马鞭指着城墙一处豁口说,自己以前随军攻打匡邑,就是从这里破城而入的。这话恰巧被路边的匡邑人听到了,七年前阳虎攻打匡邑的情景他们还记忆犹新,他们看到坐在车上的孔子很像阳虎,认为阳虎来了,报仇雪恨的机会到了。于是他们立刻把阳虎来匡的消息报告给邑宰匡简子。匡简子马上带领一班人马和百姓赶来,把孔子一行围了个水泄不通。纷乱中,孔子的一些弟子被冲散了,孔子和部分弟子被匡简子押解城中,拘禁了起来。

匡人将孔子师徒一连拘禁了五天,还是没有放行的意思,而且派重兵把守门口,连门也不让出。弟子们颇感惶恐,不只担忧自己生死未卜,更怕夫子遭遇不测。孔子见状,便宽慰大家说:"周文王死了以后,华夏文化传统不是传到我这儿了吗?上天若让华夏文化传统消失,我就没有机会参与传承华夏文化传统;上天若不让华夏文化传统消失,匡人又能拿我怎样?"孔子的镇定和自信很有感染力,大家安定了。于是孔子让大家弹琴唱歌,和谐优雅的歌声回荡在匡邑的上空。

匡人听到处于困境中的孔子师徒们的歌声,觉得这不是阳虎所能做到的。子贡是卫人,也向匡人解释,孔子乃当今圣人,为传道经过此地,并非阳虎。匡简子了解了实情,于是就对孔子师徒解禁放行了。(彭耀光)

知识链接
成语"养虎为患"是怎么来的?

"养虎为患"是今天大家都熟悉的一个成语,比喻纵容敌人,留下后患，自己反受其害。这个成语的来历，可能与孔子同时代的阳虎有关。

阳虎是鲁国"三桓"之一季孙氏的家臣。"三桓"把持了鲁国政权后，把鲁昭公赶走，架空了公室。阳虎有样学样，他又掌控了季孙氏，还挟鲁定公号令"三桓"。鲁定公八年（公元前502年），阳虎趁鲁定公举行祭祖大典的机会，联络"三桓"的家臣，密谋发动政变。不料消息走漏，"三桓"提前做好了准备。祭祖大典举行那天，阳虎派车去接季孙氏。季孙氏命令车夫林楚中途将车拉到孟孙氏的府邸。林楚会意，中途趁殿后押车的阳虎之弟阳越不备，将车拉到了孟孙氏的府邸。当阳越赶到时，伏兵一顿乱箭将其射死。阳虎赶来救援不及，被"三桓"的兵马杀得大败。阳虎返回宫中，愤怒之余劫掠了大量的财物逃亡晋国。这就是阳虎为患的来历。后来，由于阳、养同音，这个典故逐渐演变成了"养虎为患"。（彭耀光）

47

"子见南子"是怎么回事？

孔子一行南下受阻，仅仅过了一个多月又返回卫国。孔子离开后，卫灵公有些后悔；这次孔子返回，卫灵公很高兴，亲自到城外迎接。孔子自然感到欣慰，想进一步争取卫灵公的支持，以便在卫国立足并有所作为。

卫灵公的夫人南子，早就听说了孔子，很想见识一下孔子的为人。有一次，她派人告诉孔子，希望一见。南子原是宋国贵族之女，资质聪敏，性情爽朗，为人机灵，相貌艳美。她出嫁前与公子朝被称为宋国双美，两人都不检点，有了私情，受到宋国人的耻笑。南子嫁给卫灵公后，深得卫灵公的宠幸，她利用自己的美貌和聪敏，左右灵公，干预朝政。南子虽然尊为国君夫人，却不忘旧情，经常哄骗卫灵公把宋国公子朝召进宫中；同时，她又与

问吧
（三）

130

子见南子　孔子去见南子，子路不高兴，孔子对他发誓说："予所否者，天厌之，天厌之！"

灵公宠臣弥子瑕关系暧昧。南子的这些秽乱宫中的轻浮行为，遭到时人的鄙弃，名声很是不好。所以孔子对南子的邀请感到为难。为了避嫌，起初孔子婉言谢绝了南子的求见。可是南子还是表示愿见孔子。出于礼数，孔子不得已而去拜见了南子。南子精心打扮了一番，坐在薄薄的纱帐之内。孔子进门之后，向纱帐内的南子行叩拜之礼，南子在纱帐内回拜。

孔子看不清南子的面貌，只听得南子身上佩戴的玉器发出铿锵悦耳的响声。

孔子的弟子们对此有不同意见，有的认为，寄人篱下，见见南子没有什么不可以的；有的认为，既然做到了以礼相见，无伤大雅；惟独子路很不以为然，认为以夫子之德高望重去拜见一位没有操守的风流女子，实在有失体面，于是流露出不悦的神色。孔子见状便指天发誓说："我所作所为，若有不合理不由道的，上天厌弃我，上天厌弃我！"（彭耀光）

知识链接
"子见南子"引发了什么案件？

"子见南子"是见于《论语》记载的一个真实故事，到了两千五百年之后的当代社会，这个故事居然引发了一场轰动全国的风波。

1928 年 11 月，林语堂对这个故事借题发挥，编写出了独幕历史剧本《子见南子》，并刊登在很受青年知识分子欢迎的左派刊物《奔流》上。剧中的南子摇身一变,成了一个要求个性解放、主张男女平等的新女性,而孔子成了一个保守人物。作为追求进步的代表,南子与代表保守势力的孔子展开辩论,全剧末尾是孔子师徒在"郑卫之淫声"和妖冶的舞蹈中落荒而逃。林语堂编写此剧,旨在反封建,但在一些人看来,战斗性还不强。

设于孔子故里曲阜的山东省第二师范学校一向以思想解放著称,时任校长的宋还吾毕业于"五四"运动策源地北京大学,积极反对旧文化,提倡新文化。在校长的支持下,二师学生决定上演《子见南子》,在排练中他们反复研究,对该剧进行修改,增加了一些滑稽的、讽刺性、挖苦性的细节以及反孔府的内容。

1929年6月8日,《子见南子》在二师礼堂公开上演。演出前,二师学生广为宣传,在曲阜大街小巷贴满了海报,并特意送票给孔府、颜府以及部分有影响的孔子后裔。演出中,由于不断出现丑化孔子的滑稽场面,被认为是"丑态百出,亵渎备至",在座的孔子后裔叫声连连,提出抗议。

事后,由孔氏族长孔传堉出面,率孔氏六十户族人直接上书南京国民政府教育部,控诉二师校长和学生"侮辱宗祖孔子",要求政府严查此事。不久,甚由孔祥熙将控告状转呈蒋介石,蒋介石下令"严究"。事件发生,举国震惊。在严峻的形势下,二师学生积极展开自救。他们通电全国各民众团体、学校、报馆等,说明事实真相,呼吁援救;校长宋还吾也准备了长篇的自辩状,据理力争。最后,经过一番洞查,各方力量由争斗而妥协,山东省教育厅以"二师校长宋还吾调厅另有任用"的方式,平息了这场风波。(彭耀光)

48

孔子化过妆吗?

孔子第二次到达卫国不久,卫灵公表现出好色不好德的样

子。有一次，卫灵公与其夫人南子同车出游，让孔子乘第二辆车跟随其后，招摇过市，孔子感到羞耻，于是再次离开卫国，决定仍到南方的陈国去。

孔子一行路过曹国的都城陶丘（今山东定陶县西南），稍事停留，继续南行，来到宋国都城商丘（今河南商丘市东南）。宋国是殷遗民的封国，也是孔子的先祖之国，还是孔子夫人亓官氏的家乡。孔子年轻时，曾到宋国考察殷礼，三十多年后故地重游，他备感亲切。本来，孔子想在宋国多停留一段时间，可是，宋国对于这位年近六十、声名显赫的"同胞"没有表现出应有的热情，不但没有给予什么礼遇，反而让孔子遭受到了周游列国十四年最为严重的威胁——宋国司马桓魋竟然要杀他！

事情的原委是，孔子在宋国停留期间，听说司马桓魋很受宋景公的宠爱，骄傲奢侈，丧失了其世传的贤大夫的风范。他为了使自己死后不朽，继续享用生前的荣华富贵，命令工匠给他造一座大型石椁。工程巨大，劳民伤财，三年时间都还没有完成，因而引起民众的议论和谴责。孔子对此大不以为然，指责说："桓魋这样奢侈浪费，不知爱惜民力财物，这样的人真不如死后快点烂掉更好些！"

习礼树下　宋人伐树警告孔子，孔子认为"天生德于予，桓魋其如予何"。

孔子的话传到了司马桓魋的耳里，他感到非常恼怒，怪孔子多嘴多舌，就想寻机惩罚孔子，以泄怨愤。

孔子师徒住处附近有一棵大树，孔子和他的弟子们时常在这棵大树下演习礼仪。一次，司马桓魋竟然派人来把大树伐掉，还想加害孔子，以此向孔子师徒示威寻衅。孔子知道自己的话得罪了桓魋，于是决定离开宋国。弟子们担心发生意外，都劝孔子快点动身，孔子却平静地说："我的道德是上天赋予的，桓魋其奈我何！"表示对桓魋不以为意。尽管如此，弟子们觉得既然久居无益，不如趁早离开，便继续催促孔子尽快上路。为了防备桓魋追击，孔子师徒改变了原定南下陈国的路线，而是出城西行，直下郑国都城新郑；而且孔子还化了装，趁着夜色悄悄上路，向郑国进发。当桓魋闻知孔子师徒已经出走，急忙派兵追赶时，孔子一行早已消失在茫茫夜幕之中了。（彭耀光）

知识链接
古人是怎样化妆的？

古代的女性和现今的女性一样，爱美之心没有多大差别，所以古代的女性都会在脸上描画以作装饰，相当于现今的化妆。以隋唐妇女的化妆为例，她们化妆的次序大致是：一敷铅粉；二抹敷脂；三涂鹅黄；四画黛眉；五点口脂；六描面靥；七贴花钿。前六点的内容其实就是现今的涂胭脂、画口红、修眉。

花钿是两眉之间的装饰，相传它的产生与南朝宋武帝的爱女寿阳公主有关。一天，寿阳公主仰卧于含章殿下，殿前的梅树被风吹落一朵梅花，不偏不倚，恰巧落在公主额上，额上两眉之间被染成花瓣的形状，怎么洗也洗不掉。宫中的其他女子见其新异，竞相效仿，遂成一时风尚。唐代妇女使用花钿十分普遍，最简单的花钿只是一个小小的圆点，复杂的则以金箔片、黑光纸、鱼腮骨、螺钿壳及云母片等材料，剪制成各种花朵之状，其中尤以梅花为多见，这

舞乐图

133

与寿阳公主的传说直接有关;除此之外,还有如牛角、扇面、桃子的形状等,宛如一朵朵鲜艳的奇葩。(彭耀光)

49 郑人称孔子为"丧家之狗",孔子为什么欣然接受?

由于宋国司马桓魋发难,孔子师徒匆匆逃离宋国。在忙乱中孔子与弟子们走散了。经过几天的奔波,孔子一人来到郑国都城新郑。孔子独自站在东门外附近,四处张望,等待弟子们过来与他会合。他身穿便装(孔子与弟子便装逃宋),风尘仆仆,疲惫不堪,看上去很是狼狈。

子贡等人已经先孔子赶到城里,正焦急地四处寻找他们的老师。这时有一个郑国人见子贡等人在四处找人,便对子贡说:"东门外有个高个子老头,长相不凡,脑门像古代帝王唐尧,脖颈类似有名的法官皋陶,双肩类似我们郑国大政治家子产,腰以下比禹少了三寸;脊背微曲,又瘦又累,像一条丧家之犬。"子贡按照郑人所指,很快在东门外找到了孔子。子贡把刚才那位郑国人讲的一番话如实地告诉了孔子。孔子听后开心地笑着说:"说我的外形相貌像圣王贤相,那可不敢当。说我像一条丧家之狗,倒是很像呀,很像呀!"

郑人说孔子像丧家之犬,颇能反映孔子当时的情况。几年来,孔子为了实现"天下有道"的理

累累说圣图

想抱负，与弟子们背井离乡，四处漂泊，不为时用。一路上颠簸流离不说，还屡遭困境，"斥逐于鲁，削迹于卫，伐树于宋，穷于商，困于陈蔡"（《庄子》语），几次都有生命危险。不过，孔子微笑着认可郑人"丧家之狗"的评价，表现出了他的超脱与通达，也说明他并不以自身的困苦为忧。事实上，孔子"忧道不忧贫"，对大道难行也有充分的估计，抱定"知其不可为而为之"的态度，所以一己的得失困苦对孔子而言根本不成问题。孔子欣然接受"丧家之狗"的评价，体现的不是孔子的气馁与哀怨，而是他对道之难行的遗憾与自己的坚韧和自信。（彭耀光）

知识链接

古人养狗之风是从什么时候开始的？狗、犬、獒有何区别？

狗是人类最早驯化的动物之一。在我国，在迄今九千前的考古遗址中就已经发现了狗的遗骨，说明早在远古时代我们的先人就已完成了对狗的驯化，开始有了养狗之风。到了商周时期，狗与马、牛、羊、猪、鸡并称为"六畜"，成为最常见的驯化动物。而马与狗又最受重视。马是用来驾车的，贵族出行用车，打仗作战也用车，所以古人对马的饲养与训练十分重视，驾车成为专门技术，称为"御"，并被列入"六艺"之一。狗的用途比马还要广泛，一是用于打猎，协助猎人捕捉猎物，称"田犬"，即今之猎犬；二是用于护卫，或者用于看家护院，或者用于随身带着以作警卫，称"吠犬"；三是用于祭祀，作牺牲，有时也作食用，称"食犬"。正因为狗的用途广泛，养狗之风在周代很兴盛，据《周礼》记载，周朝设了专官负责养狗事务，称"犬

陕西咸阳张家湾村北汉景帝阳陵俑坑出土陶犬

135

人"，可见其重视的程度。

周代狗的品种很多，狗的具体名称不胜枚举，但常见的一般名称有狗、犬、獒三种。狗、犬、獒，是从狗的体型大小来分的。据《尔雅·释畜》称，小者称狗，大者称犬，狗高四尺则称獒。獒是大型犬，凶猛强悍，是周代西部少数民族驯化、饲养的犬。周代西部狩猎民族，被称为"西戎"。"西戎"驯养犬獒之风比周人更盛，其中有一支称"犬戎"，可见驯养犬獒是其突出的特点。"西戎"驯养的犬獒，凶猛异常，强悍无比，传说有的能够"飞食虎豹"。因为中原罕见，所以常常作为"西戎"向周朝的进贡之物。周朝刚刚建立不久，有一支被称"西旅"的部落就向周武王献了獒，周人作《旅獒》以记其事。这篇《旅獒》收入《尚书》中，流传至今。（彭耀光）

50 孔子在陈蔡绝粮，又在路途中差点病死，真有其事吗？

楚昭王出兵救陈死在军中后，楚军不得已而撤退。吴军乘机西进，兵临宛丘城下，宛丘城内一片惊慌。孔子师徒就在这种紧张气氛中离开了陈都宛丘。

孔子一行在临战之前仓惶逃离陈国，并没有准备多少粮食，就向幅员辽阔的楚国奔去。从陈到楚，其间要经过几个久为吴、楚争夺的小国，蔡国便是其中之一。作为吴楚交战区，蔡国百姓不堪战祸，多已逃离他乡，所以这里人烟稀少，土地荒芜。孔子师徒到了蔡地，所带的口粮已经所剩无几。于是大家只得挖些野菜，掺和点米粮，煮粥充饥。

就在这时，孔子师徒又被人围住，进退不得。原来，陈蔡两国的大夫听到楚昭王要礼聘孔子的消息，非常惶恐，便商量说："孔子是位有才德的贤者，他所讥评的，都切中诸侯的弊端。如今他若长久留于我们陈蔡之间，各位大夫所作所为都不符合仲尼之意。而今楚国是强大之国，又礼聘孔子，那对我们陈蔡执政大夫就危险了。"于是两国都派了人丁，将孔子师徒围困在荒郊旷野。时值暑天，气温很高，又没有足够的粮食，孔子师徒一个个饥肠辘辘，苦不堪言，有的弟子还饿病倒下。孔子见大家没精打采，于是便不停讲学诵诗、弹琴唱歌。

在陈绝粮　艰难困苦仍然坚持自己的观点。

但是，大家饥饿疲惫，谁也听不进去了。子路疑惑地问孔子："我听说，为善者天报之以福，为不善者天报之以祸。今夫子累德、积义、怀美、行德的时间已经很久了，为何还要受穷困？"孔子说："你不知道，我告诉你。你以为智者必用吗？王子比干不是被剖心而死！你以为忠者必用吗？关龙逢不是受到了刑罚！你以为谏者必用吗？伍子胥不是被弃市姑苏东门外！遇与不遇，在时机；贤与不肖，在材质。君子博学深谋不遇时机的多了。由此观之，不遇清明之世的人多了，又何止我孔丘呢！芷兰生于深林，不因无人观赏而不芳。君子之学，不为求通；穷而不困，忧而意不衰，且知祸福终始而心不惑，这是乐天知命。故君子博学、深谋、修身、端行以待其时。"

子路仍觉得有些不解，又问："君子也有穷困的时候吗？"孔子说："当然有。不过，君子遭受穷困时能坚持志节，而小人一遭穷困，就无所不为。"子路又问："君子也有忧愁吗？"孔子说："没有。君子的修为，未得位时，自有所乐；得位之后，又乐所事皆治。因此，君子有终身之乐，无一日之忧。小人则不如此，未得位时忧愁无位，已得位后，又怕失去，以此有终身之忧，无一日之

137

乐呀！"

孔子的一番话，解开了大家的疑惑，坚定了大家的信心。大家一致推荐子贡到楚国边境去求援。子贡不负众望，从楚国的负函(今河南信阳)叶公沈诸梁那里要来一车粮食，已经断粮七八天的孔子师徒得救了。(彭耀光)

知识链接
古代忠谏被杀的典范都有哪些人？

在中国古代的历史上，有许多忠贞爱国之士，他们或为社稷安危，或为百姓福祉，勇于直谏，但最终反遭杀害。其中以比干、关龙逢和伍子胥最为有名。

比干是殷商贵族商王太丁之子，幼年聪慧好学，20岁就以太师高位辅佐帝乙，又受托孤再辅佐帝辛。比干从政四十多年，一生忠君爱国。商末纣王暴虐荒淫，横征暴敛，比干到摘星楼强谏三日不肯离去。纣问他为什么敢这样做？比干说："凭借的是仁义之心。"纣大怒，说："我听说圣人的心有七窍，真的吗？"遂杀比干剖视其心。

关龙逢是夏朝末代暴君桀的大臣，他见夏桀荒淫无度，便向夏桀进谏说："古代的君王，讲究仁义，爱民节财，因此国家久安长治。如今国王您如此挥霍财物，杀人无度，您若不改变，上天会降下灾祸，那时定会有不测的结果。"他恳请国王改变这种情况，说毕立于朝廷不肯离去。夏桀大怒，命人把他囚禁起来，最后用酷刑将他杀死。

伍子胥是春秋时期吴国大夫，勇而多谋，曾辅佐吴王阖闾破楚服越。阖闾死后，继续辅佐吴王夫差。吴、越夫椒之战，越国惨败几乎亡国，就向吴国乞和。夫差急于图霸中原，就打算允越求和。伍子胥预见到两国不能共存之势，又洞察越王勾践图谋东山再起之心，力谏不可养痈遗患，而应乘势灭越。夫差不纳，坐视越国自大。后来夫差又打算率大军攻齐，伍子胥再度劝夫差暂不攻齐而先灭越，以除心腹之患，又遭夫差拒绝。伍子胥知道夫差昧于大势而不可谏，吴国必为越所灭，于是为避祸就把儿子托付给齐国的鲍氏，最后反遭太宰伯嚭诬陷，被逼自杀。

比干、关龙逢与伍子胥都是忠谏被杀、不为时用的典型，被后人树为忠君爱国的楷模。（彭耀光）

51 孔子为什么赞赏民歌"沧浪之水"？

孔子师徒陈蔡脱困后，来到了楚国边陲的负函，在那里得到了叶公的热情款待。到楚一游，观览名胜，了解蛮夷风情和荆楚文化，是孔子早有的一个心愿。在留居负函的日子里，一天，孔子一行来到汉水以北的一些地方游览，突然听到一个小孩在小河边唱歌：

沧浪之水清兮，可以濯我缨；
沧浪之水浊兮，可以濯我足。

歌词大意是，沧浪的水清啊，可以洗我的帽缨；沧浪的水浊啊，可以洗我的双脚。

孔子听完这首民间童谣，马上意识到其中含有深刻的道理，他向弟子们说："小子听之，清斯濯缨，浊斯濯足。自取之也。"意思是说，弟子们听着！水清就可以洗帽缨，水浊就只能洗脚了。洗帽缨还是洗脚，完全是由水自身决定的。人何尝不是如此呢？一个人如果努力学习，不断完善自身，使自己成为一个品德优良、才干突出的人，他就会对

沧浪濯足图

国家社会做出大贡献，就会得到人们的尊重；如果一个人不思进取，自甘堕落，无德无才，这个人对社会的作用就小，甚至没有作用，这种人就会遭到社会的唾弃。所以，如同沧浪之水是被人用来洗帽缨还是用来洗脚是由水的清浊决定的一样，一个人要成为一个对社会有用的人受人尊敬，还是成为一个对社会无用的人遭人唾弃，也完全是由自己决定的。

"沧浪之水"这首民歌，在春秋战国时期楚国大地上广为传唱。"沧浪"系沧水与浪水相合而成，称为"沧浪水"。屈原曾在沧浪水流入沅水的出口沧港遇渔夫，相与问答，后人在此修了清溆亭、沧溪亭、三闾大夫祠和濯缨桥以资纪念。屈原以后，历代许多著名诗人在此留下诗章。唐宋以来的名家李白、刘禹锡、宋之问、杜甫、齐己、张说、李群玉、吕蒙正、王安石、刘挚、袁宏道等人都曾到汉寿游历，留有题咏。（彭耀光）

知识链接
"仁者乐山，智者乐水"是什么意思？

"知者乐水，仁者乐山"一句出自《论语·雍也》篇："知者乐水，仁者乐山。知者动，仁者静。知者乐，仁者寿。"意思是说：智者喜好水，仁者喜好山。智者常动，仁者常静。智者常乐，仁者常寿。

我们知道，仁与智是孔子思想中两个重要的德目，仁智双彰是孔子理想人格的基本特征。这段话比较生动地说明了仁和智的性质与关系，其中"知者乐水，仁者乐山"可以说是这句话的眼目。智者为什么喜好水呢？宋代理学家朱熹解释说："智者达于事理而周流无滞，有似于水，故乐水。"意思是说，水缘势而行，周流无滞，智者能够像水一样，随时变易，根据每种实际的情境，做出符合义理的行为。这其实就是孔子所说的"中庸"或"时中"的境界。至于仁者为什么喜好山，朱熹解释说："仁者安于义理而厚重不迁，有似于山，故乐山。"意思是说，仁者德性厚重，非义理不动，就像山那样稳重。这种境界，有似于《孟子》中说的"不动心"。

由此可知，"知者乐水，仁者乐山"其实揭示的是仁者与智者动静两方面的特征。但是，这不是说仁者和智者是完全不同的两种人。事实上，动与静，或者说仁者与智者，是互为一体的两个方面。只有安于义理，不为物欲所动（仁者），才能做到心智清醒，审时度势，"达于事理而周流无滞"（智者）；也只有随时变易而达于事理（智者），才能真正实现安于义理而不动（仁者）。所以仁与智并不是两种不相关的德目；仁者与智者也不是两种不相干的人，而是一个真正的君子都不可或缺的两种品质。这也就是为什么孔子说"仁者安仁，智者利仁"，强调只有仁智兼备，才能真正实现"仁"。（彭耀光）

52 孔子为什么不听隐士长沮、桀溺的劝告，放弃改造社会的责任？

孔子周游列国，到了楚地负函一带。在那儿，孔子一行被一条大河拦住了去路，不知渡口所在。正巧不远处有两位长者在田间劳作，孔子便派子路前云打听渡口所在。

两名长者一名长沮，一名桀溺，都是楚国的隐士。当子路来到两位长者面前问路时，长沮便问子路那个驾车的人是谁？子路回答："是孔丘。"长沮又问："是鲁国的孔丘吗？"子路说是。长沮说："孔子应该知道渡口在哪儿呀。"

子路知道长者在奚落孔子，但隐忍不发，又到桀溺面前询问。桀溺问子路是谁？子路说："我是仲由。"桀溺又问："是鲁国孔丘的徒弟吗？"子路回答是。听到子路的回答，桀溺头也不抬地说："现在世道纷乱，像洪水猛兽一样，你们同谁一起改变这种现状呢？依我看，你与其跟着孔丘那种逃避坏人的人，还不如跟随我们这些不问世事、逃避社会的人。"

子路回到孔子身边，把长沮、桀溺的话向孔子复述了一遍。孔子听后，惘然若失地说："鸟兽不可与同群！吾非斯人之徒与

子路问津　要改造社会，不要逃避。

而谁与？天下有道，丘不与易也。"意思是说，我们是人，是不可以与鸟兽同群的呀！我不和天下人同群，又和谁同群呢？若使天下已经有道，我也不必来和他们改变社会了。在长沮、桀溺看来，天下无道就应该隐去，而在孔子看来，天下无道正是人尽社会责任的时候，怎么能逃避社会而洁身自好呢？这正是孔子为什么不听隐士长沮、桀溺的劝告，放弃改造社会的责任的原因。（彭耀光）

知识链接
什么人才是真正的隐士？

中国古代，有一些人，他们饱读诗书，素养很高，但却隐居不仕，不愿意担任官职与朝廷合作，这些人被称为隐士。《周易》说："不事王侯，高尚其事。"大概就是对古代隐士生活的写照吧。

中国的隐士传统可以说是源远流长。孔子把他之前的一些不与朝廷合作的高士称为"逸民"，并举出伯夷、叔齐、虞仲、夷逸、朱张、柳下惠、少连等几个人作为代表，评价他们说：能不降低自己的志向，不辱没自己的身份的，是伯夷、叔齐吧；柳下惠、少连虽然做的不如伯夷、叔齐，但所言能合于伦理，所行能合乎思虑，也难能可贵了；虞仲、夷逸隐居弃言，但他们的身是合乎清洁，他们的废弃，也合乎权衡了。孔子所说的逸民，可算是隐士的前身。

中国隐士中最有代表性的，最早当属老子和庄子了。老子和孔子是同时代的人，司马迁在《史记》中说，其学"以自隐无名为务"。又说："老子，隐君子也。"说他讲学不愿标自己之名，是一个隐士。而老子也确实行踪隐秘，最后"莫知所终"，不知去了哪里。庄子是继老子之后的另一位著名隐士，生活于战国时代。据说楚王想以"千金"聘他作宰相，他拒绝了，说自己宁愿在脏乱中自得其乐，也不愿意被统治者羁绊，决意"终身不仕，以快吾志焉"。《庄子》书中也提到了许多古代隐士，借以表达庄子避居山林、追求一种自由逍

采薇图　商末伯夷、叔齐不食周粟，在首阳山采薇代食，最后饿死在首阳山中。图中人物为伯夷，面带忧愤，目光炯炯。

遥人生的思想。其实在庄子看来，真正的隐士并非一定要逃避社会现实，反而是在富贵名利中实现自由。庄子把这种"隐"称为"心隐"，也就是后来常说的"大隐隐于市"。老子和庄子的隐士思想在后来产生了深远影响。（彭耀光）

53 孔子"四体不勤，五谷不分"吗？

　　在负函期间，孔子师徒有一次出去游览，匆忙赶路中，子路落在了其他人的后面。楚地崎岖，岔路很多，子路追了好长时间也没追上孔子。眼看天色已晚，子路张皇四望中，看到一位用手杖挑着锄草工具的老人走来。子路上前鞠躬施礼："老人家，您看到我的老师孔子了吗？"那位老人看了子路一眼，回答说："四

体不勤，五谷不分，孰为夫子?"意思是说，四肢不劳动，五谷分不清，那是什么老师? 说完，老人把手杖插在地上，开始锄草。

子路听了老人的回答，感到这位老者言谈很不一般，可能是一位很有见识的人，就拱着手，恭恭敬敬地站在旁边。老人见子路很有礼貌，天色也晚了，就留子路在家里过夜。老人杀鸡款待子路，并叫两个儿子出来见他。

第二天，子路赶上孔子一行，把昨天的经历向孔子讲了一遍。孔子听后说："这是个隐士呀。"并让子路再回去看那位老人。子路回到昨晚的住处，老人已经不知去向了。

子路对此事发表议论说："不仕无义。长幼之节，不可废也；君臣之义，如之何其废之? 欲洁其身，而乱大伦。君子之仕也，行其义也。道之不行，已知之矣!"意思是说，一个人不出仕，是不应该的。长幼之间的礼节是不能废除的，君臣之义又如何可以废除呢? 为了洁身自好，反而使人类大伦乱了。君子之所以要出仕，不过是履行他的社会责任和尽他的义务罢了。我们的政治主张不能实行，我们早就知道了。

子路的意思，显然和孔子所说的"鸟兽不可与同群，吾非斯人之徒与而谁与? 天下有道，丘不与易也"是一样的，都体现了儒家心忧天下、积极干政以实现天下归仁的社会责任感；都明确反对洁身自好、逃避现实的隐士精神。老人说孔子"四体不勤，五谷不分"，是从隐士的立场反对孔子干政的精神，而并非说孔子真的不懂生产劳动，分不清五谷。事实上，孔子自幼贫苦，长于乡野，所谓"少也贱，故多能鄙事"，不可能"四体不勤，五谷不分"。（彭耀光）

知识链接
"五谷"指哪几种农作物?

"谷"原来是指有壳的粮食；谷字的音，就是从壳的音来的。五谷原是中国古代所称的五种谷物，后泛指粮食类作物。"五谷"在古代有多种不同说法，最主要的有两种：一种是指稻、黍、稷（粟，即谷子）、麦、菽（大豆）；一种是指麻（大麻）、黍、稷、麦、菽。前者有稻无麻，后者有麻无稻。古代农业经济中心在黄河流域，稻的主要产地在南方，而北方种稻有限，所以"五谷"中最初无稻。（彭耀光）

54 孔子周游列国"干七十余君"而不遇，他真的去过那么多的诸侯国吗？

孔子周游列国，从鲁定公十三年（前497年）他54岁启程去卫，到鲁哀公十一年（前484年）他68岁自卫返鲁，共用了十四年的时间。孔子在这十四年间，到了许多国家，和许多国君权臣打过交道，但处处碰壁，没能实现自己"求仕"和实施"仁德政治"的目的。司马迁说："孔子明王道，干七十余君，莫能用。"所谓"明王道"，即孔子继承三代的仁政思想，而"干七十余君，莫能用"，即求仕而碰壁。至于说孔子"干七十余君"，到过七十多个诸侯国，和七十多个国君打过交道，那显然是夸大。据汉代王充考证，孔子周游列国，到过的国家不超过十个。其实，除了此前曾去过的齐国之外，孔子周游列国期间真正到过的、有文献可查的国家不过卫、陈、曹、宋、郑、蔡等大小六个国家，经过而停留的

学堂冈　孔子周游列国途中讲学处，在今河南长垣县。

地方，也不过匡、蒲、邹乡（卫国）和叶（楚国）等三四个地方。这些国家和地方，主要不出今山东、河南两省，即从山东的鲁国出发，西面和北面未过黄河，南面未到长江，不过方圆一二千里的地方而已。

但是，孔子为了实现"天下有道"的政治理想，在两千多年前交通十分不便的情况下，带着数个随从弟子，历经坎坷，栖栖惶惶，花了十四年的时间，访问六国国君，虽处处碰壁，然而仍不放弃自己的理想，其"知其不可而为之"的精神和境界，令人敬仰！（彭耀光）

避雨处　孔子周游列国途中避雨处，在今河南永城县芒砀山。

知识链接
周代诸侯分几个等级？

周初大分封之后，形成了为数众多的同姓和异姓诸侯。这些诸侯有出身、功勋、实力等等的不同，他们之间自然有差异，有等级。周王室将诸侯分成五个等级，其相应的爵位分别称：公、侯、伯、子、男。

公，主要有三种情况，一是先王之后，如舜之后称陈胡公，夏之后称东楼公，宋之后称宋公等，都是先王之后而为周所褒封的；二是周王畿内的诸侯，如周公、召公；三是与周王室关系特别密切的，如虢公、虞公。

侯，主要是大国诸侯，如齐、鲁、卫、晋、燕、陈、蔡等。

伯，主要是小国诸侯，如曹、原、毛、郑等。

子，主要是蛮夷之君，如楚、吴、越、邾、莒等。

男，主要是华夏小国之君，如许。一说子男是同一等级。

周代诸侯的五等爵制，见于许多文献记载，如《礼记·王制》说："王者之制爵禄，公、侯、伯、子、男凡五等。"《史记·汉兴以来诸侯王年表》也说："周封五等，公、侯、伯、子、男。"但是，从春秋时期的情况来看，五等爵制似乎并没有严格执行，诸侯称爵比较混乱，诸侯对内的尊称以及对外的谦称，往往使人无所适从，单从称呼上无以辨别其真实的爵位。如诸侯称"公"的常常对外称"伯"，称"侯"的常常对外称"伯"、称"子"，称"伯"的则往往自称"伯男"；反之，也有诸侯称"子"的，对外自称"伯"、"侯"，以壮声势。两国之君会盟，双方互称时往往就高不就下，以示尊重。至于蛮夷之君，甚至有称"王"的，如楚王、吴王、越王、戎王等。这说明，五等爵制虽然存在，但不是很严格，诸侯们不受"正名"的束缚，有灵活掌握的空间。

不过，对于同姓诸侯来说，由于血缘宗法关系的制约，他们之间的爵位班次比较严格一些。据《国语》记载，周代同姓诸侯有一个位次秩序，称为"周班"，是周天子为了分别亲疏、排列爵位而制定的，体现了同姓诸侯之间的亲疏、远近、贵贱、长幼、上下的差别，很受重视。《左传》多次记载诸侯会盟有位次之争，说明当时诸侯对于自己的位次十分在意。在"周班"中，鲁国居首，《国语·鲁语下》称"鲁之班长"，说明在同姓诸侯中，鲁国实居第一。（王钧林）

55 孔子晚年回国担任"国老"是荣誉职位吗？

鲁哀公十一年（前484年），孔子68岁回到了鲁国，结束了长达十四年的颠沛流离生活。孔子回到鲁国后，鲁哀公和季康子等卿大夫对孔子的生活做了悉心安排,孔子对此表示感激,并提出愿意在教育学生、整理典籍方面为鲁国做些工作。

鲁哀公和季康子默许了孔子教学和整理典籍的打算,说明他们并不想让孔子直接参与政治。不久,鲁国任用了孔子的一批高足,没有直接给孔子官职,而是尊孔子为"国老"。在西周、春秋时期,那些担任过卿大夫而退休的人,会被朝廷尊为国老,类似于我们今天所说的顾问。孔子被尊为国老,可以与闻国事,享有致仕归养大夫的俸禄。

币迎归鲁

但是,孔子的"国老"地位,只是荣誉职位,对现实政治没有决定性的影响。孔子归鲁不久,季康子便派冉求前去拜访,征求孔子对"用田赋"的意见。"用田赋"是季康子想要实行的一种新赋税政策,可以使政府的税收提高一倍。冉求反复询问,孔子才表示不赞成季康子的新赋税政策。在孔子看来,国家税收要遵循"敛从其薄"的原则,"用田赋"要加倍赋税,增加老百姓的负担,不符合圣人治国的精神。冉求把孔子的意见转告了季康子,季康子未加评论,但也没有听从孔子的意见,第二年就将新的赋税政策颁布实行了。而冉求也没有反对季康子的做法,反而跟随季康子积极推行新法。孔子对冉求的帮凶行为十分气愤,对身边的弟子们说:"非吾徒也,小子鸣鼓而攻之,可也。"认为冉求不再是自己的门徒,要弟子们大张旗鼓地攻击他。

在"用田赋"事件中,不但鲁国当政者不能听孔子的意见,就是孔子的弟子冉求也违背他的意愿为季氏卖力,这让孔子感觉到,自己虽为"国老",关心国家政治,但无职无权,对鲁国已经不能起大作用了。(彭耀光)

知识链接
古代也有退休制度吗?

在古代,官员到了一定年龄或身体有病就会离职退休,称为"致政"或"致仕"。周代《礼记·内则》规定:"七十致政。"即周代卿大夫到七十岁时要把政事和禄位还给国君,让位贤者。此后历代王朝基本上都沿袭周制:官员到七十退休(清代有所不同,致仕年龄提前到六十)。当然,如果有病或身体其他原因,则不受致仕年龄限制,可以提前退休。也就是说,古代官员到了年纪或生病,就要退休,这也就是杜甫在诗中所说的:"名岂文章著,官应老病休。"

官员致仕会享有一定物质和政治上的待遇。在物质上,除通常情况下皇帝会赏赐金银、布帛、田宅等"特恩"外,每年都会按在职时的俸禄给一定比例的"退休金"。如西汉成帝时规定,在职时俸禄为两千石的官员,从致仕到寿终可以领取原俸禄的三分之一作为养老之用。因为官员致仕要给一定的物质待遇,所以在唐以前官员致仕仅限于五品以上的中、高级官员。宋以后,品级限制才逐渐放宽甚至取消。

在政治上的待遇大概有四类。一是加官晋级,这又分特恩和依照惯例两种。唐、清两代给退休官员加授级衔需要特恩,宋、元、明等朝则有一般性的规定。二是冠带致仕,即官员退休后仍可以穿原来品级的官服。三是给子孙以荫补、承荫的机会,如宋朝规定一定级别的官员可以给与一定的荫补名额,直接做官。元朝也有"成荫"之制,后代可以直接继承官位,但仅限于正七品以上官员享用。四是其他礼遇。如唐代时高级官吏(三品以上)退休后仍可在每月举行朔望朝谒之礼和君臣讨论朝政

149

的"朝会"时,觐见皇帝。有些朝代,高级官吏退休后去世,还可以得到赠官、赠谥,朝廷也会派人参加祭奠,有的还准入"贤良祠",甚至配祀太庙。

当然古代官员的退休不是绝对的,那些对国家和人民做出重大贡献的文臣武将,通常不必受老病之限强制致仕。(彭耀光)

56 孔子有怎样的交友之道?

孔子之学以修身为本,首要的目的是要人成就有道德的君子人格。孔子的交友之道,正是建基于这一原则之上的。

孔子的学生曾子说:"君子以文会友,以友辅仁。"意思是说,君子因于礼乐文章的讲习来会合朋友,因与朋友会合来相互帮助,共进于仁道。这无疑是说,君子交友,就是为了相互帮助完成德性修养。所以孔子说:"友其士之仁者。"又说:"无友不如己者。"提出要和仁者,也就是有德行的人交朋友,而不要和德性比自己差的人交朋友,因为他无助于自己德性的成就。交友可以

恶友品图　敦煌莫高窟85窟壁画。

增益自己的德行，所以孔子很重视交友，把"乐多贤友"视为"君子三乐"之一。

交友是为了相互辅助完成德性，所以孔子强调要善于选择朋友。孔子说："益者三友，损者三友。友直，友谅，友多闻，益矣；友便辟，友善柔，友偏佞，损矣。"意思是说，有益的朋友有三种，有害的朋友也有三种。与正直的人交朋友，与诚信的人交朋友，与见闻学识广博的人交朋友，是有益的。与习于歪门邪道的人交朋友，与善于阿谀奉承的人交朋友，与惯于花言巧语的人交朋友，是有害的。孔子主张交益友，去损友。

君子以友辅仁，所以与朋友交往，也要以礼相待，注意分寸。子贡问交友之道，孔子说："忠告而善道之，不可则止，毋自辱焉。"朋友有过错，自己出于忠心而告之，但忠言逆耳，若不被听从，也不应勉强行之，伤害朋友自尊，自取其辱，而应另寻机会。这不是一味附和，谄媚，而是与友相处要心存恭敬，同时对待朋友也要有分寸。"朋友数，斯疏矣。"对待朋友太逼促，太琐屑，就要见疏了。孔子很赞赏晏婴的交友之道，称他"善与人交，久而不失其敬"。与朋友交往能做到心存恭敬，以礼相待，对于维持友谊是非常重要的。

孔子的交友之道，对我们今天交朋友仍有重要指导意义。

（彭耀光）

知识链接
为什么称朋友为"足下"？

"足下"是对朋友和同辈比较正式、郑重的称呼。称朋友为"足下"，源自春秋时期的晋文公重耳和介之推的一则故事。

晋献公因宠爱骊姬导致太子申生自杀后，重耳流亡国外，打算寻求各国的协助而复国。有一次他们一行人长途跋涉来到卫国，疲惫至极，却吃了闭门羹。这时重耳因为长期营养不良染上了风寒，他喃喃呓语着想喝一碗肉汤。但是，随行的人都身无分文，上哪儿去筹钱买肉呢？忠心耿耿的介之推一咬牙割下了自己大腿上的肉，煮出热热的肉汤。重耳喝了之后居然不药而愈。

后来重耳获得齐桓公的支持,返回晋国登上大位,成为历史上有名的晋文公。

晋文公执掌政权后,要论功行赏随他流亡的臣子们。在别人争相邀功之时,介之推却始终不发一语,晋文公也没想起他来。后来介之推带着母亲退隐山林。有人向晋文公提起往事,晋文公才想起了介之推的恩泽,急忙派人寻访。但是介之推无论如何都不肯下山受赏。有人向晋文公献策放火烧山逼他下山,却没料到火熄灭之后,众人在满山灰烬中,找到了抱着一棵树被活活烧死的介之推与母亲。悔恨不已又伤心欲绝的晋文公,除了命人厚葬介之推母子外,又将这棵树砍下来,制成一双木屐。每当他穿上这双鞋,就想起那段患难与共的往事,不由得慨叹:"足下,悲乎!"从此,"足下"一词取其睹物思人、感怀昔日之情的意思,而衍化成对朋友的敬称。(彭耀光)

57 "六艺"与"六经"和孔子有关系吗?

"六艺"有两种说法:一种是指古代社会要求贵族掌握的六种基本才能:礼、乐、射、御、书、数。礼,就是周代的礼仪;乐,指音乐;射,是射箭技术;御,是驾驭马车的技术;书,指书法、文学;数,是算法,包括数学等科学知识。这六种才能,都是贵族阶级日常事务中所必需掌握的才能。所以当时贵族子弟必须先习此六艺,才能成为一个合格的贵族。

另外一种是指古代的六部经典,也叫"六经",包括《诗》、《书》、《易》、《礼》、《乐》、《春秋》。《诗》又称《诗经》,是我国最早的一部诗歌总集,主要收集了从西周初年到春秋中叶的各地诗歌;《书》即《尚书》,为上古历史文献的汇编,记载了从传说中的尧、舜、禹时代直到春秋中期的一些重要历史事件;《易》为古代占筮的书,相传伏羲作八卦,周文王演周易,孔子作《易传》,合称

制礼作乐坊　　在今曲阜东关周公庙。

《周易》;《礼》即《仪礼》,主要是士大夫交往的礼仪规范;《乐》是举行各种礼仪所用的音乐;《春秋》为鲁国的史书,记述了鲁隐公元年到鲁哀公十四年,共二百四十二年间的历史。

　　孔子作为儒家创始人,通晓这两种"六艺"。孔子把"六艺"传授给弟子,《史记·孔子世家》载:"孔子以诗书礼乐教,弟子盖三千焉,身通六艺者七十二人。"可见,孔子很重视对弟子们进行六艺的传授。孔子晚年重视对"六经"的整理,并将之作为教材传授给学生,"六经"也因此成为后世儒家尊奉的经典。

（张磊）

知识链接
古代有竞技比赛吗?

　　体育起源于劳动生产和军事战斗。随着社会分工的发展,体育从劳动和军事中逐渐分离出来。有了体育,也就有了体育竞技,例如射礼就是有趣的体育竞技之一。

　　古代的射礼分为四种,一是大射,是天子、诸侯选择参加祭祀的人而举行的射礼;二是宾射,是天子接见臣下举行的射礼;三是燕射,是天子闲暇宴请群王举行的射礼;四是乡射,是举行乡饮酒礼时举行的射礼。射礼前后,往往有饮宴。《礼记·射

问吧

三

义》记孔子云："君子无所争，必也射乎。揖让而升，下而饮。其争也君子。"意思是说，君子平时文质彬彬，一般不与别人相争，如果有所争，一定是射箭比赛，但是当射箭的时候，君子们还相互礼让后登堂；射箭比赛结束后，下堂继续饮酒。射箭比赛竞争是符合君子之礼的。《礼记·射义》云："射者，仁之道也。射求正诸己，己正而后发。发而不中，则不怨胜己者。反求诸己而已矣。"射箭比赛符合仁德之道，通过射箭可以发现自身的缺点，并加以纠正，以不断进步。在儒家看来，射箭比赛不简单是一种比赛，而且具有丰富深刻的道德含义。（张磊）

58 孔子自称"述而不作"，为什么孟子又说他"作《春秋》"？

孔子自称"述而不作，信而好古"。意思是说，阐述而不创作，以相信的态度喜爱古代文化。这是孔子对他所从事的学术事业的一个概括。

在古人的观念里，只有圣人贤哲才能著书立说，传于后世。因为孔子不以圣人自居，所以对自己整理六经的工作，不称"作"而谓"述"。

但实际上孔子的"述"却不那么简单，因为他在"述"中，加入了自己的理解和创新。

孔子感到周道衰微，列国纷争，礼崩乐坏，欲以史为鉴。他晚年根据鲁国的史料，作《春秋》。《春秋》以鲁国十二国君为顺序，记载了春秋时代二百四十二年的历史。其间对历史人物和事件予以褒贬，含有微言大义，以让人们明白美丑善恶。因此，孟子说"孔子成《春秋》而乱臣贼子惧"。孔子的这种写法，被后人称为"春秋笔法"。

孔子作《春秋》，就其采用鲁国史料而言是"述"，就其寄寓自己的政治见解而言是"作"。孟子特别强调这后一点，故云孔子"作《春秋》"。（张磊）

孔子作春秋处　　在曲阜东南八公里的息陬村内。

知识链接

"春秋笔法"在记载历史人物和事件上有什么特色？

　　孔子编撰《春秋》，记载历史人物和事件，寓褒贬于行文之中，以表达自己的看法，后人称为"春秋笔法"。如《春秋》经文"隐公元年"云："夏五月，郑伯克段于鄢。"《左传》隐公元年揭示了《春秋》此语隐藏的深意："书曰：'郑伯克段于鄢。'段不弟，故不言弟；如二君，故曰克；称郑伯，讥失教也；谓之郑志。不言出奔，难之也。"《左传》指出，段不像兄弟，所以不说"弟"字；兄弟相争，如同两个国君，所以称之为"克"；把庄公称为"郑伯"是讽刺他有失教诲（事情的发展是庄公蓄意安排的）。《春秋》这样记载就表达出了庄公的本心；不说"出奔"，是由于史官下笔有为难之处。这表明《春秋》以否定的态度对待郑伯、共叔段兄弟相争。

　　又如，《春秋》经文"襄公十三年"云："冬，城防。"《左传》襄公十三年云："冬，城防，书事，时也。于是将早城，臧武仲请俟毕农

155

事，礼也。"《左传》指出，《春秋》记载冬天在防地筑城这件事，是由于合于时令；当时打算早些时候筑城，臧武仲请求农活完了以后再动工，这是合于礼的。这表明《春秋》肯定对在冬天修筑防城这件事持肯定态度。

《左传》成公十四年记君子曰："《春秋》之称，微而显，志而晦，婉而成章，尽而不污，惩恶而劝善。非圣人谁能修之？"《左传》指出，《春秋》的记述，用词细密而意义显明，记载史实而含蓄深远，婉转而顺理成章，穷尽而无所歪曲，警戒邪恶而奖励善良。如果不是圣人，谁能够编写？这是对孔子春秋笔法的一个很好的说明。"褒若华衮之荣，贬如斧钺之严"是春秋笔法的特色。

（张磊）

59 孔子删诗书，是破坏文献的罪人还是保存文献的伟人？

孔子自卫返鲁已经进入垂暮之年了，他虽被尊为国老，密切关注政治，但主要把精力放在了教学和整理古代典籍上。

《史记·儒林列传》说："孔子闵王道废而邪道兴，于是论次诗书，修起礼乐。""论"是讨论去取，"次"是编排篇目。就是说，孔子对诗书做了取舍删减、编排整理的工作。孔子删诗之说，见于《史记·孔子世家》："古者《诗》三千余篇，及至孔子，去其重，取可施于礼义，上采契、后稷，中述殷、周之盛，至幽、厉之缺，始于衽席。故曰《关雎》之乱以为《风》始，《鹿鸣》为《小雅》始，《文王》为《大雅》始，《清庙》为《颂》始。三百五篇孔子皆弦歌之，以求合《韶》、《武》、《雅》、《颂》之音。"《诗经》是中国最早的诗歌总集，大约形成于西周初至春秋中叶。根据司马迁的说法，孔子之前的《诗经》有三千多篇，孔子做了整理。首先是删去重复和不符合礼义的篇目，剩下三百五篇，做出断代起迄；其次是编订《风》、《大雅》、《小雅》、《颂》首篇，确定"四始"。

关于孔子删书，《史记·孔子世家》说："孔子之时，周室微而礼乐废，诗书缺。追迹三代之礼，序《书》传，上纪唐虞之际，下至秦缪（穆），编次其事。"孔子之前，官府并没有编成《书》总集。司马迁说孔子对三代历史政治文献做了汇总，选编成书。《汉书·艺文志》说："《书》之所起远矣，至孔子纂焉，上断于尧，下迄于秦，凡百篇，而为之序，言作其意。"明言孔子删《书》为百篇，以时间先后排列，并且做了序，以明各篇要旨。

删述六经 孔子自编教材，以《诗》《书》《礼》《乐》《易》《春秋》教弟子。

孔子删诗书，并不是对古代文献的破坏，而是对古代文献的保存和传承做出的重要贡献。春秋之时，"礼坏乐崩"，战乱频仍，文献散佚是很有可能的。经过孔子的删裁整理，《诗》、《书》成为体例一贯、含义清晰、结构完整的典籍，更有利于传承和传播。尤其是孔子把整理的诗书作为教材在弟子中传授，对于古代文化典籍的保存和广泛流传意义更大。诗书能经秦火之后而保存，完全得益于孔子弟子的默诵和传承。（彭耀光）

知识链接

古人往往称赞某人"饱读诗书"，"诗书"是指哪些书？

古时称赞一个人很有学问，往往说他"饱读诗书"。其中的"诗书"，并不是我们今天一般意义上的诗词和书籍，而是指古代儒家经典"六经"（或"五经"）中的《诗经》和《尚书》。

在夏、商、周时期，中国文化形成了以《诗》、《书》、《礼》、《易》、《乐》、《春秋》六部经典为核心的文化体系。孔子及儒家自

问吧
三

觉继承文化传统，对六部经典做了整理，形成儒家的"六经"。后来秦始皇焚书坑儒，《乐经》散失，仅存《乐记》一篇，并入《礼记》之中，这样就形成了《诗经》、《尚书》、《礼经》、《易经》、《春秋》"五经"。汉代"独尊儒术"后，在太学设"五经"博士，"五经"成为知识分子必读之书。《诗经》和《尚书》位于五经前列，用以指代"五经"，所以说某人"饱读诗书"，其实是说他对儒家经典"五经"有深入广博的学习研究。

当然，在历史的发展中，儒家的经典不断扩充。如东汉在"五经"的基础上加上《论语》、《孝经》，形成"七经"；唐时又加上《周礼》、《礼记》、《春秋公羊传》、《春秋谷梁传》、《尔雅》，共十二经；到宋时又加上《孟子》，形成"十三经"，后有《十三经注疏》传世。宋代之后理学兴起，朱熹把《礼记》中的《大学》、《中庸》两篇抽出，连同《论语》、《孟子》合称"四书"，并为之作注。此后"四书"跃居"五经"之上，成为士子必读的经典和科举考试的必考内容。这样，无论"十三经"或"四书""五经"，都是儒家的经典，当然也都成了"饱读诗书"之士必须学习的内容。（彭耀光）

60 孔子晚年喜欢《周易》，他用《周易》算命吗？

《周易》亦称《易经》，在中国古代本是占卜之书，但其中也蕴含着丰富而深刻的哲理。孔子晚年开始喜欢《周易》，《论语·述而》记孔子的话说："假我数年，五十以学《易》，可以无大过矣。"孔子的意思是，如果五十岁开始学习《周易》，对《周易》的理解就不会有大错了。《史记》也说："孔子晚而喜《易》，序《彖》、《系》、《象》、《说卦》、《文言》，读《易》韦编三绝，曰：'假我数年，若是，我于《易》则彬彬矣。'"司马迁明言孔子晚年开始喜欢《周易》，而且还认为孔子作了《系辞》。上世纪以来曾有人怀疑孔子研究《周

《易》的真实性,但近年来地下出土文献证明,孔子晚年喜《易》是确定无疑的。

无疑,孔子知道《周易》是一本占卜的书,而且也曾用它占卜过,检验它的灵验程度。近年出土帛书《周易·要》篇记载孔子的话说:"吾百占而七十当,唯(雖)周梁山之占也,亦必从其多者而已矣。"孔子用《周易》占卜,灵验程度为百分之七十。但是,孔子晚年喜欢《周易》,并不是看到了它作为占卜之书的价值,而是因为孔子发现了其中的哲理。《论语》记载:子曰:"南人有言曰:'人而无恒,不可以作巫医。'善夫!""不恒其德,或承之羞。"子曰:"不占而已矣!"说明孔子对《周易》的理解,并不在于它的占卜。《要》篇也说:"夫子老而好《易》,居则在席,行则在囊,有古之遗言焉,予非安其用,而乐其辞。后世之疑丘者或以《易》乎!子贡问:'夫子亦信其筮乎?'子曰:'我观其德义耳,吾与史巫同途而殊归。'"这一记载再次说明了孔子晚年喜《易》的情况,并且表明,孔子学《易》,不是用以卜筮(安其用),而是注重卦爻辞中古人留下的含有思想和教训意义的言论(古之遗言)。因此孔子晚年喜欢《易》,不是用以算命,而是看重其中的思想内容和哲学意义。(彭耀光)

知识链接
古代有哪些算命术? 算命术的祖师是谁?

中国算命术的产生,最早可以追溯到先秦时代的《周易》和方术。《周易》是三代以来政府窥测天意、占卜吉凶以决定政治行为的预测方式,最早是用烧制龟甲兽骨或推演蓍草取象,后来改用三枚铜钱摇六次取相,一直流传至今。方术则是春秋战国时期通过星占或阴阳五行等预测吉凶的方式。此时期的方术十分流行,出现了一批方术师,其中以鬼谷子最为有名,被称作算命术的祖师。

唐朝时李虚中开创了生辰算命术。他以人的生辰年、月、日、时推演寿夭贵贱,其说汪洋奥义,千端万绪,对后世影响很大。现存有《李虚中命书》,疑为后人伪托。五代末年的徐子平

159

（曾与著名的麻衣道人陈图南隐居华山）对李虚中的方法做了进一步的发展，他在测算年、月、日、时"四柱"的基础上，又在每柱上加天干、地支各一字，共为八字，然后按阴阳五行生克变化推演命运，称为四柱八字算命术或子平术，传有《渊海子平》、《明通赋》等书。其后，四柱八字算命风行天下，苏东坡的《东坡志林》、朱熹的《赠徐叔端命序》、文天祥的《跋彭叔英谈命录》，都与此相关。清代又用父母、本人八字，加上五音八卦推演，发展为铁板神数；或用本人的生辰八字，配合星辰十二宫八卦推演，发展为紫微斗数。

此外，还有通过观察人的面相和手相为人预测的算命术，也很流行。（彭耀光）

61 儒的本义是什么？儒家是孔子创立的吗？

关于儒的起源与本义，在学界是一个存有争议、尚无定论的问题。《说文解字》对"儒"的解释是："儒，柔也，术士之称。从人，需声。"在中国古代社会，最晚到殷代有了专门负责办理丧葬事务的神职人员。这些人就是早期的儒，或者称为术士。他们精通当地的丧葬礼仪习惯，时间一长，便形成了一种相对独立的职业。但是，由于这种职业地位低微，收入也少，既没有固定的财产和收入，做事时还要仰人鼻息，所以形成比较柔弱的性格，这就是儒的本意，即柔。孔子"三十而立"，开始从事教学活动，在某种意义上已经成为了儒。但孔子对于传统的儒已有不同的理解，他告诉弟子"女（汝）为君子儒，毋为小人儒"，说明在孔子看来儒有君子、小人不同的层次，并且要求自己和弟子要成为君子儒。

孔子对儒的理解的转变及由此导致的儒的思想内涵的提升，使得孔子之后逐渐形成一个思想流派——儒家。在孔子创立儒家之前,中国历史上不曾有过什么学术流派,就是在孔子办学之初,也只是一个私人创办的教育团体,还够不成学派。但随着孔子思想的演变、成熟,这个教育团体逐渐形成了自己的思想主张和一贯的理论体系,并且有一个相对稳定的组织,有孔子这样思想深邃、人格伟大的老师作领袖,有敬仰孔子、服膺孔子学说的大批弟子为成员。他们在一起讨论救世济民之道和修身成德之学,并通过参与政治和招收门徒的方式广泛地宣传自己的思想学说与政治主张,从而使孔子所建立的这个团体成了具有重要影响的学派。

孔子死后,他的学生积极宣传其思想学说。虽然他们之间对孔子思想的理解不尽相同,出现了"儒分为八"的局面,但他们共同以孔子的立场传承六经,都自觉地遵循孔子的教导,发挥孔子的仁义思想,其基本精神还是一致的。《汉书·艺文志·诸子略》记孔子弟子是"游文于六经之中,留意于仁义之际,祖述尧舜,宪章文武,宗师仲尼"。这样,有源头,有后继之人,儒学正式成为一个流派——儒家。先秦时期,儒家在百家争鸣中成为门徒众多、影响最大的一家,是当时的一大显学;经过秦汉的发展,儒家上升为国家意识形态,成为与政治密切结合的派别;儒家在宋明和现当代又有新的发展,形成新儒家和现代新儒家。(彭耀光)

知识链接

为什么齐鲁医生也称儒生?两千多年前鲁国医生已经掌握了什么样的精神疗法?

从战国到秦汉之际,燕、齐、鲁一带方术发达,术士众多。由于术士精一艺或通一术,属于知识阶层,所以通称为儒。医术为方术的大宗,齐鲁一带精通医术的人有时也被称为儒生,如《韩非子·内储说下》有"齐使老儒馘药于马梨之山"的记载,这位采药的"老儒",无疑是一位医生。

《列子·周穆王》记载了一则鲁国儒生治病的精彩故事:

宋国华子到了中年突然得了遗忘症:上午取了东西,下午就忘了；下午送了东西，第二天早晨就忘了；在路上，忘了走；在室内，忘了坐；今天忘了昨天，明天忘了今天。全家人焦虑不安，先后请来了卜、巫、医，都没有治好华子的遗忘症。有一位鲁国儒生毛遂自荐，说能够治好华子的病。华子的妻子不惜拿出一半家产，立即请其医治。

鲁国儒生诊断说："华子的病，不是占卦、祈祷、药石所能奏效的。我试试精神疗法吧，或许这才是治愈之法呢。"

首先，鲁国儒生对华子进行了一系列的测试，如：把华子请到室外，华子感觉冷，知道要衣穿；不给华子饭吃，华子感觉饿，知道要饭吃；把华子关在黑暗之中，华子知道要出来，寻找光明。测试完毕，鲁国儒生高兴地说："华子的病可治！但是，我的治病之方是保密的，秘传不告外人。请左右退下，我自己与华子独居一室，七天闭门不出。"

七天之内，谁也不知鲁国儒生是怎么治病的。七天之后，华子积年不治的顽症竟然一朝而除。

有意思的是，华子的遗忘症痊愈之后，恢复了记忆，不但不高兴，反而大怒：痛骂妻子，惩罚儿子，操戈驱逐为其治病的鲁国儒生。宋国人急忙将其制止，问其为什么？华子说："过去我忘记一切，空空荡荡，不知天地之有无。如今顷刻间恢复了记忆，数十年来的得失成败、荣辱好恶，千绪万端齐集心头。我怕将来得失成败、荣辱好恶继续扰乱我的心，使我的心不得安宁。须臾之忘，岂能复得？"

这是一则两千多年前我国心理医生运用精神疗法治愈遗忘症的绝佳资料。若无其事，任何人都不可能凭空杜撰出来。《列子》称鲁国的这位心理医生为儒

采药图　神农山中采药满载而归。

生，说明当时的儒是泛称，儒者多术，亦医亦儒，此为一例。
（王钧林）

62 "儒"有特殊的服装吗？孔子为什么说自己"不知儒服"？

《礼记·儒行》记载："鲁哀公问于孔子曰：'夫子之服，其儒服与？'孔子对曰：'丘少居鲁，衣逢掖之衣；长居宋，冠章甫之冠。丘闻之也，君子之学也博，其服也乡，丘不知儒服。'"用今天的话说："鲁哀公问孔子说：'先生的服装，是儒者的服装吧？'孔子回答说：'我少年时期住在鲁国，穿袖子宽大的衣服；长大后住在宋国，戴章甫之冠。我听说，君子的学问要广博，衣服要随俗。我不知道什么是儒服。'"有人据此认为儒家没有自己特殊的服装，孔子也不知道什么是儒服。

但是，如果认真分析，这则故事并不能说明孔子不知有儒服。《礼记·儒行》的背景，是孔子在阔别鲁国多年后返回故乡，与鲁哀公的一篇对话。唐代孔颖达对此解释说："哀公至孔子之家，见孔子衣服之异，疑其儒服，遂问'儒行'，为孔子命席，方说儒行之事也。"目光短浅、只重外表的哀公其实对儒学并无兴趣，反而只关注服饰穿着这些外表末节的方面，而且其发问语含讽刺："夫子之服，就是人们所说的儒服吗？"孔子才淡然而答，说了上面的话。这其实是批评鲁哀公脱开儒家学术的根本精神不问而只关注儒服这些末流的东西。所以孔颖达说："言此者，讥哀公意不在儒，欲侮笑其服，故以此言非之。"而并不是说孔子真不知有儒服。

需要注意的是，如果不知华夏衣冠的知识，就很容易把"逢掖之衣""章甫之冠"两相对立，以为是孔子入乡随俗，穿完全不同的衣服。逢掖，意为大袖；章甫，是殷代的一种帽子，故殷人遗民孔戴"章甫"这种帽子。"逢掖"与"章甫"其实为华夏衣冠一

体，"逢掖章甫"正是儒生之服的代名词。孔子死后，弟子安葬孔子时冠以章甫之冠，说明孔子及儒家是有自己的特殊服装的。（彭耀光）

知识链接
古代改朝换代为什么要"改正朔，易服色"？

在古人的观念里，国家的兴亡、朝代的更替都是出于天意，都是有天命作主宰的。既然新朝代取代旧朝代是"革命"（天命的改变），因此每个朝代在建立之初都要做些变革，以示对天命的继承。"改正朔，易服色"就是这样一种措施，所谓"改正朔，易服色，以顺天命而已"（董仲舒语）。那么，"易服色"是不是改变服装颜色呢？

郑玄注《礼记·大传》"改正朔，易服色"说："服色，车马也。"孔颖达疏："谓夏尚黑，殷尚白，周尚赤，车之与马，各用从所尚之正色也。"这就是说，"服色"并不是衣服的颜色，而是车辆和马匹的颜色。这里的"服"，是乘牛服马之服，是骑乘之意。孙希旦集解说："服，如服牛乘马之服，谓戎事所乘；若夏乘骊，殷乘翰，周乘骝是也。色，谓祭牲所用之牲色；若夏玄牡，殷白牡，周骍犅是也。"孙氏认为服是车马之谓，这与郑玄是相同的。不同之处在于，孙氏把"服"与"色"分开，服为打仗用的车马，色为祭祀用的祭品，"易服色"即在车马和祭品上都有所改变。孙氏所说似乎更有道理。在古代，"国之大事，在祀与戎"，这两个方面的转变，应该说最能体现一个朝代顺应天命的愿望。

总之，"易服色"并非是改变服装的颜色，而主要是在车马等方面作相应的变更。当然，后来"易服色"也包括了官员服饰颜色的改变。（彭耀光）

63

孔子晚年悲凉吗？

孔子青壮年时期壮志难酬，而晚年境遇又异常悲凉。

孔子自卫返鲁的前两年，也就是在孔子66岁时，孔子的夫人亓官氏病逝。自嫁给孔子之后，由于孔子事业坎坷，家境不佳，亓官氏在生活上饱尝艰辛。尤其是在孔子周游列国的十四年里，除了操持全部家务外，还要照顾孔子兄长（孟皮）的遗孤。对于这样一位贤惠夫人，分别多年之后孔子竟未能见最后一面，无疑令人伤感。

孔子返鲁后两年，也就是孔子70岁时，孔子的儿子孔鲤病故，年仅50岁。孔鲤是孔子惟一的儿子，孝顺贤达，终身不仕，所以至死仍为贫士。孔子按照一般士人的规格安葬了孔鲤，有棺无椁。白发人送黑发人，情景凄切。常言说：幼年丧父，中年丧妻，老年丧子，为人生三不幸。孔子三岁时父亲去世，属早年丧父；夫人虽不丧于中年，却先他而去；现在又老来丧子，内心的

仲由为亲负米　子路听说离家百里之外的某地粮价便宜，不惜长途跋涉为父母去买粮食。

孤苦可想而知。

丧妻亡子的痛苦尚未平息，孔子最为得意的弟子颜回又相继而亡，时年仅41岁。在众多优秀的弟子中，孔子称赞颜回最多，认为他最为"好学"，并把他列为"道德"科之首。孔子对颜回寄以厚望，把他作为自己道德学问的继承人。因此，颜回的死对以弘道为毕生使命的孔子打击很大，孔子连连哀叹："哎！老天爷要我的命呀！老天爷要我的命呀！"当旁边的弟子劝孔子说"您太伤心了"时，孔子说："真的太伤心了吗？我不为这样的人伤心，还为什么人伤心呢！"可见颜回的死对老年的孔子造成的心灵之恸。

对孔子接连不断的打击到此并未停止。颜回死后不久，孔子听到卫国发生内乱，当时就昏厥过去。醒过来后说："柴也其来，由也死矣。"预料到在卫国做官的子路要遭遇不幸。果不其然，很快传来了子路在卫国宫廷政变中惨死的消息。当孔子知道子路是被剁成肉酱而死时，伤心至极，命人把未食用的肉酱悉数倒掉，痛苦地说："我还怎么忍心吃这些东西呢！"子路是孔子的另一高足，子路的死无疑对孔子是又一打击。

亡妻丧子和得意弟子的相继死去，使年事已高的孔子沉浸在无限的悲凉之中。（彭耀光）

知识链接
为什么说"人之将死，其言也善"？

"人之将死，其言也善"，是被称为"述圣"的曾子说的。曾子是孔子的得意弟子。他病重之际，孟敬子前来看望，他对孟敬子说："鸟之将死，其鸣也哀；人之将死，其言也善。"意思是说，鸟将死的时候，会因为怕死而发出凄厉悲哀的叫声。一个人到了临死的时候，回顾自己的一生，往往会大彻大悟，突然明白一切的勾心斗角、成败得失、荣辱是非等等，都变得不重要了，惟有生命最值得留恋，真情最值得珍惜，良知最值得宝贵。人在这时说出的话，是阅尽沧桑的生命发出的最后声音，是纯洁的，真诚的，不夹杂着丝毫的计算之心，充满善意，值得后人记取、品味。

曾子对孟敬子说了"人之将死，其言也善"之后，接着又对孟敬子说了有关君子之道的三方面的内容，意在提醒孟敬子注意如何做一个君子。孟敬子，又称仲孙捷，是鲁国大夫。这是曾子对贵族、对他人说出的临终遗言。

曾子啮指心痛　曾子的母亲急盼曾子回家，就咬了一下自己的手指，正在山上打柴的曾子立刻心痛难忍，忙赶回家。

曾子对后人、对儿子、对弟子有没有临终遗言呢？有的。据《论语·泰伯》记载，曾子临终之际对守在身旁的弟子是这样说的："启予足，启予手。诗云:战战兢兢，如临深渊，如履薄冰。而今而后，吾知免夫!"意思是说，看看我的脚，看看我的手，身体发肤受之父母，不敢毁伤，所以《诗》说"战战兢兢，如临深渊，如履薄冰"，我一生谨慎惕惧，惟恐不能全身而终。如今我走到了生命的尽头，我终于可以说了:我的身体发肤是怎么从父母那儿来的，再怎么回到父母那儿去:再不必有什么担心的了。这是曾子以身说孝。在儒家那里，孝有多种规定性，其中之一就是关于身体方面的，如《孝经》所说:"身体发肤，受之父母，不敢毁伤，孝之始也。"再如《礼记·祭义》所说:"父母全而生之，子全而归之，可谓孝矣。不亏其体，不辱其身，可谓全矣。"显然，曾子临终向弟子们揭示并强调了孝的这一方面的意义。（王钧林）

167

64
孔子临死前唱了一首什么歌？

年老体弱的孔子，在一连串的沉重打击下终于病倒了。

一天晚上，孔子昏昏沉沉地躺在病榻之上，恍惚见到自己坐在堂前两根大柱子之间受人祭奠。早晨醒来，孔子感到自己将不久于人世了。他强撑病体，两手倒拖着拐杖挪步到门前，哼着这样一首歌："泰山其颓乎！梁木其坏乎！哲人其萎乎！"歌词大意是："巍巍泰山，快要崩坍！粗大梁栋，即将折断！贤明哲人，如草萎蔫！"

孔子歌罢，扶杖回到卧室，对窗而坐。这时子贡正好前来看望孔子，听到老师唱的歌，心想："泰山若是坍了，我们还仰望什么？梁木若是断了，我们还倚靠什么？哲人若是萎蔫了，还要我们向谁请教？看来这是夫子自道，恐怕他老人家知道自己不行了。"于是疾步趋近，来到孔子跟前。

孔子看到子贡，说："赐，尔来何迟也？"问子贡为什么来这么晚。然后缓慢地说出了夜中做梦的事："夏代人的灵柩停在厅堂的东阶之上，那是在主位上；殷人的灵柩停在东西两柱之间，那是处于宾主之间的位置；周代人的灵柩停放在西阶之上，那是将死者视为宾客。我本是殷人，昨夜梦到自己坐奠于两柱之间。没有明王兴起，而今天下人谁又能尊崇我呢？梦境如此，我恐怕要死了。希望你们按照殷礼把我的灵柩停于两柱之间吧！"

子贡听后，想安慰老师几句，但孔子默然，闭目不语了。而孔子上面所唱的那首歌，也成了孔子的最后心声。（彭耀光）

知识链接
"孔子歌"是孔子写的吗？

在汉魏文献中存在着大量的"孔子歌"，即署名孔子创作的歌辞,如《去鲁歌》、《楚聘歌》、《临河歌》等。它们多属配乐或受曲调制约的歌辞,在总体上属于歌谣的文学形态。

"孔子歌"真的是孔子创作的吗?的确,《论语》不止一次记载了孔子与"歌"的关系。譬如《论语·述而》曰:"子与人歌而善,必使反之,而后和之。"同章又曰:"子于是日哭,则不歌。"然而这里说的只是孔子唱歌,而非孔子曾经创作过配乐和受曲调制约的歌辞。《论语·子罕》又载孔子曰:"吾自卫反鲁,然后乐正,《雅》、《颂》各得其所。"似乎是在说孔子创作音乐,其实是指孔子以编订后的《诗经》诗句为辞演唱。《史记·孔子世家》所说:"三百五篇,孔子皆弦歌之,以求合于《韶》、《武》、《雅》、《颂》之音。"即明确说明了这种情况。

事实上,这些"孔子歌"多明显出自伪托。如《去鲁歌》、《龟山操》两首,都是以《论语·微子》篇"孔子去鲁"为背景。而许多学者早已指出,今本《论语·微子》等篇并非《论语》原有,而是出自秦汉间士人补纂。因此所谓"齐人归女乐"之说及《去鲁歌》、《龟山操》的出现,必然属于中古社会以来的伪托结果。此外,如《楚聘歌》最早见于《孔丛子》所载"楚王聘孔"之事。而《孔丛子》历来真伪难辨,其成书时间及其作者,都有待进一步考辨,这也说明"孔子歌"广为伪托的情况。

尽管"孔子歌"出自伪托,却反映了伪托者对儒家圣人、圣迹的无限敬仰与缅怀,也反映了伪托者自伤政道之陵迟、自叹贤君之难遇的心境,具有丰富的思想性。(彭耀光)

65 孔子去世后,鲁哀公亲致悼词,悼词中是怎么称呼孔子的?

公元前479年,孔子与世长辞。鲁哀公闻知孔子去世的噩耗,亲自前去吊丧,并致悼词。悼词说:"旻天不吊,不慭遗一老,俾屏余一人以在位,茕茕余在疚。呜呼哀哉!尼父,毋自律。"意

思是说，上天真是太不仁善，竟不肯暂留这位国老，让他保障我长久留在君位；现在剩下我一个人，孤单伶仃，忧忧戚戚。哎呀尼父，我是多么悲哀！您永诀人世，我失去了一位学习的楷模。"父"同"甫"，是古人对男子的美称，"尼父"是有别于封号的尊称。

鲁哀公的悼词，充满了对孔子的敬重与依恋，这显然与他在政治上没有重用孔子的事实不符。所以子贡听了鲁哀公致悼词很不满意，对他说："主公恐怕不能善终于鲁国吧！老师曾经说过这么两句话：'礼仪丧失了，那便要昏暗；名分丧失了，那便要犯过错。'失去意志就是昏暗，失去身份就是过错。夫子生时，国君不能任其人而用其道；而今死了，却来致悼词，这已经是非礼了；诔辞中又自称'一人'，这又与名分不符。因为鲁是诸侯之邦，怎么能用表示天子之称的'一人'之辞呢！现在主公已经有两个过失了。"

子贡对鲁哀公的斥责，显然是为孔子鸣不平，是对这种迟来的"死后殊荣"的一种遗憾和哀怨。但是，鲁哀公的悼词毕竟代表了政府的一种姿态，是对孔子及其思想行事的认可，这种姿态对于孔子思想的传播具有积极意义。（彭耀光）

孔林　孔子及孔子后裔的墓地，在曲阜城北，占地200万平方米。

悼词是指向死者表示哀悼、缅怀与敬意的悼念性文章。它有广义和狭义之分。广义的悼词指向死者表示哀悼、缅怀与敬意的一切形式的悼念性文章，狭义的悼词专指在追悼会上对死者表示敬意与哀思的宣读式的专用哀悼的文体。今天的悼词是从古代的诔辞、哀辞、吊文、祭文一步步演化而来的。

诔辞作为我国哀悼文体的最古形式，最早是一种专门表彰死者功德的宣读性的哀悼文体。

哀辞是诔辞的旁支。诔辞的对象主要是王公、贵族、士大夫并以颂赞死者功德为主；而哀辞的对象主要是"童弱夭折，不以寿终者"，以抒发生者哀悼之情为主。

吊文指凭吊性的文章，"吊"有慰问之意。吊文内容较诔辞、哀辞广泛，也较其庞杂，它是我国古代群众性的哀悼文体。

祭文是古时祭祀天地鬼神和死者时所诵读的文章。祭文范围较广，只有祭奠死者的文章才属于哀悼文体的范畴。

今天我们所说的悼词是"五四"新文化运动的产物，它反映出新时代的新变化，无论在形式还是在内容上，同古代的诔辞、哀辞、吊文、祭文均有实质性的不同。（彭耀光）

66 弟子们为孔子守丧三年，为何子贡独独庐墓六年？

171

孔子死后，众弟子云集其墓前守丧三年，然后相继离去，惟有子贡守墓六年。

关于子贡为什么给老师守墓六年，说法不一。一种说法是

子贡庐墓处　在孔林孔子墓前西侧。

子贡为了尽弟子的孝道。第二种说法是，子贡是个商人，以贩卖骡马为生，家中富有，不用为生计担忧，有条件守墓六年。第三种说法是，子贡对孔子内心有愧。孔子病危时，众弟子都在孔子身边端汤送水，嘘寒问暖，惟有子贡外出经商，不在身边。孔子思念子贡，不停地唠叨子贡的名字。等子贡赶到时，孔子已经是上气不接下气了，连连说："赐也，来何迟也！来何迟也！"埋怨子贡为什么来得这么迟。因此，子贡觉得对不起老师，决定以守墓六年的实际行动报答老师的教诲之恩。

子贡在孔子墓旁结庐而居，守墓六年。后人为纪念此事，在孔子墓西建屋三间，立碑一座，题为"子贡庐墓处"。（彭耀光）

知识链接
古人服丧要多长时间？

中国古代丧服制度的内容主要分为服制与丧期两个方面。所谓服制，是指服丧时所穿着的服饰的规格等级；所谓丧期，是指为死者服丧的期限。在《仪礼·丧服》所规定的丧服制度中，根据生者与死者关系的不同而制定了相应的服制和丧期。其中有斩衰、齐衰、大功、小功、缌麻五等服制；又有三年、一年、九月、七月、五月、三月等六种丧期。"三年之丧"是最长、也是丧服制度中最受重视的丧期，它所对应的服丧关系是子女为父母、父为

嫡长子与臣下为君主等。关于"三年之
丧"形成于何时,一直众说纷纭,莫衷
一是。

一般认为,丧服制度及"三年之丧"
虽然不是周公、孔子所创立,但它的最
终形成和确立与孔子及先秦儒家学派
有密切的关系。由于儒家久丧观念在
春秋战国时期遭到墨子及其他学派各
色人等的强烈反对,儒家便提出了"三
年之丧,二十五月而毕"的主张,旨在对
当时存在的以为"三年"丧期过长的意
见作出让步。汉代经学大师戴德、郑玄
等人又将"三年之丧"的丧期改定为二
十七月。至唐代,百官学者经集议,对
争论诸说做了折中、调和,但实际上是
采用了郑玄"二十七月"之说。其后历

明代《三才图会》中的齐衰图

代丧服制度基本上都采用了郑玄的"二十七月"之制。自唐迄
清,历代的"三年之丧"基本上均规定二十七月终制。(彭耀光)

67

孔子为什么"敬鬼神而远之"?

同天命观念一样,鬼神观念也是殷周以来的传统宗教观念。
殷人和周人相信,他们的先王、先公死后为鬼(神),飞升到上帝
左右,在天上保佑他们这些活在世间的子孙。他们也相信,各种
自然现象都由自己的精灵——神来支配。鬼神可以祸福人类,
影响个人和国家的命运,因此祭祀鬼神可以邀福。

孔子是相信天和天命的,当然也相信鬼神的存在(天是至上
神)。不过,与孔子以义利辨天命,把主宰义的天命转化为德性

义的天命相一致,孔子对鬼神的态度也做了转化。孔子认为,人对天、对鬼神的真正敬畏和侍奉,是按照上天赋予自己的德性做事,尽到自己的本分,而不是以功利的态度向它们邀福。不尽自己的本分,而想着通过讨好鬼神获得他们的保佑,这是不可能的。孔子说:"非其鬼而祭之,谄也。"认为祭祀别人家的鬼,是谄媚的行为。又说:"未能事人,焉能事鬼。"即是说不能在人伦社会中尽自己的本分,就不能服侍鬼神。这些都明确表示孔子反对以功利的态度对待鬼神。鉴于当时人们普遍祭鬼祈福、淫祀盛行的情况,孔子提出了"敬鬼神而远之"的主张。

孔子庙　在孔子故居上,经历代扩建至明代形成现在规模。位于曲阜旧城中心。

所谓"敬鬼神而远之",就是既要对鬼神持恭敬的态度,但又不沉溺于鬼神之事。这里蕴含着两层意思:首先,鬼神是有的,否则就谈不上敬。但这个"敬",也只是要人保持那种敬畏谨慎、不慢不欺的心。这其实是要人把精神收回到内心,收回到现实生活,使心时时保持诚敬专一,而不是向外事事求神问鬼。所以孔子说:"祭如在,祭神如神在。"要人在祭祀时真要像鬼神就在面前一样,心要恭敬。这就涉及到第二点,就是对鬼神要"远之",就是不要以功利的态度,整天想着讨好鬼神,想着从鬼神那里得到什么。如果沉溺于鬼神之事,那是舍本逐末。总之,孔子

"敬鬼神而远之"的立场，就是要人在宗教生活中净化心灵，提升德性，起到教化社会的作用。正是在这个意义上，孔子说："慎终追远，民德归厚矣。"谨慎地操办丧事，追念远代祖先，就自然导致老百姓的德性提升了。（彭耀光）

知识链接
中国的鬼神崇拜是怎样形成的？

鬼神崇拜为中国古代原始宗教意识之一，早在原始社会就已经存在。先民基于万物有灵的认识，在经历了对自然神的崇拜、图腾的崇拜、祖先的崇拜之后，形成了对至上神崇拜的雏形。先民除了认为万物有灵而产生对神的崇拜之外，还认为人死后灵魂不灭，又产生了对鬼的崇拜。各种丧葬礼仪和祭鬼、驱鬼仪式随之逐渐形成。《竹书纪年》中载："黄帝崩，其臣左彻取衣冠几杖而庙祀之。"至殷商时代，史前时期的自然崇拜已发展到信仰上帝和天命，初步形成了以上帝为中心的天神系统，遇事便由巫祝通过卜筮以向上帝请求答案；原始的鬼神崇拜已发展到以血缘为基础，与宗法关系相结合的祖先崇拜，其祭祖活动定期举行。这时期还出现了专门从事沟通鬼神和人类的宗教职业者——巫祝。其中巫以歌舞降神，并有一套符咒驱鬼的巫术；祝以言辞悦神，是宗教祭祀活动中负责迎神祈祷的司仪者。他们替人治病、卜筮吉凶、画符念咒等。当时国家和社会均受巫祝支配。周代鬼神崇拜进一步发展，所崇拜的鬼神已形成天神、人鬼、地祇三个系统，并把崇

大傩图　傩是一种驱除疫疫的民间习俗；画中的农具显示了它还具有祈求丰收的意味。

拜祖宗神灵与祭祀天地并列,称为敬天尊祖。周人对鬼神的崇拜,成为后来我国民间宗教多神信仰的渊源。(彭耀光)

68 孔子信命吗? 他为什么说"五十而知天命"?

孔子之前,中国存在着一个历史悠久的思想传统,即认为天、上帝或天命等是世界的最高主宰,它不仅决定着个人的生死寿夭、穷通祸福,而且决定着国家的兴亡盛衰。这种天命观念,可以说是夏、商、周三代思想中的核心观念。

以继承三代文化为己任的孔子,自觉地接受了这个传统,相信有命(天命、命运)的存在。比如,当有人以向"奥"(屋内西南角的神)、"灶"(灶君司命)二神祈福作比喻,说明是巴结国君还是巴结受国君宠幸的有势力的大臣这个问题时,孔子回答说,如果得罪了上天,无论巴结谁都没有用,即使对天祈祷也是如此。又如,当其弟子伯牛生病时,孔子去探望,从窗户里握着他的手说:"亡之,命矣夫! 斯人也有斯疾也! 斯人也有斯疾也!"把伯牛的疾病归之于命。这都说明,孔子是相信天命的。

孔子承认天命的存在,并且认为天命发挥着主宰的作用。孔子把实现王道政治作为自己的毕生使命,他坚定地相信自己的行动符合天意,因而会得到天命的照临和支持。当众人对他的特立独行不能理解时,孔子并不以为意,说:"知我者其天乎!"相信天是理解他的;当公伯寮企图阻止孔子推行其道时,孔子自信地说:"道之将行也与,命也;道之将废也与,命也。公伯寮其如命何?"认为道之行废由天命决定,不是人力所能改变的,所以不必计较公伯寮的所作所为。既然天是神秘的主宰者和世界的最终根源,所以孔子要人"畏天命"。

承认有主宰之天的存在,体现了孔子对三代天命观的继承的一面。与此同时,孔子又对传统天命观做了转变,这主要体现在孔子将具有外在必然性的天命收归于人的内在德性，以此作为人的道德行为和人生意义的根据。孔子认为，天是世界万物的主宰和根据，天在创生人时也赋予人以德性，他说："天生德于予。"相信自己的德性来自于天。在孔子看来，认识人的这种内在德性，是人的根本意义所在，所谓"不知命，无以为君子"。就是说如果不知道天命，就不能成为一个真正的人。正是在这个意义上，孔子说自己"五十知天命"，即在五十岁时知道

孔子像

了自己内在德性，知道了自己的行为根据和人生意义所在。这种德性义的天命与主宰义的天命区别在于，主宰义的天命对人而言是一种盲目的必然性，人的生死祸福，全由外在的天命主宰，人无能为力，只能接受；而德性义的天命对人而言则是一种自由。人对天命的承担，或说对自己内在德性的承担，全靠自己的自由抉择，所谓"吾欲仁，斯仁至矣"。

但是，这不是说主宰义的天命和德性义的天命是完全冲突的。事实上二者有内在的一致性。只有肯定主宰义的天命，肯定人的穷通祸福皆非人力所能为，从而安于天命，这样外在的得失才不能干扰人心，人才能回归到人的内在德性上来，自觉地按道德本性做事，从而获致人的真正自由。孔子在"五十知天命"之后做到"耳顺"、"从心所欲"，正是这种自由境界的体现。（彭耀光）

177

知识链接

古人为什么称以暴力推翻旧王朝为"革命"？

在中国古代，常常把用暴力推翻旧王朝的运动称为"革命"。

"革命"这个词最早出现在《周易·革卦》的彖传中："汤武革命，顺乎天而应乎人。"意思是说，商汤带领人民推翻夏桀的统治，周武王带领人民推翻商纣王的统治，这种"革命"的行为是顺应天意、民心的。

为什么把用暴力推翻旧王朝的运动称为"革命"呢？原来，"革"是改变、变革的意思；"命"指天命。"革命"即是天命的改变。三代以来，古人就形成一种观念，即认为天是世界的主宰，每个王朝的建立，都是受命于天，是代表天来治理万民的。也就是说，如果这个王朝符合天意，就拥有天命，就能得到上天的支持，他的统治就是合理合法的，就可以继续下去；如果这个王朝不能代表天意，上天就会放弃对他的支持，重新选择代理人，这个王朝就丧失了天命，他的统治就要结束。所以，这种政权的更替，其实就是天命的变革，就是"革命"。当然，天命体现于民意之中，当人民都反对政府，而政府又不肯自动让位的话，人民就可以用暴力推翻它，所以"革命"通常表现为暴力的方式。

"革命"的这种含义延续了几千年，直到近代以来的"辛亥革命"、"革命战争"等，都采用的是传统的含义。但近年来"革命"开始被广泛使用，某些领域"新"的根本性的变革，都可以称之为革命，比如医学革命、生态革命、工业革命等，这些"革命"都已不是古代以暴力变革政治的意义了。（彭耀光）

69 什么是"乡愿"？孔子为什么讨厌"乡愿"？

孔子追求的理想人格是仁智双彰、文质彬彬的君子人格。具体而言就是能做到中庸，做到仁与礼的统一，即既能坚持仁义的原则，又能与周围的世界和谐相处。然而有一种人，他们八面玲珑，四处迎合，趋炎附势，随波逐流，看起来和别人关系融洽，一片和谐，其实没有一贯的原则。孔子把这种人称为"乡愿"，也就是伪君子，并认为他们是"德之贼"，是贼害道德的人。

孔林墓群

孔子为什么这么讨厌"乡愿"呢？就是因为这种人是貌似中庸，实则与中庸的精神背道而驰；这种以假乱真的行为，会造成人们对中庸的错误理解，损害真实的德性。关于这一点，孟子作了清楚的说明。万章问孟子："什么样的人可以叫作乡愿呢？"孟子说："这种人会批评狂放之人说：'为什么这样志气高大呢？实在是言语和行为不能相照应，行为也不能和言语相照应，就只说古人呀，古人呀。'他们会批评狷介之士说：'为什么这样落落寡合呢？生在这个世界上，为这个世界做事，只要过得去就行了。'八面玲珑，四方讨好的人就是乡愿（好好先生）。"

万章又问："全乡的人都说他是老好人，他也到处表现出一个老好人的样子，孔子竟说他是贼害道德的人，为什么呢？"孟子回答说："这种人，要指摘他，却又指不出什么大错误来；要责骂他，却又无可责骂的，他只是同流合污，为人好像忠诚老实，行为好像方正清洁，大家也都喜欢他，他自己也以为正确，但是与尧舜之道完全违背，所以孔子说他是贼害道德的人。孔子说过，厌恶那种外貌相似内容全非的东西：厌恶狗尾草，因为怕它把禾苗搞乱了；厌恶不正当的才智，因为怕它把义搞乱了；厌恶夸夸其谈，因为怕它把信实搞乱了；厌恶郑国的乐曲，因为怕它把雅乐搞乱了；厌恶好好先生，因为怕它把道德搞乱了。"孟子的这些

179

话，详细地说明了孔子为什么讨厌乡愿的原因。（彭耀光）

知识链接
"乡"、"县"这些行政单位名称起源于何时？

乡、县是我们今天的行政单位划分中的基本单位，这些行政单位最早可追溯到周代。根据传统的看法，周代的行政单位划分是把每一个封国从整体上分为"国"（"都"）和"野"（"鄙"）两部分。"国"内行"乡"制。在乡制中，社会组织的基本细胞是一夫一妻的"家"，分别由若干家组建起比、闾、族、党、州、乡六级行政单位。每一级行政组织都设置相应的职官，如比长、闾胥、族师、党正、州长、乡大夫，负责管辖各级行政组织。"野"中行"遂"制。同"国"一样，"野"的行政组织也以家为基本细胞，分别由若干家组建起邻、里、酂、鄙、县、遂六级行政单位。各级行政组织也设立相应的职官司理其事。乡制和遂制合称乡遂制度，是周代管理社会的基本方式，对后代产生了深刻的影响，其中一些名称沿用至今。（彭耀光）

70

《论语》中最难读的一句话是什么？

"民可使由之不可使知之"，是孔子的"名言"之一，见于《论语·泰伯》篇第九章。由于原文没有标点符号，也由于《论语》没有记载孔子说这句话的语言背景，人们对孔子的这句名言的理解便产生了许多的歧义。歧义表现在句读上。这短短的一句话，仅仅十个字，竟然有六种句读法：

1. 民可使由之，不可使知之。
2. 民可，使由之；不可，使知之。
3. 民可使，由之；不可使，知之。

4. 民可使，由之不可，知之。

5. 民可使由之？不，可使知之。

6. 民可使由之？不可，使知之。

第一种句读"民可使由之，不可使知之"，古已有之，朱熹就是这么理解的，翻译成白话文就是：可让民众跟着走、照着做，不可让民众知道为什么。现代不少学者认可这种句读，并由此认为，孔子是把民众看作是愚昧无知的人，这句话是孔子鼓吹愚民政策的铁证。"文革"后期，"民可使由之，不可使知之"与"克己复礼"一起成了"批林批孔"运动中批判的重点。

第二种句读"民可，使由之；不可，使知之"，是康有为的发明，意思是说：民众认可，就让其跟着做；民众不认可，就告诉民众为什么，让民众理解，然后再去做。这种新的句读，说明孔子不仅没有愚民思想，反而显示孔子尊重民众，有民主思想。

第三种句读"民可使，由之；不可使，知之"，是梁启超在其师康有为句读的基础上所作的"微调"，基本意思接近，是说：在民众可驱使的情况下，让其听命服从；如果不可驱使，就告诉他们为什么要服从的道理。

第四种句读"民可使，由之不可，使知之"，是近年有人提出的，意思是说：民众可以被驱使，但不可放任自由，必须教育民众，引导民众。这一句读的新意，表现在"由之不可"上，意在说明孔子主张对民众加强管理。

第五种句读"民可使由之？不，可使知之"，也是近年有人提出的，仿佛孔子在自问自答：民众可以放任不管吗？不，还是要进行教育。

第六种句读"民可使由之？不可，使知之"，与第五种句读大同小异，相差无几。

以上六种句读，哪一种正确呢？

近年来，学者们越来越倾向于支持第二种句读；而且，第二种句读还得到了新出土的儒家文献《尊德义》篇的支持。《尊德义》篇中有一段话是："民可使道之，而不可使智之；民可道也，而不可强也。"这段话直承《论语·泰伯》篇第九章而来，反复强调对于民众可以引导，却不可以强制、强迫，表达了对民众的尊重

之意。结合这条新材料来看，以上第二种句读："民可，使由之；不可，使知之"，应该是正确的。（王钧林）

知识链接

在我国采用新式标点符号之前，人们是怎么读书的？

古书、古文都是文言文，没有标点符号。我国从 1920 年 2 月才开始采用新式标点符号。在此以前，人们在读书时，习惯上用红笔一句一句点断，这叫句读（dòu）。儿童上学读书，基本的功课是断文识字。这个"断文"说的就是句读。"句读之不知，惑之不解"，不知句读，就读不懂古书、古文，而且还会闹笑话。据说，鲁哀公读书读到"夔一足"时，向孔子请教：夔是人，为何只有一只脚？孔子向他解释说：原文是"夔一而足矣"，意思是，像夔这样的人才，有一个就够了。可见，不懂句读，连国君都要闹笑话的。（王钧林）

71

孔子认为君子、小人的标准是什么？

孔子之学，宣扬的是一种"为己之学"，要人通过德性修养，成就自己仁智双彰的君子人格。这种君子人格的成就，必须从个人的利害得失和一己的情感好恶中超拔出来，而完全按照德义做事才能实现。换句话说，如果一个人拘执于个人的利害得失和一己的情感好恶，就不能成就君子人格，而只能作小人。在这个意义上，君子与小人是完全对立的两种人格。而在孔子看来，区分这两种人格的标准，就是看是按照德义行事还是按照个人利害情欲行事，或说是依"义"（道德）还是依"利"（个人利害）而行，所谓"君子喻于义，小人喻于利"。

君子行事惟依于"义",所以孔子说:"君子之于天下也,无适也,无莫也,义之于比。"君子对于天下事,没有一定专注的,没有一定反对的,只求合于义。君子不但每件事要按照"义"去做,而且每时都要按照"义"去做,孔子说:"君子无终食之间违仁,造次必于是,颠沛必于是。"仁是最高的德目,内容涵括了义。君子没有一顿饭的时间违离仁,仓促急遽之时仍是仁,颠沛困顿之际仍是仁,说明君子时时依"仁义"道德标准行事。

君子行为全依据"义",而不计较个人在物质上的利益得失。孔子说:"君子食无求饱,居无求安,敏于事而慎于言,就有道而正焉,可谓好学也已。"君子关注的只在德性修养和学习,对于个人衣食住行等生活上的要求甚少,甚至在生活极端穷困之时,也不背离德义。《论语》记载孔子"在陈绝粮,从者病,莫能兴。子路愠见曰:'君子亦有穷乎?'子曰:'君子固穷,小人穷斯滥矣。'"孔子师徒陈蔡绝粮陷入生活危机时,子路问孔子君子是否也有穷困的时候,孔子说:"君子也有穷困之时,但小人穷困就会放滥横行了。"这其实是说,君子在穷困之时也不会放滥横行,违背义理。

故井　孔子当年的饮水井,在孔庙内。

与君子不计利害只依义理不同,小人做事只看利害不依义理。孔子说:"君子有三畏:畏天命,畏大人,畏圣人之言。小人

不知天命而不畏也，狎大人，侮圣人之言。"君子敬畏上天赋予的德性和圣人的教诲，但小人却不知道有天命，任意而行，对大人和圣人之言无所忌讳。又说："君子怀德，小人怀土；君子怀刑，小人怀惠。"君子常念及德性和刑法，小人则常念及乡土和恩惠。

总之，君子与小人之别，在于君子只知道天命、德义，小人只知道一己得失，所谓"君子上达；小人下达"。正是因为君子上达于天命，小人则堕落到个人的小我中不能自拔，所以君子与小人有了完全不同的人生境界。孔子说："君子不忧不惧。"又说："君子坦荡荡，小人长戚戚。"又说："君子泰而不骄；小人骄而不泰。"君子惟义是从，所以光明磊落，无忧无惧；小人计较个人得失，整日担心害怕。君子无忧无惧，故其精神气象舒泰安逸，与天地为一，此其所以君子为大；而小人只重个人得失，摇摆于忧戚与骄矜之间，人生局促，此其所以小人为小。（彭耀光）

知识链接
古代清官拒绝贿赂都是出于公心吗？有无计算之心？

古代清官拒绝贿赂，有各种各样的方式和理由。为人所称道的是杨震以"四知"拒贿。据《后汉书·杨震传》记载，杨震在赴任东莱太守的途中，路过昌邑县，该县县令王密是杨震举荐的，王密为了报恩，私下揣着十斤金子夜访杨震，称"暮夜无知者"，劝杨震收下。杨震说："天知，神知，你知，我知，何谓无知？"王密听后，带着金子羞愧退出。杨震的可贵之处，在于做到了儒家所说的"慎独"，也就是在"暮夜无知者"的情况下，坚守清正廉洁的原则，不为金玉所动。"四知"从此成为千古美谈。

杨震拒贿，秉持的是信念与原则。与杨震拒贿不同，公仪休拒贿却是出于利益的计算。公仪休是战国中期鲁国人，鲁穆公时担任相国，与子思同朝为官。公仪休喜欢吃鱼，官拜相国之后，全国各地都有人给他送鱼，公仪休一一婉谢不受。他的弟子不解，问："夫子喜欢吃鱼，又不接受别人送来的鱼，这是为何？"公仪休回答："正因为我喜欢吃鱼，才不能接受别人送来的鱼。

我接受了别人送来的鱼，就会嘴软，嘴软就会枉法，枉法就会罢相。罢了相，我虽然喜欢吃鱼，我哪有钱买鱼吃呢，我自己又不养鱼。如果我不接受别人送来的鱼，继续担任相国，我虽然喜欢吃鱼，却可以做到自给自足。"

公仪休的这番话说得很实在，他不接受别人送的鱼，并不是出于良知，也不是出于高尚的操守，而是出于眼前利益和长远利益的计算。在他看来，只有舍弃眼前利益，才能保住长远利益。眼前利益是小利益，长远利益是大利益，舍小取大，是每个人都懂得的道理。公仪休的拒贿，虽然出于计算之心，看起来不是那么高尚，却可以同样起到防止官员腐败的作用。（王钧林）

72 孔子为什么称赞管仲？

管仲（？—前 645 年），名夷吾，字仲，又称管敬仲。春秋时杰出的政治家、军事家，以其卓越的谋略辅佐齐桓公成为春秋时第一个霸主。管仲在给齐桓公作相之前曾辅佐公子纠。公子纠与齐桓公争夺君位失败被杀后，管仲不死公子纠而转事齐桓公，这使得管仲成为一个颇有争议的人物。

孔子与其弟子也多次论及管仲。一次子路问孔子："桓公杀公子纠，召忽死之，管仲不死。曰：'未仁乎！'"意思是说，齐桓公杀公子纠，召忽（与管仲同辅公子纠）为公子纠死了，管仲不死，如此，算不上是仁吧。孔子回答说："桓公九合诸侯，不以兵车，管仲之力也。如其仁！如其仁！"齐桓公九次会合诸侯，并不凭仗兵车武力，都是管仲之功。这就是他的仁了，这就是他的仁了。

孔子不轻许人以仁，但对有违"君君臣臣"礼义的管仲，孔子却连连称他为仁，这是很不寻常的。很明显，孔子高度称赞管仲，是看到了他以正道成就桓公霸业所作出的巨大贡献。在孔

子看来，管仲在不死公子纠上的"失节"，与他在"天下有道"方面的功业相比微不足道。对此，孔子在回答子贡之问时做了更清楚的说明。子贡曰："管仲非仁者与？桓公杀公子纠，不能死，又相之。"子曰："管仲相桓公，霸诸侯，一匡天下，民到于今受其赐。微管仲，吾其被发左衽矣！岂若匹夫匹妇之为谅也，自经于沟渎，而莫之知也！"子贡的问题与子路相同，同是问管仲不死公子纠应该是不仁吧？孔子则再次强调了管仲在匡正天下所做的贡献，并指出，如果没有管仲，我们都成了被发左衽的野蛮人了。管仲的功业成就，攸关中华文化的保护传承和民族的百代利益，这不是平常人遵守小信所能比的。

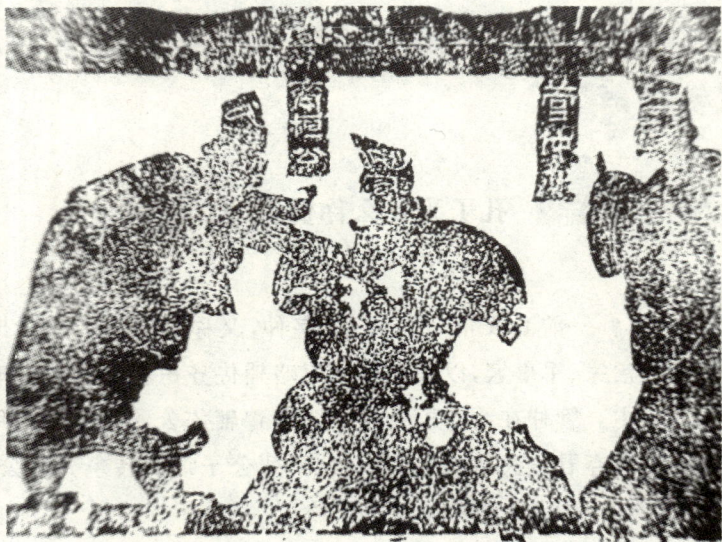

管仲与齐桓公　山东嘉祥县出土的画像砖。

　　基于管仲的巨大功业成就，孔子高度评价管仲，称赞他为仁。但是，这并不意味着孔子认为管仲本人的德性达到了仁的程度。事实上，孔子对管仲的修养颇有微词。《论语》记载，子曰："管仲之器小哉。"或曰："管仲俭乎？"曰："管氏有三归，官事不摄，焉得俭？""然则管仲知礼乎？"曰："邦君树塞门，管氏亦树塞门。邦君为两君之好，有反坫，管氏亦有反坫。管氏而知礼，孰不知礼？"大意是，孔子说："管仲的气量真小呀！"有人说："管仲生活很节俭吗？"孔子说："管仲有三处家，各处各项职事，都设有专人,不兼摄,哪里算节俭?"那人说:"那么管仲知礼吗?"孔子说:"国君在大门外有屏,管仲大门外也有屏。国君宴会,堂上有安放酒杯的土几,管仲也有。若说管仲知礼,还有谁不知礼呀?"孔子批评管仲生活奢靡和僭越礼法,说明孔子对管仲的缺陷是有认识的。孔子在知其不足的前提下高度赞扬管仲的贡献,体现了孔子从大处着眼臧否人物的立场。(彭耀光)

知识链接
为什么称赞朋友之间的友谊为"管鲍之交"?

管仲和鲍叔牙是春秋时期齐国的一对好朋友。管仲年轻的时候家里很穷,又要奉养母亲,鲍叔牙就找管仲一起做生意。因为管仲没有钱,所以本钱几乎都是鲍叔牙出,可是赚了钱管仲却拿的比鲍叔牙还多。仆人不能理解,鲍叔牙对仆人说:"管仲家里穷又要奉养母亲,多拿一点没有关系。"管仲曾经替鲍叔牙办事,结果使鲍叔牙处境更难了。但鲍叔牙不认为管仲愚蠢,而认为这是他时运不济。有一次管仲和鲍叔牙一起去打仗,每次进攻的时候管仲都躲在最后面,大家就骂管仲是个贪生怕死的人。鲍叔牙马上替管仲说话:"你们误会管仲了,他不是怕死,他得留着命去照顾老母亲。"后来齐国宫廷政变,鲍叔牙辅佐的公子小白和管仲辅佐的公子纠争夺君位。管仲想杀掉小白,让纠能顺利当上国君。可惜管仲在暗算小白的时候把箭射偏了,小白没死。结果鲍叔牙和小白早回到齐国,小白当上了齐国的国君,此即齐桓公。公子纠失败了,召忽为之殉死,而管仲却苟活下来。鲍叔牙不认为管仲被囚受辱是没有气节的羞耻,知道这是管仲不以小节为羞,而是以功名没有显露于天下为耻。当齐桓公决定封鲍叔牙为宰相时,鲍叔牙却说:"管仲各方面都比我强,应该请他来当宰相。"齐桓公感到非常意外,说:"管仲是我的仇人,你居然叫我请他来当宰相!"鲍叔牙却说:"这不能怪他,他是为了帮他的主人公子纠才这么做的呀!"齐桓公接受了建议,接管仲回国拜为宰相。管仲感慨地说:"生我的是父母,了解我的是鲍叔牙啊!"

鲍叔牙推荐管仲以后，自己甘愿做他的下属。鲍叔牙的子孙世世代代在齐国享受俸禄，得到了封地的有十多代，常常成为有名的大夫。天下的人不赞美管仲的才干，而赞美鲍叔牙的知人。后来，大家在称赞朋友之间有很好的友谊时，就会说他们是"管鲍之交"。（彭耀光）

73 孔子说"唯女子与小人为难养也"，"小人"是指小孩吗？

孔子说："唯女子与小人为难养也。近之则不孙（逊），远之则怨。"这里的"女子"、"小人"二词所指为何，向来有不同的理解。

唐代以前的注解，直接把"女子"理解为一般的女人，把"小人"理解为与君子相对的、德行较差的人。皇侃疏解孔子这句话说："君子之人，人愈近愈敬；而女子小人，近之则其诚狎而为不逊从也。君子之交如水，亦相忘江湖；而女子小人，若远之则生怨恨，言人不接己也。"意思是说，君子和别人交往，别人越亲近自己，自己对别人就越恭敬，而女子和小人，你若亲近他们，他们则会轻慢放肆；君子之交淡若水，相距天涯而情意长存，而女子和小人，你若疏远他们，他们就会生起怨恨，说你不和他们交往。

宋代朱熹注解孔子这句时，对句中的"女子"、"小人"做了新的理解。朱熹说："此小人，亦谓仆隶下人也。君子之于臣妾，庄以莅之，慈以畜之，则无二者之患矣。"朱熹认为，这里的"小人"指奴仆下人，"女子"是指小妾。君子对于家中的仆妾，要以庄重严肃和仁爱慈悲的态度待之，这样就不会有"近之则不孙（逊），远之则怨"之忧。

无论是把"小人"理解为一般意义上的小人还是奴仆下人，都是指德行较差、不懂礼义的人。孔子批评"小人"为难养，这与孔子强调道德修养的一贯思想是一致的。近年来国学热潮兴起，一些人士在传播《论语》思想时，把"小人"理解为"小孩子"，这是望文生义的错误理解，于训诂、义理皆无根据，是不能成立的。（彭耀光）

知识链接
中国古代妇女遵从怎样的行为规范？

中国古代对妇女的行为规范有严格的规定，最主要的就是"三从"、"四德"。"三从"一词最早见于儒家经典《仪礼》中："妇人有'三从'之义，无'专用'之道，故未嫁从父，既嫁从夫，夫死从子。""未嫁从父，既嫁从夫，夫死从子"即是"三从"，意思是说，女子在未出嫁之前要听从父亲的教诲与意志，不要胡乱地反驳长辈的训导；出嫁之后要礼从夫君，与丈夫一同持家执业、孝敬长辈、教育儿女；如果夫君不幸先己而去，要坚持好自己的本分，听从儿子的安排。所谓"四德"是指妇德、妇言、妇容、妇工，最早见于儒家经典《周礼》中："掌妇学之法，以教九御，妇德、妇言、妇容、妇功。""四德"是指做女子的，第一要有德行，能正身立本；然后在说话方面要做到与人交谈要善解人意，知道自己该言与不

189

《孔子圣迹图》"孝事周姜"

该言的语句；在相貌方面要端庄稳重持礼，不要轻浮随便；在持家方面要做好相夫教子、侍奉公婆、勤俭持家。后来"三从"与"四德"连称，成为妇女道德、行为、能力和修养的标准。（彭耀光）

74 孔子有继承人吗？

鲁哀公十六年（前479年）二月十一日孔子病逝，这给弟子们带来巨大悲痛。他们在为老师服丧三年后，仍觉不能尽崇敬之意与怀念之情。于是他们就想找一个能够接替老师孔子地位的人，于是大家把目光投向了有若。

有若，字子有，又字子若。鲁国人。比孔子小三十六岁。有若的声音、相貌和孔子非常相像，连一举一动、一笑一颦都很有乃师的风范。有若的身躯和孔子一样高大伟岸，气质和老师一样气宇轩昂。就连孔子的头顶骨中间低、四边高这种奇特的体质，有若都颇有几分相似。

所以当孔子去世以后，子夏、子张、子游等弟子们思念老师，无时无刻不回忆起老师生前对弟子们的谆谆教导，而老师却永远地离开了，于是众弟子们就把这份哀思和怀念之情转移到与老师酷似的有若身上，他们想把有若当作老师一样来尊崇侍奉。子夏向曾子征求意见，曾子觉得很不妥。在他看来，夫子就如同曾经用江汉之水洗濯过，曾在夏日的太阳里曝晒过，洁白的无以复加，无人堪与伦比。在曾子的眼里，老师是无尚崇高、圣洁的，而有若是赶不上老师的。所以有若是绝不可被视为夫子来对待的。

不仅是曾子，其他弟子也对有若发难。他们问有若两个问题。第一个问题，是说有一天孔子出门，让他的学生带上雨具，走上一段路，天果然下起了大雨。弟子们就孔夫子：您怎么知道会下雨的呢？夫子说：《诗经》里说"月亮靠近毕宿星边，大雨滂沱积水多"，昨天晚上月亮不是靠近了毕宿星吗？第二个问题，是说孔子在世的时候，商瞿年长，没有儿子，所以他的母亲要为他娶妾。孔子就对商瞿的母亲说，你不要担心，商瞿40岁后应该会有五个儿子的，后来果然又给孔子说中了。弟子们就问有若：夫子是怎么知道天下不下雨，又怎么知道商瞿40岁以后一定会有儿子？有若黯然无以应，弟子们立刻就变了脸色，让有若从老师的位子上离开。在他们眼里孔子是无所不知的，而有若赶不上老师。

弟子侍坐

由于孔门弟子中没有一个像孔子那样很有威望的领导，再加上思想和见解的分歧，儒家被分为很多流派传承开来。（张磊）

知识链接
什么是"巨子"制度？

儒、墨在战国时期并称显学，是当时最著名的两大学派。儒家自孔子死后，他的弟子们散游诸侯，成为松散的学派。墨家却不然，一则有严密的组织系统；二则有本学派的行为准则和法规，即"墨者之法"；三则拥有公认的首领，称为"巨子"，成为诸子百家中惟一有组织的学派。

墨家"巨子",从文献记载看,共传了五代:第一代是墨家的开创者墨子,第二代是禽滑釐,第三代是孟胜,第四代是田襄子,第五代是腹䵍。腹䵍以后,墨家式微,到了汉代便中断失传了。

"巨子"不仅精通墨学,是墨家的精神领袖,而且,在日常事务上更能够以身作则,严格管理,拥有极大的权威性和号召力。"巨子"不是世袭的,而是传贤与公推相结合产生的。"巨子"负责处理墨家内外事务,管理墨家弟子,有权处置触犯"墨者之法"者。由于实行了"巨子"制度,墨家组织有着高度的系统性、严密性和纪律性。

据《吕氏春秋·去私》篇记载,墨家"巨子"腹䵍在秦国时,他的儿子杀了人。秦惠王考虑到了腹䵍年纪大了,只有这么一个儿子,下令将其赦免释放,并且希望腹䵍不再追究。不料,腹䵍没有答应秦惠王,说:"墨者之法规定:杀人者死,伤人者刑。这是禁止杀伤人的有效办法。禁止杀伤人,是天下大义。大王虽然推恩,不忍诛杀我的儿子,但是,我腹䵍却不可不行墨者之法。"随后,便下令将自己犯罪的儿子杀了。可见,墨家"巨子"能够真正做到铁面无私。(王钧林)

75 孔子去世后,弟子们散游诸侯做什么?

孔子去世后,孔门弟子为老师服丧三年后,大多离开了曲阜。《史记·儒林列传》云:"自孔子卒后,七十子之徒散游诸侯,大者为师傅卿相,小者友教士大夫,或隐而不见。"孔门弟子分散到各诸侯国,有的拜为卿相,显达于世;有的结交士大夫,聚徒讲学;有的退归乡里,隐居不仕。

子贡和子夏都显达于诸侯。子贡在为孔子服丧六年后,出任过鲁、卫两国的辅相,以其杰出的外交才能和雄厚的经济实

治任别归

力,活跃在春秋末年的历史舞台。子贡晚年居齐,直至去世。

子夏离开曲阜后,到了魏国西河一带传播儒学。子夏做了魏文侯的老师,受到了很高的礼遇。子夏虽然成为诸侯之师,但他的主要精力还是放在学术和教育事业上面。子夏门人弟子众多,形成著名的西河学派。

孔门的其他弟子大部分都是聚徒讲学,发扬光大儒学思想。如曾子,留居鲁国,继承和发展老师的学说,收了不少弟子。相传他就是儒家子思、孟子一派的创始人。

子张是孔子晚年的得意门生。他为人性情疏阔、才大志远、心直口快。孔子去世后,子张在陈国继续从事教育事业,传道授业,自成一家。

子游是孔子后期学生中的佼佼者。孔子去世后,子游聚徒讲学,其学在战国时期成为颇有影响的学派。

澹台灭明则游历楚国各地,最后到豫章,选择在百花洲结草为堂,开办学校,从学弟子三百多人。澹台灭明德行高尚,学识渊博,仍以孔子为宗师,崇奉孔子学说。

还有的弟子隐居山林、退居乡里,不问世事。如原宪,为人安贫乐道,超脱于流俗。孔子逝世后,原宪隐居于穷巷而不出仕。(张磊)

193

知识链接

"儒分为八"是怎么回事？

孔子是儒家的创始人，墨子是墨家的创始人。孔墨二人死后，儒家和墨家都出现了分裂，这就是韩非所说"墨离为三，儒分为八"。到了战国的中后期，儒学在成为"显学"的同时，其内部也形成了八个不同的派别。"儒分为八"始见于《韩非子·显学》篇："自孔子之死也，有子张之儒，有子思之儒，有颜氏之儒，有孟氏之儒，有漆雕氏之儒，有仲良氏之儒，有孙氏之儒，有乐正氏之儒。"这八派到后来很多都销声匿迹了，没有留下什么著作传世。而只有其中两派影响较大，一是子思—孟子一系；二是子夏—荀子一系。

"子思之儒"、"孟子之儒"和"乐正氏之儒"是一系。孟氏是孟轲，他是孔子的私淑弟子。乐正氏是孟子的弟子乐正克。这三派之间有明显的师承关系。子思上承曾子，下启孟子，在孔孟道统的传承中有重要地位。"子思之儒"发挥了孔子的中庸思想，把儒家道德范畴"诚"这一精神实体提高到世界本原的地位，对儒家的心性之学有重大贡献。孟子发展了孔子的"仁学"思想，提出了"人性本善"的理论，以及施行"仁政"、"王道"的政治理想和"民贵君轻"的民本思想。"孟氏之儒"成为儒家学说的正统。

"孙氏之儒"是以荀子为代表的一派。荀子又称孙卿，故孙氏是指荀子。荀子的师承可以追溯到子夏。荀子这一派在战国后半期是儒学的大宗。荀子曾做过稷下学宫的祭酒，他的思想影响很大，著名的法家人物韩非和李斯都是他的入室弟子，因而有很多人认为荀子已经突破儒家学派的界限，颇有些法家的色彩。事实上，荀子在政治思想上发展了孔子的"礼学"，倡言礼法兼治；哲学上主张"制天命而用之"；认为人性本恶，强调后天学习，的确与当时儒家的正统孟子学派有很大分歧，所以会遭到一些偏见。

其他几派，由于没有有影响力的后学门徒或著作传世，大多都湮没无闻。

比如"子张之儒"，子张勤学好问，但秉性偏激。子张终身未仕，孔子死后，居陈国，收徒讲学。其学经其弟子传承成为"子张之儒"。荀子曾十分严厉地批评过"子张之儒"，把他们称为"贱儒"。也有的学者认为子张之儒与墨家接近，墨子可能受了子张的影响。

"颜氏之儒"，颜氏一般认为是颜回，由于颜回去世得很早，即便颜回有学生，他们继承的也是颜回安贫乐道、超凡脱俗的生活方式，并没有留下著作。

"漆雕氏之儒"，漆雕氏是指孔子的学生漆雕开。漆雕开不愿做官，好勇任侠，英勇不屈。漆雕氏之儒皆崇尚武力、善勇好胜，也是重视实践、体验的一派。

三圣图　图中为孔子、颜渊、曾参，衣纹上写满小楷，内容为《论语》。

"仲良氏之儒"，据说是《礼记·檀弓》篇中所说的仲梁子一派。这一派可能兼有曾子、子夏二家之学，后世多不可考究。

总之，战国时期的儒分为八，是当时百家争鸣中儒家内部出现的派别，可以看出儒家学派在这一历史阶段的发展特点。（张磊）

76 孔子的孙子子思做过孟子的老师吗？

孟子是儒家的第二号人物，被称为仅次于"至圣"孔子的"亚圣"。由于战国中期儒家有一个以子思、孟子命名的思孟学派，而子思、孟子的时代又相距不远,所以汉代以来多传孟子是子思的弟子,如刘向《列女传》说:"孟子旦夕勤学不息,师事子思,遂成天下之名儒。"班固《汉书》、赵岐《孟子题辞》、应劭《风俗通》也都认为孟子是子思弟子。

然而,自明代以来,不断有学者对此提出质疑,主要的理由是子思、孟子的时代不衔接,二人不可能有直接的师承关系。如钱穆《先秦诸子系年考辨》考子思、孟子的生卒年是:

子思,前 483 年—前 402 年

孟子,前 390 年—前 305 年

据此,子思去世时(前 402 年),孟子还没有出生,自然不可能拜子思为师。其他学者的考证结论,虽与此有差异,但有一点却是相同的,即子思卒年与孟子生年相隔几年,二人不可能同时代。因此,不少学者指出,还是司马迁《史记·孟子荀卿列传》的记载准确可信,孟子"受业于子思之门人",是子思的弟子的弟子。

孟子本人似乎也说明了他不是子思的弟子。孟子曾经明白指出:"予未得为孔子徒也,予私淑诸人也。"孟子自恨生也晚,虽然未及孔门,成为孔子弟子,但却是孔子的"私淑弟子"。如果孟子是子思的弟子,他一定会以直接受教于子思为荣,在说出自己是孔子的"私淑弟子"之后,接着说出与子思的师生关系,然而,孟子没说;不仅没说,孟子在其书中凡提到子思,往往是直呼子思其名,也看不出有什么尊师的迹象。这也从侧面说明了孟子并非子思的弟子。(王钧林)

知识链接
历史上是否存在过"思孟学派"?

子思、孟子虽然没有直接的师承关系,但是思孟学派却是真实存在的。荀子曾明确指出,子思、孟子一唱一和,共同创立了一个"五行"学说。这是儒家思孟学派存在的一个重要证据。但是,思孟"五行"指什么?过去学者们多有研究而意见不一,有的认为是指仁、义、礼、智、信,也就是通常所说的"五常"。1973 年长沙马王堆帛书《五行》出土，庞朴先生据此指出：思孟"五行"是指仁、义、礼、智、圣，这一见解渐为学者们所接受。1993年出土的郭店楚墓竹简，有多篇思孟学派的著作。这更加证明了思孟学派的存在。

由于简帛儒家文献的出土，不仅证实了思孟学派在历史上的存在，增添了从孔子到孟子这一历史阶段儒家发展的一些重要内容，而且提供了有关思孟学派的最新的思想资料，从而在国内外掀起了思孟学派研究的热潮。（王钧林）

77 墨家、道家、法家为什么批评孔子？

春秋末期，百家兴起，各学派在争鸣中互相辩难，孔子与儒家首当其冲，受到了各家的批评。

与儒家并称为显学的墨家，对孔子及儒家的批评最为严厉。墨子对孔子的批评主要包括如下几个方面：1. 墨子站在"兼爱"的立场上批评孔子"爱有差等"思想，认为社会的动乱正是由爱有分别造成的；2. 墨子批评孔子的礼乐文化，尤其反对儒家所坚持的厚葬、三年之丧的制度，认为这浪费了民众的财富和精力，从而提出"节用"、"非乐"的主张；3. 孔子不谈"怪力乱神"，墨家认为孔子不相信天帝鬼神，批评孔子是"以天为不明，以鬼为不神"，结果导致"天鬼不悦"；4. 孔子相信天命，墨家批评孔子主张宿命论，会造成民众怠惰顺命、不思进取。

对孔子及儒家批评较为严厉的另一家是道家。孔子以"仁"为人生和社会的根本，强调道德修养和道德教化，道家主张"无为"，认为"圣人处无为之事，行不言之教"，从而批评儒家的积极有为及其所提倡的仁义、孝悌、忠信等道德原则导致了人虚伪、狡诈；针对孔子及儒家对"礼"的重视，道家则认为礼是人心堕落的产物，所谓"失义而后有礼"。在道家看来，孔子提倡礼，是造成社会混乱的根源，因为"夫礼者，忠信之薄而乱之首"。

法家也对孔子及儒家进行了尖锐批评。在人性论上，与孔子及儒家主张性善论不同，法家认为人性是恶的，人是绝对自私的。在法家看来，人与人的关系是利害关系，因此法家批评儒家注重伦理道德的立场，认为儒家主张父慈子孝、君惠臣忠、兄友弟恭、朋友有信等道德规范是虚伪的。由此立场推演到政治主张上，法家批评儒家的德治立场，主张法制。法家认为儒家的道德教化只能是空洞的说教，只有依靠法治，轻罪重刑，才能使民慑于法的威严，不敢作奸犯科。

各家对孔子及儒家的批评，反映了当时各家之间的多样性主张。儒家学说在与其他各家批评与反批评中，得到不断的发展与充实，奠定了儒学成为中华民族传统文化主体的基础。（彭耀光）

知识链接
"诸子百家"、"三教九流"各指什么？

诸子百家，是指春秋战国时期出现的一些大思想家以及他们创立的学派。春秋战国时期，在时间上恰好相当于德国哲学家雅斯贝尔斯所说的"轴心时代"，是中国人的精神以及中国历史文化获得重大突破性进展的时期。这也是中国知识分子的"英雄时代"。一大批声名显赫的中国思想家，如管子、老子、孔子、孙子、墨子、孟子、庄子、荀子、邹子、韩非子等等，都出现在这个时期，人们不称其名，不称其字，而是称其为"子"，"子"是尊称，所以在历史上他们被称为"诸子"。"诸子"创立的学派，如道家、儒家、兵家、墨家、法家、农家、名家、阴阳五行家、纵横家、杂家、小说家等等，被称为"百家"。这就是"诸子百家"的内涵及由来。

三教九流，有两种含义：

（1）三教九流，指三大传统宗教和九大学术流派。"三教"指儒教、佛教、道教。儒佛道三教在中国历史上拥有极大的影响力。三教鼎立，以儒为主，是魏晋以后中国文化发展的基本格局。"九流"则是指九家，即：儒家、道家、墨家、法家、农家、名家、阴阳五行家、纵横家、杂家。有时不是非常严格地拘泥于九，也把小说家包括进来。其实，九流或九家的说法，并不准确，因为遗漏了兵家。兵家有创始人孙子，后有传人孙膑、吴起等。兵家在中国历史上的实际作用和影响力，远远不是墨家、农家、名家、阴阳五行家、纵横家、杂家可比的。

（2）三教九流，泛指社会上各行各业形形色色的人物，往往含有贬义。"三教"指三教人士儒者、和尚、道士。"九流"指三教之外的各色人等，通常又分为上、中、下三个类别。如，上九流，指帝王、圣贤、隐士、童仙、文人、武士、农、工、商；中九流，指举子、医生、相命、丹青、书生、琴棋、僧、道、尼；下九流，指师爷、衙差、升秤、媒婆、走卒、时妖、盏、窃、娼。（彭耀光）

78 司马迁为什么在《史记》中把"布衣"孔子列入"世家"？

司马迁撰写《史记》的体裁分为五种："本纪"、"世家"、"列传"、"书"、"表"。其中的"世家"是记载诸侯贵族的历史。因为诸侯开国承家，子孙世袭，从西周的分封诸侯开始，发展到春秋、战国，各诸侯国先后称霸称雄，盛极一时，用"世家"体裁记述这一情况，是非常妥当的。

孔子的出身不算高贵，但司马迁把孔子列入"世家"，是一种例外。个中的原因可以从司马迁在《孔子世家》文末的赞词中窥见一二。司马迁给孔子写的赞词充分表达了他对孔子发自内心的无限敬仰之情："《诗》有之：'高山仰止，景行行止。'虽不能至，然心向往之……天下君王至于贤人众矣，当时则荣，没则已焉。孔子布衣，传十余世，学者宗之，自天子王侯，中国言六艺者折中于夫子，可谓至圣矣。"

孔子虽非王侯，但是他的影响却比一般的君王、贵族要深远，他的文化地位是其他人取代不了的，他的思想和精神流芳千古，永远供世人敬仰和学习。孔子传承三代文化，既是王官之学的继承者，又是诸子平民之学的创立者，是承前启后的人物。正是这一特殊历史地位，决定了他在先秦诸子中的重要作用。正是孔子对司马迁影响巨大，可以说其政治思想受孔子影响，人格理想以孔子为标准，身世感怀借孔子而抒发。他对孔子充满了"高山仰止，景行行止"的景仰之情，认为他是一代宗师，人中至圣，绝不逊于任何一位列入"世家"的诸侯王者。

汉代的统治者对孔子十分尊重和崇拜。从汉高祖刘邦第一次祭祀孔子，到汉武帝"罢黜百家、独尊儒术"，司马迁生活在尊崇儒学的时代，孔子是儒学的创始人，将之列入"世家"，也反映了当时思想领域的现实情况。

孔子去世后，鲁国国君为孔子建立了庙宇，从春秋末年到汉初祭祀不绝。汉高祖刘邦祭孔子以"太牢"，百官公卿更是礼敬，从此香火不绝，所以孔子之庙也就成了世代不迁之庙，倒也符合"世家"的标准，这也是一方面的原因。（张磊）

孔庙奎文阁

知识链接
古代史书的体裁分为哪几种？

中国史书的体裁是丰富的。早期史书的体裁分为记事、记言二种,相传有左史记言、右史记事的说法。

随着史学的发展,记事和记言相结合的史书逐渐多了起来,出现了编年体、纪传体、典章制度体和纪事本末体等体裁。编年体出现较早,大概在春秋战国之际,如《春秋》、《左传》、《竹书纪年》等书。编年体史书按年、月、日顺序记述史事。因为它以时间为经,以史事为纬,比较容易反映出同一时期各个历史事件的联系,这是它的优点。但编年体不易于集中反映同一历史事件前后的联系,这又是它的缺点。编年体史书记载史事,有时也追叙往事,有时又附带记述后事,并不是绝对地按时间的先后来叙述,这是编年体史书在体裁运用上的灵活性,但同时也反映了编年体的局限性。

纪传体史书是司马迁确立的。他所著《史记》是纪传体的通史。其后,东汉班固著《汉书》,是纪传体的断代史。"二十四史"都是用纪传体写成的。

纪传体史书的突出特点是以人物传记为中心,是记言、记事的进一步结合。从体裁的形式上看,纪传体是本纪、世家、列传、书或志、表和史论的综合。本纪,基本上是编年体,兼述帝王本人事迹。世家,主要是记载诸侯和贵族的历史。列传,是各方面代表人物的传记。书或志,是关于典章制度和有关自然、社会各方面的历史。表,是用来表示错综复杂的社会情况和无法一一写入列传的众多人物。史论,是对历史人物和历史事件的评论。优秀的纪传体史书把这些体裁结合起来,在一部史书里形成一个相辅相成的整体。它既有多种体裁的混合,又有自己特殊的规格。

纪传体的优点是以记述历史人物为中心,可以更多地反映各类人物在历史上的活动,同时,因记述的范围比较广泛,便于通观一个时期历史的发展形势,这是编年体史书所不及的。纪传体史书的缺点是难以清晰地表达历史发展的时间顺序和各事件、各人物之间的相互联系。

另外,史书体裁还有典制体、纪事本末体和学案体等。(张磊)

79

孔子为什么称"素王"?

"素王"一词最早出现在《庄子·天道篇》:"以此处上,帝王
天子之德也;以此处下,玄圣素王之道也。"原意是指有圣王之德
与才、无圣王之爵与位的人。

孔子被称为"素王",始自汉文帝时期的《淮南子》一书。到
了汉武帝时,董仲舒提倡"独尊儒术",极力推崇孔子,认为他是
"为汉制法"的"素王",即孔子在世时,已经预知了汉朝的兴起,
且预为汉代制定法度。董仲舒以后,东汉思想家王充在他的《论
衡》里也讲孔子的素王之业在于作《春秋》。汉代的今文学家认
为孔子之德可立为王,所修《春秋》是代王者立法,寓王法于其
中,但无实际王位,故称"素王"。两汉之际,谶纬神学大盛。谶
纬神学上承素王之说,不仅尊孔子为素王,而且还模仿朝廷建
制,以孔子为素王,以颜渊为司徒,以子路为司空,以左丘明为素
臣。这样一来,谶纬神学完全确
立了孔子的素王形象,而且是一
个具有种种神通的素王形象。谶
纬神学衰落之后,人们剔除了附
在孔子身上的神化色彩,但仍接
受了孔子的素王形象。

从历史上看,孔子通过删定
六经来匡扶正义、扬善抑恶,如
"孔子作《春秋》,而乱臣贼子惧"。
在春秋时代,孔子的所作所为在
后世儒家看来,是代"王"立言,孔
子被称为"素王",原因与此有关。
齐景公很欣赏孔子的政治思想,
当他问政于孔子时,孔子回答"君

孔子塑像

君、臣臣、父父、子子"，他不由深为叹服。这也就是孔子为政，提倡"正名"的本意所在。由此可见，孔子的"素王"实际上是思想文化领域的无冕之王。（张磊）

知识链接
什么叫谶纬之学?

"谶"是秦汉间的巫师、方士编造预言吉凶的隐语、预言作为上天的启示，向人们昭示未来的吉凶祸福、治乱兴衰。谶有谶言、图谶等形式。"纬"即纬书，是相对经书而言的，是汉代的儒生依托儒家经义宣扬符箓、瑞应、占验之书，其内容附会人事吉凶，预言治乱兴废，颇多怪诞之谈。东汉时流传的"七纬"有《易纬》、《书纬》、《诗纬》、《礼纬》、《乐纬》、《孝经纬》和《春秋纬》，皆以迷信方术、预言附会儒家经典。谶纬之学适应了两汉之际统治者的需要，故流行一时。魏晋后日渐衰落，刘宋后谶纬之书受到历朝查禁，所存仅少量残篇。谶纬之书除其中包含的迷信成分外，还含有某些古代自然科学知识。（张磊）

80
纬书为什么说孔子是"黑帝之子"?

两汉之际，谶纬之学盛行，谶纬神学神化孔子，认为孔子具有种种感生、异表、符命、先知等神圣特征，受渲染的程度比几位圣帝贤王还高。

在谶纬神学看来，孔子并非凡人肉胎，而是黑帝之子。纬书《演孔图》里讲了一段关于孔子出生的故事：孔子之母颜徵在一日到大泽边游玩，玩得疲倦了，就在泽边歇息。朦胧之中，梦遇黑帝。黑帝对她说，你将来会在空桑之中生下一个孩子。后来颜徵在真的生孔子于空桑之中。

按照阴阳五行学说，商代是水德，为黑帝之子，而孔子是商汤的后裔，所以仍为黑帝之子。身为黑帝之子，受命来到人间，理应为天子统治天下。况且孔子所处的时代，周朝已经衰败，本该有新受命的天子来继任，但是孔子为什么没做成帝王呢？因为按照孔子是黑帝之子，在五德次序中是水德，而周是木德。木只能生火，不能生水。周亡之后，当由火德代兴，孔子虽有水德，无奈不合五德终始之说，他只能为火德代劳，替未来的汉朝制定许多法典——"六经"。汉儒宣传孔子为"黑帝之子"的神话，是为汉朝统治者证明自己统治的合法性编造的一个理由。（张磊）

知识链接
什么是五德终始说？

五德终始说由战国时期阴阳家邹衍创立。邹衍是齐国人，曾是齐国临淄稷下学派的代表人物，著有《邹子》四十九篇和《邹子始终》五十六篇。邹衍把古代最早出现在《周易》一书的"阴阳"观念和"五行"观念糅合到一起，倡导阴阳五行说，用来解释历史上的朝代兴替的原因。邹衍把阴阳消长与五行相胜配合起来，造出水德克火德，火德克金德，金德克木德，木德克土德，土德克水德的"五德终始"的循环论和命定论。每一个朝代都代表其中一德：黄帝尚土德、夏尚木德、殷尚金德、周尚火德。五德循环往复，朝代便兴亡绝续。此即"五德终始说"。

显然，五德终始说是为新兴王朝的建立提供理论依据。每一个王朝代表一德，当一个王朝衰落后，必然被代表另一德的王朝取代。而新王朝兴起的时候，在天意支配下自然界必定出现某种符应。某个君主认识到符应的含义，便成为受命者，取得统治天下的资格。他又自觉地效法符应显示的那一德的性质为新王朝制订各种制度。五行思想被赋予了浓厚的神秘主义色彩，成为两汉谶纬学说的主要来源之一。（张磊）

81

历史上第一位祭祀孔子的皇帝是谁?

历史上第一位祭祀孔子的帝王是汉高祖刘邦。刘邦起初不太重视儒学,很瞧不起儒生。刘邦在高阳见儒生郦食其时,坐在床边由两个婢女侍候洗脚,对郦食其很不尊重。

刘邦靠武力夺得天下,谋臣陆贾劝说刘邦虽然能够"马上得天下",但是不能"马上安天下";并且分析了前朝秦始皇"焚书坑儒",严刑峻法而失天下的教训。刘邦听后认为言之有理,故命陆贾写《新语》十二篇。儒生叔孙通向刘邦建议采用儒家的礼仪规范臣下的行为。刘邦对他们的建议,一一采纳,实行了休养生息的政策,社会马上安定下来,经济得到了恢复,刘邦这才感觉出当皇帝的尊严来。这些引起了刘邦对儒学的兴趣。

汉初刘邦分封很多功臣为异姓诸侯王,但是政局很不稳定,诸侯王竞相叛乱。在刘邦即位的第十二年,他在平定楚国叛乱后返回的途中,经过淮南的时候,感觉这里的百姓由于战乱而死伤甚多,萧条景象使他百感交集。他觉得太平稳定不仅有益于百姓,而且有利于自己的统治。再往北走路过自己的老

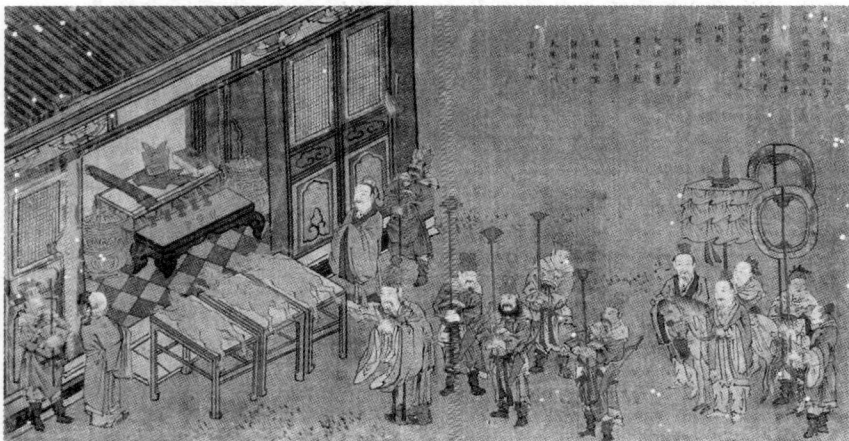

汉高祀鲁

家沛县，父老乡亲对这位从家乡闯出来的皇帝盛情拥戴，已是暮年的刘邦更是感到亲切和感激。他回想起一生戎马倥偬，从卑微的亭长到君临天下，心中无比感慨，随即吟唱了千古名句《大风歌》"安得猛士兮守四方"，唱出了此时的心情。平定叛乱归来，一路上的山河破碎、哀鸿遍野使得刘邦深感能够懂得体恤百姓的治国人才的重要。

刘邦于是来到曲阜，用太牢（猪、牛、羊三牲）祭奠孔子，并且还封孔子的九世孙孔腾为"奉祀君"，专职奉祀孔子。刘邦成为中国历史上第一位祭祀孔子的皇帝。（张磊）

知识链接
两千多年来共有多少位皇帝莅临曲阜祭孔？

刘邦祭祀孔子后，后世帝王竞相效仿。中国历史上先后有十二位皇帝亲诣曲阜阙里祭祀孔子。东汉光武帝刘秀于建武五年（公元 29 年）过阙里，命大司空宋宏祭祀孔子。永平十五年（72 年），明帝刘庄到曲阜祭祀孔子及七十二弟子，并亲御讲堂，让皇太子讲经。元和二年（85 年），汉章帝刘炟东巡至曲阜，到阙里以太牢祭祀孔子及七十二弟子，并大会孔氏家族中二十岁以上男子，命儒者讲经，赐酒饭。延光三年（124 年）汉安帝刘祜来曲阜祭祀孔子及七十二弟子。南北朝时，北魏孝文帝在太和十九年（495 年）也亲临曲阜祭祀孔子。唐高宗李治、唐玄宗李隆基过曲阜时皆亲祭孔子，玄宗还派礼部尚书苏延以太牢祭孔子墓。五代时，北周太祖郭威在曲阜祭完孔庙，又专程去孔林祭奠孔子墓。宋真宗大中祥符元年（1008 年）过曲阜，祭完孔庙也去祭拜孔子墓。清康熙二十三年（1684 年）在孔庙祭祀孔子行三跪九叩大礼，到孔林祭拜孔子墓也行一跪九叩之礼。乾隆皇帝八次过曲阜，都在孔庙、孔林祭祀孔子，三跪九叩，或两跪九叩，或一跪三叩，格外虔诚。（张磊）

82 孔子获得过哪些封号？最高封号是在哪个朝代？

周敬王四十一年（前 479 年）孔子逝世，鲁哀公亲制诔（lěi）文悼念孔子，诔文中称孔子为"尼父"。"父"同"甫"，是古人对男子的美称，"尼父"是有别于封号的尊称。

孔子有封号始于汉，元始元年（公元元年），汉平帝刘衎（kàn）首开追谥孔子的记录，追封孔子为公爵，称"褒成宣尼公"。东汉和帝永元四年（公元 92 年），改封孔子为"褒成侯"。

北魏孝文帝于太和十六年（492 年）改谥"宣尼"为"文圣尼公"，告谥孔庙。北周静帝于大象二年（580 年）恢复公爵之封，号"邹国公"。隋朝重佛轻儒，但隋文帝开皇元年（581 年）还尊称孔子为"先师尼父"或"宣尼"，不过取消了其他封号。

东汉明帝时，始以周公为先圣，孔子为先师。北魏正始至隋大业期间，皆以孔子为先圣，配颜回为先师。唐初改周公为先圣，孔子配之。唐太宗于贞观二年（628 年）尊孔子为"先圣"，贞观十一年（637 年）又改称"宣父"。乾封元年（666年），唐高宗诏赠孔子"太师"封号。唐中宗嗣圣元年，追封孔子为"隆道公"。天授元年（690年），武则天执政时也封孔子为"隆道公"，并尊称"隆道太师"。开元二十七年（739 年），唐玄宗升孔子为王爵，谥号"文宣"，称"文宣王"。后周太祖广顺二年（952 年），追封孔子为"至圣文宣师"。

大成至圣文宣王

孔子像

　　宋真宗于大中祥符元年（1008 年）欲追谥孔子为帝，臣下进谏劝止，说孔子为周公配臣，周代天子才称王号，孔子不应加帝号，真宗只得作罢。根据纬书《演孔图》云："孔子母梦感黑帝而生，故曰玄圣"，真宗下诏加谥孔子为"玄圣文宣王"。祥符五年（1012 年）又改称"至圣文宣王"。

　　元武宗根据孟子曾以"集大成"称赞孔子，于大德十一年（1307 年）对孔子原谥号"至圣文宣王"加封为"大成至圣文宣王"。这是古代帝王对孔子的封谥中最高级别的称号。

　　嘉靖九年（1530 年），明世宗去除原封号及"大成至圣"的谥号，更正孔庙祀典，定孔子谥号为"至圣先师"。

　　清顺治二年（1645 年），更改国子监孔子神位为"大成至圣文宣先师孔子"，十四年（1657 年）又复称"至圣先师"。

　　历代王朝都为孔子的封谥选择了最高赞誉的名号，显示出对孔子无限的尊崇。（张磊）

知识链接
古人的谥号有什么讲究？

　　谥号是中国古代帝王、诸侯、大臣等具有一定地位的人死去之后，根据他们的生平事迹与品德修养，评定褒贬，而给予一个寓含善恶评价、带有评判性质的称号。古人对已故的帝王称呼其"谥号"，大臣、学者名流往往也称其"谥号"。有些人的谥号由于经常被后人称呼，几乎成为他们的别名，如岳武穆（岳飞）、范文正公（范仲淹）等。

　　谥法初起时，只有"美谥"、"平谥"，没有"恶谥"。美、恶的谥号源自西周"共和行政"以后，另外还有"私谥"。谥号的选定根据谥法，谥法规定了一些具有固定含义的字，供确定谥号时选择。这些字大致分为下列几类：

　　上谥，即褒扬类的谥号，如"文"，表示具有"经纬天地"的才能或"道德博厚"、"勤学好问"的品德；"康"表示"安乐抚民"；"平"表示"布纲治纪"。

　　中谥，多为同情类的谥号，如"愍"表示"在国遭忧"、"在国逢难"；"怀"表示"慈仁短折"。

下谥，即批评类的谥号，如"炀"表示"好内远礼"；"厉"表示"暴慢无亲"、"杀戮无辜"；"荒"表示"好乐怠政"、"外内从乱"等。

私谥，是有名望的学者、士大夫死后由其亲戚、门生、故吏为之议定的谥号。"私谥"可能始于周末，到汉代才盛行起来。（张磊）

83 最早的孔子庙立于何时？

孔子去世后，孔子的三间故居被立为庙宇，内藏孔子生前所用的衣、冠、车、琴、书等物以为纪念，对其岁时奉祀，这是最早的孔庙。汉代虽有修整，仍以宅为庙。隋唐时期，孔庙不断扩建，已经渐具规模。宋代更大修孔庙，使成三路四进的布局，有殿庭廊庑316间。可惜不久惨遭兵燹，庙宇与书籍俱为灰烬。金代明昌年间金章帝认识到欲求立足中原，必须崇儒尊孔，乃按照宋代格局，拨钱复建，扩大厅堂门庑四百余间，后因蒙古军的进犯而焚毁过半。元代曾六次修葺孔庙。明代历经洪武、永乐、成化、弘治各朝数次扩建重修，才奠定了孔庙的规模。不幸，孔庙于清雍正二年（1724年）遭受雷击：烧毁大成殿等133间。雍正帝引过自责，亲往孔庙祭奠，派官动工兴建，同时提高孔庙规格，依仿帝王宫殿之制，直至雍正八年（1729年）全部完成。以后又多次修缮，成为现在的孔庙。

除了位于山东曲阜阙里、根据孔子故居改建的孔庙以外，其他地方特别是京城也建有孔庙。汉武帝之后，历代帝王在京城和全国各地都不时修建孔庙，相沿不绝，传承两千年之久。京城孔庙的建立始于西汉。汉武帝接受董仲舒的建议，在长安建太学，置五经博士，独尊儒学。后经汉昭帝、元帝的进一步发展，汉平帝元始元年正式在太学立庙祭祀孔子，开创了京城设

209

立孔庙的先河。后经历朝帝王的不断丰富,京城国子监和太学内皆建有孔庙,全国各地州、府、县学的所在地也立有孔庙。(张磊)

衢州孔庙

知识链接
历史上博士是什么官？汉代五经博士指哪些人？

博士出现于战国时代,最初只是指博学之士,后来成为一种职官,如战国末年齐、鲁、魏、秦等国都有博士官的设置。秦统一中国后,设有博士七十人。汉朝建立后,沿袭秦朝旧制,继续设博士官。其时博士的职务主要是负责保管文献档案,掌管图书,编撰著述,掌通古今以备顾问,以及传授学问,培养人才。

汉武帝时,"罢黜百家,独尊儒术",儒家经学兴盛,于是调整博士制度,增设儒家经学博士,儒家五经《易》、《书》、《诗》、《礼》、《春秋》,每一经都设专门的博士,称为五经博士。由于五经的每一经又各有不同的诠释学派,如《易》有施、孟、梁丘、京氏四家,《书》有欧阳、大小夏侯三家,《诗》有齐、鲁、韩三家,《礼》有大、小戴两家，《春秋》有严、颜两家，汉武帝以后，解经的各家陆续设置博士，到东汉初年各家都已设博士，共十四家，称五经十四博士，形成定制，终汉之世再没变化。（张磊）

84 孔庙大成殿配享孔子的"四配"、"十二哲"是哪些人？

大成殿是孔庙内祭祀孔子的正殿，"大成"一词源自《孟子·万章下》："孔子之谓集大成也。"大成殿正中供奉孔子塑像；两侧为"四配"，东西相向，东位西向的是复圣颜回和述圣孔伋，西位东向的是宗圣曾参和亚圣孟轲。"四配"原有龛室，砌砖座，立神像，均低于孔子。"四配"之外是"十二哲"，西位东向的是：冉耕、宰予、冉求、言偃、颛孙师、朱熹；东位西向的是：闵损、冉雍、端木赐、仲由、卜商、有若。

四配塑像

复圣颜回，字子渊，春秋时鲁国人，小孔子三十岁。天资聪明，敏而好学，又能安贫乐道，是孔子最得意的弟子。唐代封颜

211

回为"亚圣"、兖国公。元代孟子被封为"亚圣",颜回改封"复圣"。

宗圣曾参,字子舆,春秋时鲁国南武城人,小孔子四十六岁。在孔子弟子中,以能领悟孔子的一贯之道、宣称"仁以为己任"而著称。宋代封曾子为郕国公,元代加赠"宗圣"称号。

述圣孔伋,字子思,孔鲤之子,孔子之孙,曾亲受孔子的教诲。传说子思作《中庸》,是儒家思孟学派的代表人物。宋代封子思为沂国公,元代加赠"述圣"称号。

亚圣孟子,名轲,字子舆,战国时邹国人。有《孟子》七篇传世。孟子是孔子之后儒家最主要的代表人物,后人把他与孔子的思想合称"孔孟之道"。宋代封孟子为邹国公,元代加赠亚圣称号。

"十二哲",初名"十哲",始于唐开元八年(720 年),唐玄宗命以孔门四科弟子(德行:颜渊、闵子骞、冉伯牛、仲弓;言语:宰我、子贡;政事:冉有、季路;文学:子游、子夏,共十人)附祭,均为坐像。颜渊升为配享后,宋端平二年(1235 年)升孔伋补"十哲"之缺。宋咸淳三年(1267 年)孔伋升为配享,升颛孙师为"十哲"之一。清康熙五十一年(1712 年)升朱熹居于"十哲"之后,乾隆三年(1738 年)升有若居颛孙师之后、朱熹之前,遂成"十二哲"之

子思墓　孔子之孙孔伋之墓,在孔林孔子墓前。

名。（张磊）

国立孔庙为什么称文庙？

　　文庙，作为孔庙的另一名称，起源于唐。唐玄宗开元二十七年（739年）封孔子为文宣王，因此，称孔庙为文宣王庙。明永乐年间，因武庙多建于文庙旁，民间就把与武圣人并列的文圣人孔子的庙，称为文庙。

　　全国各地文庙的实际功能，就是古代的学校。科举制度以来，各地的文庙是县有县学，州有州学，府有府学，国有太学，都叫学宫。按级别规定，各级学宫分别举行院试、乡试、会试和殿试。学宫的性质属于官学，以科举入仕做官作为主要目标。学宫的修建须经过报请批准，严格按规制建设。最高级别的学宫——太学，自元、明、清以来是北京孔庙。这是三朝皇帝祭祀孔子的地方，也是封建时代培养国家官员的国立学校——国子监的所在地。（张磊）

北京孔庙

213

85

世界上都有哪些国家设孔庙?

　　孔庙始建于中国,7 世纪以来,由于受孔子思想和中国政治、文化制度的影响,中国周边国家越南、朝鲜、日本等国家和地区也兴建了许多礼制孔子庙。18 世纪以来,随着孔子思想的对外传播和华人的外移,在欧洲、美洲和亚洲的其他国家也出现了孔子庙。全盛时期,世界上共有孔子庙三千余座。

　　越南是孔子思想输入最早、影响最深的国家之一。越南兴建孔子庙的最早记载是李朝神武二年(1070 年)的孔子庙。陈光泰十四年(1397 年)命令各府设学,将孔庙推向地方。黎顺天元年(1428 年)命令诸路县设立学校文庙,祠孔子以太牢,孔庙从此遍及越南各地。

　　朝鲜也是孔子思想输入时间最早、影响最深的国家之一,而

越南文庙孔子塑像　　　　　　　　　日本福冈孔子像

且是中国以外孔庙建立最早、分布最广、数量最多的国家。大约在公元前3世纪，孔子思想传入朝鲜半岛，很快便受到推崇。三国时期的高句丽、百济、新罗相继仿照中国设立太学。新罗统一后，更加推崇儒学。高丽时，仿照中国制度设立国子监，并建孔庙于国子监内。公元1268年命诸州立学，将孔庙推向地方。李朝太祖李成桂迁都汉城，第二年即建立成均馆（即国子监），并命地方建立乡校，州、府、郡、县

日本足利学校孔子像

均仿京城之制建立孔庙，从此孔庙遍及朝鲜全境。

公元3世纪，孔子思想传入日本。大宝元年（701年）始祀孔子。德川家康结束战乱后的江户时代是日本孔子庙大发展时期。先后建起几十座孔子庙，逐渐遍布全国。

新加坡、印度尼西亚、马来西亚等亚洲国家在华人聚集的地方也建有孔庙。

孔子思想自13世纪传入西方，对西方思想界产生了一定的影响。在18世纪的欧洲"中国热"中，英国人在伦敦建立了西方第一座孔庙。19世纪华人在德国科隆修建了孔庙。1965年美国萨克拉门托也建造了孔庙。如今孔子庙可谓遍布世界，影响深远。（张磊）

知识链接
周代立庙的原则与规定是什么？

周代的宗庙是祭祀祖先的场所。开始是祭祀功能，后来也有了一定的社会功能。在宗庙中进行的典礼及仪节，体现了同族之间的不同的亲疏等级关系，目的都是为了维护同宗同族的血缘关系。一个家族有共同的祖先，通过在宗庙中举行的祭祀，

肯定了同宗之间的宗亲情义。

周代礼制森严，贵族建立宗庙有严格的等级限制。周天子设立七庙、一坛（在平地上筑的高台）和一墠（经过整治的郊野平地）。七庙是常设的，坛和墠是临时性的。每个月祭祀一次的是"考庙"、"王考庙"、"皇考庙"、"显考庙"、"祖考庙"。考庙即父庙，王考庙是祖父庙，皇考庙即曾祖父庙，显考庙即高祖父庙。高、曾、祖、父四庙为亲庙，祖考庙是始祖后稷之庙，远祖的宗庙叫"祧"，是祭祀周文王、武王的宗庙，四时祭祀一次。亲庙、后稷之庙和文武之庙合起来共七座，是为天子七庙。始祖后稷和二祧文王、武王，为不迁之庙。四亲庙中的高、曾、祖、父随着辈份的降低而代迁，它们不是永远不迁之庙，不能像始祖后稷和文王、武王那样，永远得到后代的祭祀。

诸侯之庙有五，即：始祖庙，这是不迁之庙；另有高、曾、祖、父四亲庙，为代迁之庙。大夫以下，都是新庙，都是代迁之庙。（张磊）

86
一年几次祭孔？祭孔有哪些程序？

历史上，历朝历代的祭孔活动，名目繁多，规格不一。以曲阜孔庙为例，从参与祭祀的人员划分，有家祭、官祭两类；从祭祀种类划分，有丁祭、行香、祭告、时享、祫祭、遣官致祭、遣官祭告、释奠、释菜、荐新等。这些祭祀活动分布于一年十二月之中，每个月都有，总共有五十余次。

释奠是孔庙祭祀中规格最高的一种。清朝皇帝亲临曲阜，以释奠礼祭孔，也行三跪九叩之礼。释奠，安排在每季仲月丁日举行，即一年之中春、夏、秋、冬四季的第二个月上丁日（阴历二月、五月、八月、十一月上旬头一个逢丁的日子），名曰"四大丁祭"，其中尤以阴历的二、八两月的头一个丁日（以秋祭八月上丁为主)在孔庙举行"丁祭祀礼",最为隆重。这一天的祭孔仪式,连在私塾念书和在学堂里学习的学生也要放假一至三天,以示敬重。

祭孔仪式

祭孔仪程相当复杂,每一次丁祭,一般都以衍圣公为正献官,于祭祀之前二十天至前一日,前后都有准备工作,十分繁琐。

祭祀共有九道程序,有条不紊,非常严格。

(一)瘗毛血。鸣赞唱"瘗毛血",执事生到各坛前跪下一叩头,起身将毛血碟捧于头上,出右门,将毛血埋于燎所,各坛将祭祀礼器的盖罩全部打开。

(二)迎神。赞相唱"迎神",乐官接唱,麾生举麾,唱"乐奏宣平之章",击柷作乐,有乐无舞。

(三)初献。鸣赞唱"奠帛,行初献礼",伶官原文传唱,麾生举麾,唱"乐奏昭平之章",击柷作乐,有舞。

(四)亚献。鸣赞唱"行亚献礼",伶官传唱"举亚献,乐奏秩平之章",麾生举麾,击柷作乐,有舞。

(五)终献。鸣赞唱"行终献礼",伶官传唱"举终献,乐奏叙平之章",以下祭仪与亚献同。

(六)撤馔。鸣赞唱"行撤馔礼",伶官传唱"撤馔",麾生举

217

麾,唱"乐奏懿平之章",击柷作乐,无舞。各坛陈设生将祭祀礼器加盖加罩,稍稍移动。

(七)饮福受胙。鸣赞唱"饮福受胙",引赞唱"升坛",引正献官等入殿饮福酒、受胙肉。

(八)送神。鸣赞唱"送神",伶官传唱,麾生举麾,唱"乐奏德平之章",击柷作乐,无舞。

(九)望燎。鸣赞唱"望燎"(秋冬为"望瘗"),伶官传唱,麾生举麾,唱"乐奏德平之章",击柷作乐,无舞。鸣赞唱"焚祝帛",接着焚烧香帛,礼成。

祭祀程序完成后,衍圣公在孔府金丝堂宴请客人。客人走后,再与族人饮酒。宴飨时,有乐歌,歌奏《诗经》中的《鹿鸣》、《鱼丽》、《南有嘉鱼》、《节南山》、《楚茨》等。（张磊）

知识链接
太牢、少牢分别指什么?

古代祭祀所用牺牲,行祭前需先饲养于牢圈之中,故这类牺牲称为牢。又根据牺牲搭配的种类不同而有太牢、少牢之分。古代帝王祭祀社稷时,牛、羊、豕三牲全备为太牢。少牢只有羊、豕,没有牛。由于祭祀者和祭祀对象不同,所用牺牲的规格也有所区别:天子祭祀天神、五帝和先祖用太牢,诸侯祭祀用少牢。（张磊）

87 孔子九世孙孔鲋为什么参加陈胜、吴广农民起义?

孔鲋,字甲,又字子鱼,孔子九世孙。少年时代的孔鲋曾随父亲孔谦离开故地,居住在魏国都城大梁(今河南开封市)。孔鲋承袭家学，博通儒术，讲学授徒，与魏国名士陈馀、张耳等人结为好友。孔鲋曾被召为鲁国文通君，不久又拜少傅。

秦始皇统一中国后，为政治国崇尚法家，后来秦始皇下令除《秦纪》及医药、卜筮、种树之书外，凡六国史书、民间收藏的《诗》、《书》及其他诸子、百家之书全部焚毁。如果有隐匿不交或谈论《诗》、《书》及其他儒学之书者，皆严加治罪。

焚书令一下，孔鲋被迫停止了传授儒学之业。当他看到先人含辛茹苦整理出来的文化典籍将要付之一炬时，心急如焚。于是他把一部分儒家经典，如《尚书》、《论语》、《礼记》、《春秋》、《孝经》等藏于孔子故宅墙壁中。孔鲋将祖传的典籍藏好后，冒着生命危险，西行到了嵩山，在此隐居下来。从此一面施行韬晦之术，等待机会；一面传业授徒，继续讲学，以此推行自己的儒学主张。

鲁壁碑　为纪念孔子九代孙孔鲋在焚书坑儒时藏匿《尚书》等儒家经典而刻立，古文经由此而来。碑在孔庙孔子故宅。

秦始皇死后，秦二世统治更加黑暗。公元前 209 年，陈胜在大泽乡揭竿而起，反对暴秦的统治，不久建立张楚政权。一向不满秦始皇残暴统治，且年已 57 岁的孔鲋自然十分高兴，早就准备投身到陈胜反秦队伍中。无奈他没有机会，这时陈胜的一位谋臣陈馀与孔鲋曾有故交，早就知道孔鲋才华出众，在陈胜面前极力举荐孔鲋，说孔鲋是圣贤之后，博才通识，品行端正，虽处乱世但仍能坚守祖业而不随波逐流。陈胜听后对孔鲋十分感兴趣，认为号令天下应当借助孔鲋的名望，于是派人去魏国请孔鲋。孔鲋毅然率领鲁国诸儒持孔氏之礼往归陈胜。从此孔鲋被陈胜聘为身边的谋臣兼老师，并当上了一名博士官。任职期间，孔鲋建议陈胜兴霸王之业，受到陈胜嘉许。但要陈胜建立"仁义之国"，效仿齐桓公那样兴灭国，继绝世，封六国之君的后裔为王等建议，却引起了陈胜的反感。在军事战略上，孔鲋力劝陈胜不要因为秦乱而轻敌，陈胜也置之不理。后来由于陈胜集团的分裂和秦军的剿灭，陈胜建立的农民政权失败了。孔鲋尽管只做了两个多月的博士，却一直没有动摇，直至和陈胜一起英勇牺牲。

孔鲋的一生致力于保存儒家典籍，推行儒家学说，实践了儒家提出的"杀身成仁"、"舍生取义"的高尚精神。（张磊）

知识链接
孔子后裔为什么分南宗、北宗？

"衍圣公"这一爵位一般是严格按照宗法制度承袭的。父亲死后传位给嫡长子，依次代代递袭。但在历史上也曾出现过特殊情况，那就是孔氏后裔的南北宗问题。

北宋末年，金兵南下灭宋，康王赵构南渡，建立南宋政权。建炎二年（1128年），宋高宗诏第四十八代衍圣公孔端友前往扬州参加祭孔陪祀。孔端友及部分孔裔随驾南渡，背负子贡手刻孔子和亓官夫人楷木像，到浙江衢州兴建家庙，定居于此。孔端友死后没有儿子，其弟孔端操的四子孔玠成为继承人，袭封衍圣公。其后世子孙孔搢、孔文远、孔万春、孔洙都享有南宋的"衍圣公"封号。

金兵入主中原，建立伪齐刘豫政权，刘豫为拉拢汉族士大夫，在阜昌二年（1131年）将孔端友之弟孔端操的二儿子孔璠封为"衍圣公"，主持曲阜孔庙祭祀。及至刘豫败灭，金熙宗于公元1139年时仍封孔璠为衍圣公，是为北宗。三传至孔元措，随金政权迁于汴京，有族兄孔元用权且袭封衍圣公，留曲阜主祀事。南宋理宗宝庆元年(1225年)收复山东，次年改授孔元用之子孔之全为衍圣公，及至蒙古攻占曲阜，仍以孔之全为衍圣公。此时，蒙古、金、南宋各有一位衍圣公。

元朝灭宋统一中国，宪宗元年(1251年)封北宗第五十二孙孔浈为衍圣公。由于孔浈是孔元措的侄子的妾所生，曾随母亲被正妻赶走改嫁，长大后才被孔元措领回作继承人，因此，孔浈被孔氏族人攻击，说他不是孔子的后代，上书揭发，次年被免去"衍圣公"的封号。从此北宗未立衍圣公，爵位虚悬。

后来元世祖忽必烈于至元十九年(1282年)访查孔族，拟确立衍圣公，诏当时任南宗第六代衍圣公的孔洙来京议封。孔洙称在衢州本支祖茔已有五代，难以离弃，而曲阜子孙守墓有功，愿让爵于北宗。忽必烈赞叹不已，盛誉孔洙为真圣人的后裔，于是封孔洙为国子监祭酒、承务郎，免去衍圣公封号，但未立封北宗。直到元成宗元贞元年(1295年)才封孔之全之子孔治为衍圣公，以致北宗衍圣公中断了四十三年。

孔洙以后的孔氏南宗自此走向民间，或为学官，或当山长，建校办学，弘道乡里，活跃于东南诸省，为儒学南渐、理学北传贡献自己的聪明才智。明朝正统元年(1436年)，英宗皇帝下旨"访求衍圣公孔端友后"，孔洙六世孙孔彦绳遂于正德元年(1506年)重新被封为"世袭翰林院五经博士"，以奉家庙祭祀。
（张磊）

88 内孔、外孔是怎么回事？

对孔氏家族稍有了解的人都知道，孔家有内、外孔之分，如果一个人说他姓孔，人们往往会问他是内孔还是外孔。这是怎么回事呢？

　　原来，在孔氏家族历史上，曾出现过一次几乎灭门的大事。南北朝刘宋文帝元嘉十九年（公元442年）诏令蠲免靠近孔墓民户孔景等五户，让他们专门负责孔府陵墓的洒扫，称为庙户，又称洒扫户。其后历代都有钦定庙户，在洒扫之外又加上许多其他差役，如看庙、巡山、祭祀等，户数也因之增加。

　　到了五代后梁乾化三年（915年），孔景的后裔孔末见孔族嫡裔人丁单薄、门祚日衰，就趁当时社会动荡、农民起义之机，将居住在曲阜阙里的孔子后裔全部杀死，又跑到泗水，将时任泗水主簿的孔子嫡裔四十二代孙孔光嗣杀死，夺取了他的权力，吞没了他的家产，然后冒充嫡裔，取而代之。

　　由于孔景本来并不姓孔，只是因为被定为庙户才随主家改姓为孔，所以其后裔孔末虽以孔为姓，但和孔家没有血缘关系，不算孔子后裔。

　　这次事变几乎使曲阜孔子后裔灭绝，惟有孔光嗣九个月大的幼子孔仁玉，幸亏先由其母张氏抱藏于张扬村外祖父家，才得以幸免于难，为孔族嫡裔留下了后代。

　　后唐明宗长兴元年（930年），有人向官府报告了孔末假冒嫡裔、窃夺爵位的事。明宗查明事实后下诏诛杀孔末，恢复孔仁玉的地位，授孔仁玉曲阜县主簿，主孔子祀事。两年后，授孔仁玉袭丘（今山东宁阳县）令，封文宣公。孔仁玉资貌雄伟，精通六艺，犹善《春秋》，为人严谨，临事果断，因为在孔子后裔延续上成为关键人物，被后世孔子后裔尊为中兴祖。

　　但另有一种传闻见于孔德懋所著《孔府内宅轶事》：孔家遇难时，孔仁玉在乳母张妈妈家，孔末追至张妈妈家。张妈妈有个儿子和孔仁玉年龄相仿，她便效仿赵氏孤儿的故事，学程婴把自己的儿子献出去被孔末杀死，孔仁玉躲过一劫。

　　孔末后代在曲阜等地也有繁衍，如今亦有万人以上，俗称"外孔"，而孔子正宗后裔称为内孔。历来孔氏对内孔、外孔都有明确而严格的区分。当然，随着岁月的变迁，历史上的恩怨早已烟消云散，内、外孔也能够和睦相处。（张磊）

"赵氏孤儿"的故事最早见于司马迁所著的《史记·赵世家》。

春秋时代晋灵公无道，宠信奸佞屠岸贾，以弹打百姓取乐。丞相赵盾谏阻，触怒灵公，屠岸贾借此设计陷害赵盾，在灵公面前指责赵盾为奸臣。赵盾全家三百余口因此被满门抄斩，仅有其子驸马赵朔与晋灵公胞妹庄姬公主得以幸免。后屠岸贾又假传灵公之命，迫使赵朔自杀。公主被囚禁于府内，生下一子后托付于赵家门客程婴，亦自缢而死。

程婴将婴儿放在药箱里，负责看守的将军韩厥同情赵家，放走程婴与赵氏孤儿后亦自刎。程婴携婴儿投奔赵盾老友公孙杵臼。此时屠岸贾急欲斩草除根，为搜出孤儿便假传灵公之命，要将全国与赵氏孤儿同岁的所有婴儿杀绝。程婴与公孙杵臼商议，程婴舍子，公孙杵臼舍身，以保全赵家血脉。程婴将亲生子假称孤儿，藏于公孙家中，后程婴便向屠岸贾告发公孙杵臼私藏赵氏孤儿，屠岸贾信以为真，派人搜出婴儿，掷在地上，又刺了几剑。程婴见亲子惨死，忍痛不语。公孙杵

赵氏孤儿图　原画面共有四人，这幅图中人物是大夫韩厥，正拍掌大笑，逗赵武玩耍。其苍老而慈爱的表情跃然纸上。

臼大骂屠岸贾后触阶而死。屠岸贾心事已了，便收程婴为门客，将其子程勃（实为赵氏孤儿）当作义子，又取名屠成。

二十年后，赵氏孤儿长大成人。此时正值戍边的大将军魏绛还朝，他震惊于赵氏满门抄斩，误解了程婴，派人将程婴请到府中后鞭打。程婴见魏绛是真心替赵家报仇，便以实情相告，魏绛闻之，自责其罪，并与程婴合谋共同铲除屠岸贾。程婴回家

后，把赵家被害的始末绘成图画，把实情告诉孤儿，孤儿悲愤不已，决意报仇。此时晋灵公已死，悼公在位，孤儿便将屠岸贾专权横行、残害忠良之事禀明悼公，悼公命他和魏绛捉拿屠岸贾并处死。赵家冤仇得以昭雪，赵氏孤儿恢复本姓，被赐名赵武。

（张磊）

89 历史上第一位受封的孔子后裔是谁？其后都有哪些封爵？

在历史上，第一位受封的孔子后裔是孔腾。

孔腾是孔子的九世孙，他被汉高祖封为"奉祀君"。孔腾实际上在当时并不是长支，虽然长兄孔鲋在秦乱中丧命，但还有孔鲋之子和次兄孔树，为何汉高祖偏偏封孔腾为"奉祀君"呢？

孔鲋去世后，其子流落他乡，刘邦到鲁国以太牢祭祀孔子时，只有孔腾伴驾。孔腾陪汉高祖瞻仰夫子墓时手拄枯枝，刘邦甚觉奇怪，问其原因。孔腾回答，当初自己在孔墓举行祭祀的时候，大风呼啸，他随手从地上捡起一根被风刮落的楷树枝，拄着回了家，此后便当作了自己的拐杖。今天给天子引路，也拄着这根楷木杖，意思是祖宗林中的枝丫，拄着它是为了不忘祖德。刘邦听后称赞孔腾不忘先祖之德，是至孝子孙，所以对孔腾十分敬重，另眼看待。刘邦封孔腾为"奉祀君"，专管祭祀孔子的事务，孔腾也就成为历史上第一位受封主持祀孔事宜的孔子后裔。

孔子的嫡裔封爵随历代帝王对孔子地位的不断抬高而晋升。自孔腾被封为"奉祀君"后，其后三代改为博士，在朝任官。汉元帝永光元年（前43年）赐爵孔子十三世孙孔霸为"关内侯"，食封八百户，号"褒成君"，并赐黄金二百斤，宅一区。后两代袭封"关内侯"。汉平帝元始元年（公元1年）封孔子第十六世孙孔均为褒成侯，其子孔志袭之。汉章帝元和二年（85年）至阙里祭祀孔子时，孔子第十八世孙孔损助祭，永元四年（92年）和帝封其为"褒亭侯"，食邑千户。汉安帝延光三年（124年）封孔子第十九世孙孔曜为"奉圣亭侯"，食邑千户。汉灵帝建宁二年（169年）诏孔子第二十世孙孔完袭"褒亭侯"。

魏文帝黄初二年（221年）封孔子第二十一世孙孔羡为"宗圣侯"，赐食邑百户。西晋武帝泰始三年（267年）封第二十二代孙孔震为"奉圣亭侯"，赐食邑二百户。其后四代袭封之。北魏孝文帝延兴三年（473年）封孔子第二十七世孙孔乘为"崇圣大夫"，食邑五百户，并给十户以供洒扫。北魏孝文帝太和十九年（495年）改封孔子第二十八世孙孔灵珍为"崇圣侯"，赐食邑百户。其后三代袭封之。

隋炀帝大业四年（608年）封孔子第三十三世孙孔嗣悊为绍圣侯，赐食邑百户。唐高祖武德九年（626年）封孔子第三十三世孙孔德伦为"褒圣侯"，赐食邑百户。唐玄宗开元二十七年（739年）封第三十五世孙孔璲之为"文宣公"，爵位由侯而公，地位提高，后代皆袭封此爵。

宋仁宗至和二年（1055年）封孔子第四十六世孙孔宗愿为"衍圣公"。除了宋哲宗元祐元年（1086年）改"衍圣公"为"奉圣公"（后又恢复）之外，"衍圣公"的封号在金、元、明、清各代一直沿用。"衍圣公"这个封号共传三十二代，经历了八百余年。

1935年，南京民政府取消衍圣公称号，改称"大成至圣先师奉祀官"，给予特任官待遇。〔张磊〕

知识链接
孔府有哪些机构和属官？

孔府，也称衍圣公府，是按照传统的前堂后寝制度设计的。"前堂"是官署，"后寝"是私人府第。这一布局充分体现了孔府的"私权力"与"公权力"合一的性质与特点。

（1）孔府官署，设于孔府中路的前半部分，主要分两类：

一类是衍圣公办公机构，有大堂（正厅）、二堂（后厅）、三堂（退厅）。

一类是衍圣公属官的办公机构,有知印厅、掌书厅、典籍厅、司乐厅、管勾厅、百户厅、伴官厅、启事厅、赍奏厅等。

(2)孔府属官,历代设置不一,明清两代多有增设,到清中期已有八十余位,主要有:

知印官、掌书官、典籍官、司乐官、管勾官、百户官、伴官、赍奏官、书写官、圣庙执事官、述圣世袭翰林院五经博士、世袭太常寺博士、南宗世袭翰林院五经博士、国子监学正、尼山书院学录、洙泗书院学录、四氏学教授、四氏学学录、孔庭族长、十三氏世袭翰林院五经博士。(孙爱妮)

洙泗书院　孔子晚年整理古代文献处,在今曲阜城北三公里的书院村前。

90 第一位"衍圣公"是谁?衍圣公究竟是个什么角色?

"衍圣公"这一封号始于北宋仁宗至和二年(1055年),当时太常博士祖无择进谏说,历朝孔子嫡裔承袭的爵号都是与孔子作为"圣人"的意思有关,或曰褒圣、或曰崇圣、或曰奉圣、或曰恭圣、或曰宗圣,这是名正言顺的。但是自从唐代开元年间追谥孔子为文宣王,孔子的嫡裔封号就变成了文宣公,孔子嫡裔承袭的爵位名号是从孔子追认的谥号而来,这是不符合礼法的。所以应当恢复到原来命名封号的原则。宋仁宗采纳了他的建议,改封至圣文宣王四十六代孙孔宗愿为"衍圣公",是为第一代衍圣公。"衍圣"意为把圣人的光辉发扬光大,繁衍圣裔的意思。

"衍圣公"这一封号曾在宋元祐元年(1086年)一度改为奉圣公,但不久于崇宁三年(1104年)又复改为"衍圣公"。此后这一封号,整整承袭了三十二代四十余人,历时八百余年。

衍圣公的爵位虽高,但起初品秩很低。在宋代官阶是"承奉郎",秩仅从八品上。金代官阶先为"文林郎",秩正八品。金章宗明昌二年(1191年)进阶"中议大夫",秩从五品上,特令视四品。元初,先为"奉训大夫",秩五品;后为"中议大夫",秩四品。元泰定四年(1327年)官秩升为三品,赠"嘉议大夫"。元顺帝至正八年(1348年)晋阶为"中奉大夫",秩从二品。明太祖洪武元年(1368年)授"资善大夫",秩正二品。洪武十七年(1384年)改授"光禄大夫",秩正一品,居文官之首。清代的官秩因袭旧制,只不过封赏又有增加。

明孔子六十二代衍圣公孔闻韶像

可见,衍圣公的品秩及地位是不断变动,逐渐提高的。

衍圣公的主要职责是负责祭祀孔子,管理林庙,以后陆续增加了管理孔氏族人、管理先贤先儒后裔、推荐任命官员等。随着孔子地位的日益提高,祭祀孔子的活动越来越频繁,规模越来越大,最多时一年要祭祀五十多次,这些都由衍圣公主持负责。在做好祭祀孔子的同时,还要管理好孔庙孔林;主持修订家乘族谱、制定家法族规、惩罚违犯家族法规及轻犯国典的族人等;管

227

理颜回、曾参、孟轲、闵损、冉耕、冉雍、端木赐、仲由、言偃、卜商、颛孙师、有若、周公等先圣先贤的后裔；保举曲阜知县和孔府内典籍官、管勾官、百户官、司乐官、掌书官、伴官等十九位衍圣公属官。此外，衍圣公有时还奉皇帝之命过问地方事务，如"稽察山东全省学务"等。

可以看出，衍圣公是中国历代封建王朝尊孔崇儒的产物，是历史上非常特殊的一种角色。（张磊）

知识链接
古代的官阶都有哪些？

我国古代官吏的等级通过官阶来体现，先后用"石"和"品"来表示。以"石"为单位表示官阶，可以追溯到战国时代。战国时代，官吏由原来的接受封地改为领取俸禄。那个时候支付给官吏的俸禄是根据官位的高低，给予相应数量的米、谷。因此米、谷的单位"石"就用来表示官吏俸禄的单位，故而也就顺理成章地开始用来表示官阶的高低。

秦始皇统一中国后，官吏俸禄级别统一正式用"石"作标准。汉承秦制，并有所发展。汉制，三公号称万石，下有二千石、比二千石、千石、比千石、八百石、六百石、比六百石、五百石、四百石、比四百石、三百石、比三百石、二百石、比二百石、一百石共十六等级。东汉时期与西汉基本相同，只是取消了八百石、五百石、比千石三级，增加了斗食、佐史两个级别，共十五级。两汉时期，随着商品经济的发展，官吏的俸禄已经开始出现由米谷等实物支付变为由货币支付的现象。

到魏晋南北朝时期，随着社会政治经济的发展，俸禄越来越多地使用货币来支付，并且还有其他复杂的情况，因此用米谷的单位"石"来表示官阶已经难以适应要求。在这种情况下，官阶开始用"品"阶来表示。魏晋时期采用九品中正制。北魏时期设置九品官阶，每品分为正、从两级，每级又分成上、中、下三等。北魏孝文帝太和二十三年（499年），又取消上中下三等，保留正从两级，自正四品以下，每品再分为上、下两阶，共有正从九品三十阶。

隋文帝在统一中国之后，正式制定"正从九品三十阶"的官阶制度。隋炀帝一度废除上下阶，只保留正从十八品，但上下阶制度不久又改了回来。从此，正从九品三十阶制度便成为正式的官阶制度，此后历代王朝一直沿用这一制度，直到清朝结束。（张磊）

91 朱元璋即位之初为什么急忙召见衍圣公？

公元 1368 年，朱元璋建立了明朝，年号洪武。朱元璋深知得到作为社会上层文化代表的儒士的支持非常重要，因此在这一年的二月于南京国子监以太牢之礼祭祀孔子，又给予孔子的后裔衍圣公以礼遇。同年三月，孔克坚接到了朱元璋希望他进京谒见的旨意。

孔克坚的衍圣公爵位由元顺帝袭封。因此面对朱元璋的旨意，孔克坚十分犹豫：一方面，他曾在元朝做官，元朝在北方还有一定力量；另一方面，朱元璋起义称帝，能否稳固统治还不一定。于是孔克坚想了一个折衷的办法，他以有病为由，派其子孔希学进京谒见。朱元璋对孔克坚的这种态度相当不满，立即亲笔敕谕孔克坚，既表明尊重孔子，愿意礼遇衍圣公，又强调了他的皇帝地位，希望孔克坚不要无病而称病。孔克坚接到敕谕后，明白其中利害，赶紧进京朝拜朱元璋。

洪武元年十一月，朱元璋在谨身殿内召见了孔克坚。在孔府二门内有块"对话碑"，如实生动地记下了朱元璋和衍圣公孔克坚的对话，用语平俗，颇能传神。

朱元璋问："老秀才，近前来，你多少年纪也？"孔克坚回答："臣五十三岁也。"朱元璋说："我看你是有福快活的人，不委付你勾当。你常常写书与你的孩儿，我看资质也温厚，是成家的人。

问吧
三

你祖宗留下三纲五常,垂宪万世的好法度,你家里不读书是不守你祖宗法度,如何中?你老也常写书教训着,休怠惰了。于我朝里,你家里再出一个好人啊不好?"

这场谈话既生动有趣,也很有意思,表明了朱元璋重视儒学和礼遇孔子后裔的态度。孔克坚更是非常感激,受宠若惊。于是在孔府二门内按原话刻石立碑,昭告子孙。朱元璋召见衍圣公孔克坚,是想让儒学为新建立的明朝服务的重要举措。(张磊)

知识链接
朱元璋为什么把孟子撤出孔庙?

朱元璋即位之后,十分尊敬孔子,但是对孟子的态度却大不相同。明洪武二年,朱元璋下令要从文庙里撤出孟子的牌位,让孟子不再"配享",但是遭到了一些大臣们的反对,又恢复了孟子的地位。

圣亚孟子

为什么朱元璋对孟子的态度如此排斥呢?因为孟子是历史上第一个提出"民贵君轻"说法的人,百姓被放在了国家和君主的前面,君主的最高地位在孟子那里得不到承认,而朱元璋却想采取措施极力强化君权。因此朱元璋的想法正好与孟子的政治学说背道而驰,故而他对孟子十分排斥。

明洪武二十二年,朱元璋又下令要取缔《孟子》,不想让天下人再读。但由于《孟子》已被列入"四书",成为科举考试的内容,如果查禁不利于选拔人才,同时也遭到了社会各界的反对,在这种情况下,朱元璋选择了删书,命翰林学士刘三吾具体负责此事。经过删削的《孟子》书,重新被命名为《孟子节文》。

　　因为《孟子》原书在历史上流传已久，明代的读书人对《孟子节文》难以接受，并且朱元璋以后的明代皇帝对此书也不重视，故而《孟子节文》后来在社会上没有发生大的影响。（张磊）

92 孔府为什么被称为"天下第一家"？

　　曲阜孔府，又称"衍圣公府"，是孔子嫡系子孙居住的府第，是我国仅次于北京故宫的贵族府第，号称"天下第一家"。

孔府　孔子嫡系长孙的官署，有建筑近600间，在孔庙东侧。

　　孔子逝世后，其子孙因宅立庙，附庙而居。后来由于历代王朝推崇孔子，泽及子孙，随着嫡裔的封爵日益隆增，住宅也逐渐扩大。但在北宋仁宗将孔子第四十六代孙孔宗愿封为衍圣公时，也不过只有住宅房舍数十间，是为最早的衍圣公府。

　　自宋以后，金、元时期孔府皆有扩建。明洪武十年（1377年）第五十六代衍圣公孔希学奏请将孔庙、孔府分立获准，创建独立的衍圣公府。明弘治十六年（1503年）再合署衙于住宅，建于同一中轴线上，形成目前规模。清代光绪年间由于内宅失火而大修。民国时期孔府遭受战火损坏，又于1936年孔德成结婚时全面大修，粉刷一新，始成为今日所见前堂后寝、衙宅合一的孔府。

孔府大门，为三间五檩悬山式建筑，匾书"圣府"二字，为明朝严嵩所书。门两边有对联一幅"与国咸休安富尊荣公府第，同天并老文章道德圣人家"，其中"富"字上面少一点，寓"富贵无头"，"章"字一竖通到上面立字，寓"文章通天"，此联概括出千百年来"圣人家"的气派。

孔府大门

孔府原占地约180亩，有厅、堂、楼、轩等560余间，院落九进，布局分东、西、中三路：东路为家祠所在地，有报本堂、慕恩堂、奎楼、一贯堂等；西路为旧时衍圣公读书、学诗学礼、燕居吟咏和会客之所，有红萼轩、忠恕堂、安怀堂，南北花厅为招待一般来宾的客室；中路是孔府的主体部分，前为官衙，设三堂六厅，往后是住宅，最后是孔府花园。孔府是我国封建社会中典型的官衙与内宅合一的贵族庄园。

孔府收藏大批历史文物，最著名的是"商周十器"，亦称"十供"，形制古雅，纹饰精美，原为清代宫廷所藏青铜礼器，于清乾隆三十六年赏赐孔府。孔府还收藏金石、陶瓷、竹木、牙雕、玉雕、珍珠、玛瑙、珊瑚以及元、明、清各代各式衣冠剑履、袍笏器皿，另有历代名人字画，其中元代七梁冠为国内仅有。

孔府保存有明嘉靖十三年（1534年）至1948年的档案，内容丰富，从不同侧面反映了我国古代政治、经济、思想、文化的相关内容，具有重要历史价值。孔府档案是世界上持续年代最久，涉及范围最广，保存最完整的私家档案。

孔府恢宏的气势、雄伟的建筑、深厚的文化底蕴、崇高的社会地位使其获得了"天下第一家"的美誉。（张磊）

知识链接
乾隆为什么将女儿嫁到孔府？

清代乾隆皇帝将自己的女儿嫁到孔府，是清代有关孔府的一则流传甚广的故事。

这位嫁给孔府的公主是圣贤皇后所生，乾隆和皇后对她十分宠爱，但公主脸上有一块黑痣，据宫中的相书说，这块黑痣会带来灾难，而破除灾难的唯一办法是把公主嫁给比王公大臣更显贵的人家。在当朝中，比王公大臣更显贵的人家只有孔府。因为，孔子后裔衍圣公是一品官，列文臣之首。衍圣公可以在皇宫的御道上和皇帝并行，在紫禁城骑马，这都是别的王公贵族所没有的荣耀。而且皇帝到曲阜后，也要向衍圣公的祖先孔子行三跪九叩大礼。为了解除女儿的灾难，乾隆皇帝第一次来孔府时就决定将公主下嫁孔府。但是《大清律》上明文规定满汉不能通婚。为了避开这个族规，乾隆便将女儿寄养在中堂于敏中家，然后在乾隆三十七年（1772年）以于家的名义，将公主嫁给第七十二代衍圣公孔宪培。这位公主便被孔家的后人称为于夫人。

公主的丈夫孔宪培原名孔宪允，字养元，号笃斋，博学多才，工书画，善画兰，得先祖孔毓圻遗法，乾隆四十八年（1783年）袭封衍圣公。乾隆幸曲阜时赐名孔宪培，并将女儿嫁给他。孔宪培与公主的婚礼非常隆重，结婚前，皇帝家的陪嫁整整运了三个月，光服装首饰就几千箱。另外，像人参、珊瑚、牙雕福禄、翠玉盆景更是应有尽有。陪嫁中有七屯八厂十二庄，而这些田庄、屯集上的收入还都只是给公主日常打发仆人的零用钱。公主结婚时，百官前来祝贺，各种稀世珍宝、金玉玛瑙，数不胜数。山东知府送来一把小金斧子，引起了乾隆极大兴趣。乾隆问他有何说法？他说："留着以后给御外孙砸核桃吃。"乾隆听后非常高兴，说这把金斧子是所有礼品中最好的。后来，这把小金斧子就成了孔府的传家宝。

233

孔府与皇室通婚后，地位更高。仅在孔宪培生时，乾隆皇帝就曾五次到曲阜，而且每年都给予很多赏赐。公主婚后的生活却并不如意，先是不育，后来生了一个女孩，不久就夭折了。以后再也没有生育，只得过继侄儿孔庆镕为子，这就是七十三代衍圣公。（张磊）

93 《论语》是什么时候成书的？是谁编辑而成？

《论语》一书是孔子及其弟子言论的汇编，主要记述孔子及弟子的言论行事，生动、全面地记录了孔子之学、行、思与其人格形象。共分 20 篇，每篇分若干章，约一万两千字。全书采用语录体，有孔子谈话、答弟子问及弟子间的相互谈论。章节简短，言简意赅，耐人寻味。内容广及政治、教育、礼仪、经济、文学、民族、哲学等各方面。

《论语》一书由何人何时编定，这一问题历来是聚讼纷纭，莫衷一是。

有一种看法认为是孔子弟子仲弓、子夏等人编撰的。汉代大学者郑玄就主此说。还有人认为是曾子及其门人所编定。唐代柳宗元是其代表，宋代理学家"二程"赞同柳说。近代思想家梁启超也同意这种看法。还有的学者认为是曾子门人述言，战国秦汉儒生增益而成。近代学者钱玄同在他的《重论经今古文学问题》中就持这种观点，认为《论语》应当成书于秦汉时期。

现在大多数人都认为《论语》应当作于战国初年，是孔子弟子和再传弟子合编的。这种观点早在《汉书·艺文志》里就有阐发，是孔子弟子各有所记，合而纂定。另外，从文体上看，《论语》是问答体，记载了孔子与弟子间，还有弟子和再传弟子间的问答。比如《子罕》篇中有"牢曰"的一句话，牢是琴牢，字子张，这里称名不称姓，说明参加编辑者是孔子弟子，他们之间没有必要非常正式地把全名写出，更不可能冠以"子"的尊称。而且《泰伯》篇有"曾子有疾，召门弟子曰……"，《子张》篇有"子夏之门人问交于子张"，说明在编纂《论语》的时候曾子、子夏等人已收有学生了。尤其是《泰伯》篇记有曾子病危将死时与其弟子孟敬子的对话，孟敬子是鲁国大夫孟武伯儿子的谥号，他死于战国初期，而曾子死于公元前436年左右，二人去世的年代相差不远。所以《论语》的成书不可能太晚，应当是公元前400年左右。

由此可见《论语》的编辑成书应在战国初期，大致在孔子死后七十多年，由孔子弟子和再传弟子合编而成，非出于一人之手。（张磊）

知识链接
《论语》的编排是杂乱无章的吗？

《论语》分为二十篇。有人说，《论语》的编排杂乱无章，《学而》篇中夹杂着与学习毫无关联的句子，《为政》篇中却还有与学习有关的句子。这种说法貌似很在理，但实际上《论语》二十篇之间存在着严密的因果逻辑联系，这种因果逻辑联系通过研究每一篇的主题可以发现。

一个人立己或是为人，首先得学习，所以是《学而》第一；学而优则仕，所以是《为政》第二；为政当以礼乐，礼制的象征以"八佾"最为典型，佾是舞列，纵横都是八人，共六十四人，只有周天子才能使用八佾，所以是《八佾》第三；礼乐兴则人民能处在仁中，所以是《里仁》第四；仁为所立之境，但德有浅深，可见任重而道远，下德如公冶长，所以是《公冶长》第五；中德如冉雍，所以是《雍也》第六；上德如孔子，叙述孔子所言所行是很重要的，所以是《述而》第七；至德如泰伯，所以是《泰伯》第八；孔子言行深远广博，门人所记甚多，所以接下来是《子罕》第九、《乡党》第十，两篇皆记述孔子的言行，实际上是《述而》篇的继续。以上十篇，以学道为开端，以人人以至德为目标而结束。

然而，当时的情况是天下无道已经很久了，失道之后应当追求德，所以是《先进》第十一。"先进"是先立于礼乐，进而求仁，

235

问吧
三

《圣迹图》中描绘的八佾舞的九十六种舞姿

进而求至德的意思；而颜渊是孔门弟子中最能以礼乐而立于仁者的了，所以是《颜渊》第十二；失去了仁而后应当追求义，而子路是孔门弟子中最能履行忠义的了，所以是《子路》第十三；失去义而后应当追求礼，原宪曾向孔子询问过耻的含义，懂得了耻的意义，就会远耻而近礼了，所以是《宪问》第十四；失去了礼则国君不像国君，大夫不像大夫，家臣不像家臣了。作为国君的卫灵公，作为大夫的季孙氏，作为家臣的阳货都是这种现象的典型。所以接下来的三篇是《卫灵公》第十四，《季氏》第十五，《阳货》第十六；国君、大夫、家臣都失礼无道，则贤能自然不为所用。微子就是深受其害，其弟纣王无道，微子离开朝廷退隐还乡，所以是《微子》第十七；天下无道，必须有志士仁人承前而启后，继往而开来，而子张是最能担当此重任的志士，要做到尧帝那样承前继往的典范，所以以《子张》第十九，《尧曰》第二十结束。以上十篇始于失道，终于复道。

　　纵观这二十篇，从学道到得道，从失道到复道，个人得失之理、国家治乱之由，尽在其中。自为学修身至治国平天下，是一完整体系，各篇之间，互存一定的逻辑关系。由此可知，《论语》并非随意编排的产物，它恰恰是编撰者精心构划的结果。（张磊）

94

《论语》最初的书名叫《孔子》吗？

人们稍稍留心就会发现，百家诸子之书往往以作者的名字命名，如《墨子》、《孟子》、《庄子》、《荀子》、《韩非子》、《子思子》、《文子》、《列子》等等；有的则是同类著作的汇编，取其主要作者的名字命名，如《管子》；还有的一书两名，如《老子》，又称《道德经》，前者取其作者名字命名，后者根据内容命名。那么，孔子的《论语》是怎么命名的呢？

《论语》不是孔子的著作，但是《论语》记载了孔子的言语行事，因此，《论语》成书后相当长一段时间被视为孔子之书。关于《论语》的命名，有各种各样的说法，归纳起来主要有两说，一是认为成书之初，由编纂者——孔子弟子或再传弟子定名为《论语》，也就是说，《论语》是一开始就有的书名；二是认为成书后并无《论语》名称，到了汉代才确定了《论语》的名称。还有的学者认为，《论语》书名虽然见于《礼记·坊记》，但在汉代，或单称《论》，或单称《语》，或别称《传》、《记》，或详称《论语说》，书名并不确定，直到西汉末年《论语》书名才固定下来。

现代学者赵纪彬先生提出了一种新的说法，认为《论语》之书在先秦本名《孔子》，到汉代才新创了《论语》这个书名。

赵纪彬先生指出：清代乾嘉学者已注意到《论语》之书，在先秦时称《孔子》，类似于孟子之书称《孟子》。他受此启发，做了进一步的论证。他认为，由于《论语》是汉代新创的书名，人们还不太习惯，仍沿用旧名，称之为《孔子》。如：

司马迁《史记·宋世家赞》有"《孔子》称：微子去之，箕子为之奴，比干谏而死"。这一条见于《论语·微子》篇，是记事之语，并非孔子本人的话。

刘向《说苑·建本》有"《孔子》曰：君子务本，本立而道生"。这一条见于《论语·学而》篇，是孔子弟子有子的话。

王充《论衡·语增》有"《孔子》曰：纣之不善，不若是之甚也；是以君子恶居下流，天下之恶皆归焉"。这一条见于《论语·子张》篇，是孔子弟子子贡的话。

应劭《风俗通义·过誉》有"《孔子》称：可以寄百里之命，托六尺之孤，临大节而不可夺"。这一条见于《论语·泰伯》篇，是孔子弟子曾子的话。

类似的情况，赵纪彬先生举出了19条例证，说明汉代学者将《论语》中所记别人的话，以及记事之语，都引作"孔子曰"，这个"孔子"显然不是人名而是书名。司马迁、刘向、王充、应劭以及班固、郑玄、何休、蔡邕等人，都是博学之士，熟知孔子与《论语》，他们不可能误引他人的话当作孔子的话，只有把他们引用的"孔子曰"或"孔子称"，看作是"《孔子》曰"或"《孔子》称"，亦即把他们引用的"孔子"看作是书名而不是人名，问题才容易解决。

其后，韩仲民先生也注意到了这种情况，指出，先秦诸子之书征引《论语》时，都称"孔子曰"；汉代人引用《论语》中子夏、子贡、有若、曾子等人的话，也称之为"孔子曰"，这里的所谓的"孔子"，应该是书名。

翟灏、赵纪彬、韩仲民这一派的观点，认为《论语》书名初称《孔子》，后来才改称《论语》，似乎不为人们所熟知，没有成为定论。但是，他们提出的看法无疑值得重视，是关于《论语》书名有变化的一种比较有说服力的说法。（王钧林）

知识链接
古人书籍的命名方式都有哪些？

古代典籍浩如烟海，命名方式也多种多样，大致说来有六类：

第一类以作者的名称命名。这一类又可细分为五小类：一是直接以作者的姓名命名。如《诸葛亮集》、《陶渊明集》、《李清照集》、《关汉卿戏曲集》。二是以作者的字命名。如《曹子建集》，曹植，字子建。《王子安集》，王勃，字子安。《小山乐府》，元代散曲家张可久，字小山。《袁中郎集》，袁宏道，字中郎。三是以作者的号命名。如《东坡全集》、《东坡乐府》，北宋文学家、书画家苏轼，号东坡居士。《稼轩长短句》，南宋爱国词人辛弃疾，号稼轩。《白石道人诗集》，南宋词人、音乐家姜夔，号白石道人。四是以作者的谥号命名。如《林和靖诗集》，北宋诗人林逋，有"梅妻鹤子"之称，卒谥"和靖先生"。《周元公集》，北宋哲学家、宋代理学的开山祖周敦颐，谥号元公。五是以作者的封号命名。如《魏郑公文集》，唐初政治家魏徵，封郑国公。《王荆文公诗笺注》，北宋政治改革家、思想家、文学家王安石，封荆国公，谥号文。

第二类是以作者的籍贯命名。如《孟襄阳集》，作者孟浩然是襄州襄阳（今湖北襄樊）人。《柳河东集》，"唐宋八大家"之一的柳宗元为河东（今山西永济）人，世称柳河东。《鲒埼亭集》，清代史学家、文学家全祖望，浙江鄞县鲒埼亭（今宁波）人。

第三类是以作者官职命名。如《杜工部集》，杜甫曾作校检工部员外郎。《高常侍集》，唐代边塞诗人高适，官至散骑常侍。《高太史全集》，明初文学家高启，曾为翰林院国史编修。

第四类是以作者曾居住或任职的地方命名。《岑嘉州诗集》，唐代边塞诗人岑参，曾在嘉州（今四川乐川）任刺史职。《长江集》，唐代诗人贾岛曾在长江（今四川蓬溪）任主簿职，人称贾长江。《小仓山房文集》，清代袁枚辞官后曾侨居江宁，筑园林于小仓山。

第五类，以作者的室名、斋名、园名等住处命名。《惜抱轩诗文集》，清代散文家、"桐城派"的集大成者姚鼐，室名惜抱轩。《敬业堂诗集》，清初诗人查慎行，堂名敬业堂。《白鹤堂文集》，清代中叶文学家彭端淑，堂名白鹤堂。

第六类是以作品集成时的帝王年号为书名。如白居易的诗文集编于唐穆宗长庆年间，故名《白氏长庆集》。北宋散文家苏洵的文集，为宋仁宗嘉祐年间编辑而成，故名《嘉祐集》。（张磊）

239

95 《论语》在汉代为什么被称为"传"不称为"经"？

汉初，立《诗》、《书》、《礼》、《易》、《春秋》五部儒家经书于学官，称为"五经"。《论语》在此时尚未取得与上述"五经"并驾齐驱的地位。根据零散材料来看，西汉人往往把《论语》等同于《孟子》、《墨子》等，作为诸子的一种，同时也把它看作辅翼经书的"传"和"记"。比如司马迁在《史记》中引用《论语》的句子，书名不写《论语》，而写作《传》曰"；班固《汉书》中写法也如此，有的还写作《论语说》曰"。所以当时学者还未把《论语》当作"经"看待。

为什么《论语》没有被列入经的范围呢？"六经"是历史上早就形成的，在人们的思想中已经有了很深厚的"经典"意识了。"六经"在孔子那个时代就已经成为经典，孔子晚年的工作就是编定、整理六经，孔子不仅自己精通"六经"，而且还把"六经"传授给弟子。孔子去世后，"六经"经过几代儒家学者的传承和研究，已经成为传世的经典了。

另外，汉初实行"黄老之学"，儒学并未得到极高的地位，作为记录孔子言行的《论语》也还没有得到应有的重视。汉武帝采纳了公孙弘的建议，设立了五经博士，《易》、《书》、《诗》、《礼》、《春秋》每经置一博士，故称五经博士。五经博士传授、研究的"五经"中并没有《论语》，因为《论语》篇幅不大，内容又可以佐证、解释"五经"，所以《论语》一直都被当作解经的传来看待。

但是随着历史的发展，汉代统治者对《论语》逐渐重视起来，《论语》的地位逐步得到了提高。（张磊）

知识链接
儒家十三经是何时形成的？

十三经是指十三部儒家经典，包括《诗经》、《尚书》、《周礼》、

《仪礼》、《礼记》、《周易》、《左传》、《公羊传》、《谷梁传》、《论语》、《尔雅》、《孝经》、《孟子》。《周易》是占卜之书，蕴含着深刻的哲理。《尚书》是上古历史文献汇编。《诗经》是西周初至春秋中期的诗歌集。《周礼》主要记载周代官制。《仪礼》主要记载春秋战国时代的礼制。《礼记》主要是战国秦汉之际的儒者的礼学著作汇编。《春秋》三传即《左传》、《公羊传》、《谷梁传》，是解释《春秋》的著作。《论语》主要记载孔子的思想言论。《孝经》是阐述孝道的著作。《孟子》主要记载孟子的思想言论。《尔雅》是汉代关于训诂的著作，多用以解经。

这十三部儒家文献"经"的地位是在历史上逐步形成的。《易》、《诗》、《书》、《礼》、《春秋》在汉代被称为"五经"，并各置博士。东汉后期，五经加《论语》、《孝经》，称"七经"。唐朝时，《春秋》"三传"即《左传》、《公羊传》、《谷梁传》，"三礼"分《周礼》、《仪礼》、《礼记》和《易》、《书》、《诗》，共称为"九经"。唐文宗时期，"九经"和《论语》、《尔雅》、《孝经》在国子学刻石，在开成年间竣工，称为"开成石经"。五代时蜀主孟昶刻"十一经"，不包括《孝经》、《尔雅》，但收入《孟子》。南宋大儒朱熹推崇"四书"即《大学》、《中庸》、《论语》和《孟子》，并得到官方认可，《孟子》正式地成为"经"。这意味着到南宋时期，儒家十三经形成了。到清代乾隆时期，刻"十三经"于石，后来清代学者阮元又校勘刻印了《十三经注疏》。儒家十三经是儒家文化的重要典籍，对中国古代社会影响深远。（张磊）

96

孔子故宅壁中藏书是怎么发现的？

曲阜孔庙东路诗礼堂北有一段灰色垣墙，墙前立着一块刻有"鲁壁"两大字的石碑。这两个字是和一段重要的学术史联系着的。

秦始皇焚书坑儒之际，孔子九世孙孔鲋将一部分儒家典籍如《尚书》、《礼记》、《论语》、《孝经》等书藏于孔子故宅的墙壁之中，然后持礼器投身于反秦的陈胜起义军中。后被拜为博士，因起义失败后遇难，死于嵩山，所以直到死时也没有把这些书籍拿出来。

几十年后，汉景帝之子刘馀被封为鲁恭王，来到曲阜。鲁恭王刘馀喜好建造宫室苑囿，想在孔子故宅处兴建宫室，但在拆除墙壁时，发现了壁中藏书，由此，这些藏书才重见天日。传说在藏书乍现时，天上响起金石丝竹之声，有六律五音之美。鲁恭王顿时肃然起敬，不敢再拆房子，并且将这些书都交还孔子的第十一世孙孔安国。

经过孔安国的整理和研究，发现这批出土的书籍包括逸《礼》、《尚书》、《春秋》、《论语》、《孝经》等文献，它们都是用蝌蚪文字（汉以前的大篆或籀文）写成的竹简，与当时汉代通行的隶书书写方法不同。孔安国加以整理，发现其中的《尚书》比通行本多出十六篇，由于这是用先秦古文书写的，所以被称为古文《尚书》，当时用汉代隶书书写的就被称为今文《尚书》。汉武帝时，孔安国将这部书献给了朝廷。（张磊）

孔安国　孔子十一代孙，整理鲁壁藏书，开古文尚书学派。

知识链接
儒学对古代的书法有何影响？

在我国古代，书法一般是指用毛笔书写汉字的方法和规律，包括执笔、运笔、点画、结构和布局等。我国先民自从有了文字，便逐渐产生了对文字的审美要求。从殷商至汉末三国，是书法的萌芽时期。东晋大书法家王羲之的出现使书法艺术大放异彩，意味着书法的发展进入了一个新的阶段。此后历代历朝，书法都有发展，各有特色。

儒学对中国古代的书法艺术有很大的影响。例如，孔子提出"中庸"的思想，《中庸》进一步提出"致中和"，这在以后的书法艺术中得到应用。书法在运笔上要讲究直与曲、方与圆、露与藏、枯与润、连与断等的对立统一，要求"刚柔相济"、"肥瘦相和"等。

汉代石经　东汉熹平四年为统一五经文字，将王经用古文、篆、隶三种书体刻碑立于太学门外。

这些都是"中庸"、"中和"思想的体现。所以往往能从中国古代书法家的书法作品中，看出他们所具有的深厚的儒学修养。（张磊）

97

《论语》最早传播到哪个国家？

孔子是人类历史上最伟大的思想家之一，他的思想不仅影响了两千多年的中国历史，而且还成为人类文明的共同财富。

《论语》是记录孔子言行的著作，作为儒家经典得到了广泛

的传播，对世界产生了深远影响。《论语》成书之后很快流传到海外许多国家与地区。由于地理毗邻、交通便利，《论语》等儒家经典和孔子思想首先传播到东亚和南亚次大陆地区的国家。

西汉时期《论语》传入了朝鲜半岛。公元前后，高句丽、百济、新罗并起。高句丽推行儒学教育，传授《论语》；百济也积极吸收儒家文化，聘请南朝梁的博士前去讲授《论语》。新罗和高丽时期虽然统治者都信奉佛教，但政治和伦理思想都是儒家的，设太学，开科取士，印制和进口儒书，这里就包括对《论语》的推崇，出现了大儒崔冲，被誉为"海东孔子"。李氏王朝非常敬重儒教，对朱熹的《四书章句集注》更是奉为圭臬。

胡志明市的孔子像

公元 285 年，《论语》传到日本。公元 513 年，日本设立"五经"。公元 7 世纪，日本大化改新后，多次向唐朝派遣遣唐使学习儒家文化。奈良平安时期，日本选择官吏考试题目，很多与《论语》有关。镰仓至江户时代，朱子理学大盛，《论语》中忠、义、孝、勇、廉、耻等观念影响深远。明治维新以后，日本儒学开始向实用性转换。

儒家文化传入越南比较早。汉光武帝时儒生任延被派往越南做太守，在任期间，兴办教育，讲授儒学，把《论语》等儒家经典传入越南。《论语》之学在越南达到全盛的时期是李、陈、后黎、阮几朝，各朝开科举，修国子监，设国学院，儒家思想成为官学，长盛不衰。（张磊）

以儒家的基本价值观念作为社会伦理基础的国家和地区就属于儒家文化圈。儒家文化圈主要包括中国、朝鲜、韩国、日本、越南和新加坡等地。

中国在西汉时期,汉武帝实行了"罢黜百家,独尊儒术"。从此以后直到清代,儒学是古代中国的主流文化。

儒学传入朝鲜后,逐渐盛行开来。大约在1600年前的朝鲜三国时代,朝鲜就开始举行祭祀孔子的释奠,并一直延续至今。韩国不仅拥有儒教学会、儒教文化研究所等机构,而且在一些大学里还设有专门研究儒学的学科。韩国努力挖掘儒教的精髓,把儒家文化运用到现代生活之中。

儒学传入日本后,逐渐融入日本人的思维方式、行为情感及生活方式之中,成为日本社会文化的重要组成部分。例如,儒家的"义利之辨"成为日本资本主义兴起和发展的道德支柱;儒家的"忠孝"观念为近代日本的国家和企业服务等等。

儒学在秦汉时期即已传入越南。此后儒学在越南继续传播。在越南的陈朝,儒学在文化领域发展到主导地位。儒学在越南的长期流传,使越南的社会文化和道德伦理等深受儒学影响。(张磊)

98 "五四"时期人们为什么要"打倒孔家店"？

245

五四新文化运动时期,人们为反对封建思想而提出了"打倒孔家店"的口号。

20世纪20年代,北洋军阀政府积极倡导孔教,尊孔复古。1912年9月袁世凯发布《崇孔伦常文》,1913年6月、11月两下

问吧
三

《尊孔祀孔令》，并亲到孔庙祭祀。各地军阀遥相呼应，支持袁世凯的尊孔活动。康有为、陈焕章等人还建立了"孔教会"等尊孔团体，积极为恢复封建旧制做舆论上的准备。

那个时期，以儒学为代表的落后的封建思想严重阻碍了中国的发展。于是在五四新文化运动时期，进步的知识分子称以儒学为代表的落后的封建思想为"孔家店"，提出要"打倒孔家店"，由此开展了一系列的思想文化批判运动。

章太炎、陈独秀、吴虞等知识分子多次撰文，批驳尊孔思潮。1915 年 9 月陈独秀在《新青年》创刊号上发表了《敬告青年》，号召青年向腐朽的封建意识战斗。1916 年 2 月，易白沙撰文《孔子评议》，第一次指名道姓批评孔子，打响了"打倒孔家店"的第一枪。接着，陈独秀、李大钊抨击"三纲五常"，反对封建礼教和旧道德，指出孔子为历代帝王专制的护身符；鲁迅发出了揭露封建家族制度和礼教的弊害的呐喊，在《狂人日记》中借狂人之口表明了对吃人般的封建礼教的觉醒。1921 年 6 月 16 日胡适在给《吴虞文录》写序言里介绍吴虞是打孔家店的英雄，"打倒孔家店"这一口号被正式提出，成为五四新文化运动的一面旗帜。

"打倒孔家店"对以儒学为代表的落后的封建思想进行了摧毁性的破坏和打击，极大地鼓舞了人民群众反封建的革命热情，猛烈抨击了打着孔子招牌而想复辟封建旧制的反动军阀和文人。（张磊）

知识链接
太平天国为什么反孔？它反孔又造成了什么后果？

洪秀全在经历四次科举考试落第后，对人生前途的思考发生了很大的转变。他潜心阅读得到的一本宣传基督教的书《劝世良言》，开始信奉上帝，最后创立了拜上帝会。因此洪秀全不再信奉儒家学说，认为孔子之书会引起妖魔鬼怪作乱。他在接受洗礼的时候，除去了家中的孔子牌位。又在村塾开学的那天，将孔子牌位丢在地上，一脚踩烂，以向学生表明他不再信奉孔子。后来，洪秀全率领太平军定都天京后，继续实行反孔的文化政策，删除和查禁儒家书籍，砸碎孔子牌位，焚毁孔庙。

洪秀全反对孔子和儒家学说，为的是让农民坚守对拜上帝会的信仰，吸引农民参加太平天国运动。但太平天国在文化上的反对孔子和儒学的政策，脱离了当时中国社会的实际，无法长久维系人心，成为太平天国失败的重要原因之一。（张磊）

99 历史上为什么有所谓"真孔子"和"假孔子"的说法？

孔子是中国历史上极特殊而又极其重要的人物。自汉代以来的中国封建社会，都信奉孔子创立的儒家学说。但是由于历史的原因，在我国封建社会里，也出现过"真孔子"和"假孔子"的现象。

"真孔子"就是春秋末年那位创立儒家学说的真实的孔子。《论语》、《左传》和《史记》等书记载了他的言行思想。他年轻的时候吃过不少苦，博学多才，向往周礼，聚徒讲学。他在鲁国曾经做过官，后来又周游列国。他晚年回到鲁国，继续聚徒讲学，整理删定六经。孔子是一位伟大的思想家，他创立的儒家学说对后世影响深远。

"假孔子"就是被历代封建王朝尊奉的孔子。儒者们不断地诠释孔子的思想，封建帝王也给予孔子各种封号。在这个历史过程中，孔子的思想体系被改造，孔子

问礼处　在今洛阳东关。

247

的形象被逐渐神化。例如西汉时期，汉武帝"罢黜百家，独尊儒术"，但此时的儒家学说已经是董仲舒在吸收了法家、名家和阴阳五行家等诸家的思想后而加以改造了的儒家学说。因此，汉武帝所尊的已经不简单是孔子建构的儒家学说了。从这个意义上说，汉武帝所尊的孔子也就成了"假孔子"。类似的现象，在以后的历代封建王朝还多次重演。

五四新文化运动时期反对的孔子，实际上是以孔子为托名的落后的封建思想，并不是春秋末年创立儒家学说的真实的孔子。

正确区分历史上的"真孔子"和"假孔子"，对研究孔子和儒家学说非常重要。（张磊）

知识链接
康有为为什么要建立孔教？

康有为要建立孔教，尊孔子为教主，主张儒学宗教化，并且积极从事孔教活动，这是他的学术和社会活动生涯的一个重要组成部分。康有为是在特定的历史背景下提出要建立孔教，目的是为了儒学的新生和解决当时社会面临的严峻问题。

康有为生活的时代，中国积贫积弱，民族危机严重。为了能够顺利推行维新变法，康有为认为托古改制容易被人们接受，所以他想从儒学中寻找变法的根据。同时，儒学受到"西学"的挑战，不能适应近代中国社会的转型。儒学需要进行变革以适应新的社会变化。

在这样的社会背景下，康有为提出要建立孔教，尊孔子为教主。他重新阐释儒家经典，为儒学宗教化寻找理论依据。康有为希望通过实行儒学宗教化，使儒学获得新生，用儒学来团结民众，应对基督教等的挑战，并争取维新变法的成功。戊戌变法失败后，康有为仍然没有放弃儒学宗教化的努力，组织一些人成立了孔教会，康有为成为了清末民初孔教运动的精神领袖。

由于当时历史条件的限制和儒学自身的特点，康有为关于儒学宗教化的努力没有取得成功。（张磊）

100

宋代宰相赵普是否说过"半部《论语》治天下"?

    "半部《论语》治天下"是一句流传甚久的话,相传出于北宋宰相赵普之口。据南宋罗大经《鹤林玉露》记载,宋代赵普再次做宰相时,人们都说他只读过《论语》,宋太宗问他是否真有其事,赵普实情相告,说:"我平生所知道的,确实不出《论语》的范围。过去我半部《论语》帮太祖平定了天下,现在用半部《论语》辅佐陛下把天下治理好。"后人由此引出"半部《论语》治天下"的说法。《辞源》引用南宋罗大经《鹤林玉露》解释"半部《论语》",称"典出于此"。《辞海》"赵普"条也说:"他少时为吏,读书不多,相传有半部《论语》治天下的说法。"

    赵普是否真的说过"半部《论语》治天下"的话呢?近来有学者提出不同意见。有学者指出,赵普早年为吏时确曾"寡学术",但经数十年学习,到晚年经常阅读儒家经书史书,某些学问甚至超过硕学老儒,赵普不可能是"半部《论语》治天下"的发明人。这些学者认为,"半部《论语》治天下"这句话不过是围绕有宋一代政治派别及儒学发展中新学与道学的斗争、由程朱学派信徒故意编造的一句谎言。

    确实,如果认为赵普说"半部《论语》治天下",就意味着他只读过《论语》,根本不曾看过其他书,这是不可理解的。但是,如说把"半部《论语》治天下"之说解读为赵普重视《论语》,以《论语》为自己从政的指导思想,这就完全可以接受了。事实也正是如此。据《宋史·赵普传》记载,赵普晚年手不释卷,他一回到家就关起门,打开箱子拿出书,一读就是一整天。第二天去办公,一切都处理得非常顺利。他死了以后,家人打开箱子一看,就只是《论语》二十篇。这则记载说明,赵普主要靠从《论语》中汲取智慧,作为自己为政处事的指导。因此,"半部《论语》治天下"固

然不一定为赵普所说，但这句在南宋已经广为流传的话也并非空穴来风，全是后人的比附，而是有史实根据的。

其实，"内圣外王"是儒家的根本精神，《论语》作为儒家的核心经典，从修身成德入手，为实现齐家、治国、平天下指出了一条根本而又切实可行的道路。靠"半部《论语》治天下"，并非不可能。（彭耀光）

知识链接

国人不可不知的《论语》经典有哪几句？全球公认的两条伦理中，哪一条是出于《论语》？

《论语》记载了孔子的言行思想，为儒家十三经之一。《论语》内容丰富，思想深刻，对后世影响深远。

2007 年 10 月的曲阜祭孔大典上曾将《论语》中的五句话宣布为"国人不可不知的《论语》经典"。

"有朋自远方来，不亦乐乎"出自《论语·学而》，这是孔子在谈交友待人之道。这句话的意思是，有志同道合的朋友从远方来，不也很快乐吗？孔子认为，能结交远方来的志同道合的朋友，是人生十分快乐的一件事情。

"四海之内，皆兄弟也"出自《论语·颜渊》，这是孔子的学生子夏说的一句话。这句话的意思是，天下之大，到处都有好兄弟。在子夏看来，只要大家都遵循儒家的道德原则，都可以像兄弟一样友好相处。

"己所不欲，勿施于人"出自《论语·颜渊》，这是孔子诠释仁的含义时说的一句话。这句话的意思是，自己所不喜欢的事物，就不强加于别人。这句话可以作为人们相处的原则之一，强调要尊重别人，替别人考虑。1993 年召开的"世界宗教议会"通过并发表了《走向全球伦理宣言》。该《宣言》从世界各大宗教传统和文明传统所能提供的有价值的道德规范和伦理原则中选择出两条作为全球伦理或普世伦理：一是尊重别人，待人如己；一是"己所不欲，勿施于人"。

"德不孤，必有邻"出自《论语·里仁》，这是孔子说的一句话。意思是，有道德的人不会孤单，一定会有很好的邻居。一个人如果道德高尚，肯定会得到周围人的赞同和支持。这对于如何为人很有启发意义。

"礼之用，和为贵"出自《论语·学而》，这是孔子的学生有子谈到礼的时候说的一句话。意思是，礼的运用，以和谐为贵。人们以礼相处，非常重要的就是要做到和谐。

《论语》中的这五句经典被推荐在2008年北京奥运会上使用，用以表达中国人民对前来参加北京奥运会的世界各国朋友的热情欢迎。（张磊）

101 日本"资本主义之父"涩泽荣一提出"《论语》加算盘"的含义是什么？

有"日本资本主义之父"之称的涩泽荣一先生，根据自己数十年的经历和体验写成《〈论语〉加算盘》一书。该书通过对《论语》与"算盘"的关系的解析，生动说明了道德仁义在当代商业运营中的重要意义。

在涩泽荣一看来，以仁义和道德修养为核心内容的《论语》，是伦理和道德的代表，而"算盘"则形容"精打细算"、"斤斤计较"，是"利"的象征。涩泽荣一指出，传统观念中把"义"与"利"绝对对立起来的倾向，对国家和社会的发展产生了极大的害处。事实上，"义"与"利"并不绝对对立，而是有内在的统一性。他认为，不追求物质的进步和利益，人民、国家和社会都不会富庶，这无疑是种灾难；而致富的根源就是要依据"仁义道德"和"正确的道理"，这样才能确保其富持续下去。这种立场在孔子那里是很明确的。孔子并无鄙视富贵的观点，只是劝诫人们不要见利忘义，不要取不义之财，也就是《论语·泰伯》所说的"邦有道，贫且贱焉，耻也；邦无道，富且贵焉，耻也"。人们对孔子"义利观"最严重的误解，是把"利"与"义"完全对立

起来,结果是"把被统治阶级的农工商阶层置于道德的规范之外,同时农工商阶级也觉得自己没有去受道义约束的必要","使得从事生产事业的实业家们的精神,几乎都变成了利己主义。在他们的心目中,既没有仁义,也没有道德,甚至想尽可能钻法律的空子去达到赚钱的目的"。因此涩泽荣一强调,"缩小《论语》与算盘间的距离,是今天最紧要的任务"。他的工作就是要通过《论语》来提高商人的道德,使商人明晓"取之有道"的道理;同时又要让其他人知道"求利"其实并不违背"至圣先师"的古训,尽可以放手追求"阳光下的利益",而不必以为于道德有亏。他说:"算盘要靠《论语》来拨动;同时《论语》也要靠算盘才能从事真正的致富活动。因此,可以说《论语》与算盘的关系是远在天边,近在咫尺。"

为此,他提出了"士魂商才"的概念。也就是说,一个人既要有"士"的操守、道德和理想,又要有"商"的才干与务实精神。"如果偏于士魂而没有商才,经济上也就会招致自灭。因此,有士魂,还须有商才。"但"只有《论语》才是培养士魂的根基",因为"所谓商才,本来也是要以道德为根基的。离开道德的商才,即不道德、欺瞒、浮华、轻佻的商才,所谓小聪明,决不是真正的商才"。这种士人与商才相结合的理念,也就是道德修养与经营之道相结合的理念,正是涩泽荣一提出"《论语》加算盘"的真正含义。(彭耀光)

知识链接
中国历史上最早的儒商是谁?

在历史上,有许多以儒家的基本理念为指导从事商业活动而获得成功的人,也就是我们今天所说的"儒商"。孔子的著名弟子子贡,可以算是其中的代表。

古代经商者常形容自己从事的是"陶朱事业,端木生涯"。这"端木生涯"说的就是子贡。子贡姓端木,名赐,为"孔门十哲"之一,也是其中最擅长经商之道的一位。《论语·先进》篇记孔子说"回也其庶乎,屡空。赐不受命,而货殖焉,亿则屡中"。意思是说，颜回的道德学问都不错，却穷得常是钱袋空空的；而子贡不安本分，去经商，预测市场行情常常很准确。还有一次，子贡对孔子提问："有美玉于斯，韫椟而藏诸？求善贾而沽诸？"有一块珍贵的玉石，是放在柜子里藏起来呢，还是找一个好的价钱卖掉呢？孔子回答："沽之哉！沽之哉！我待贾者也。"连说："卖掉！卖掉！我等识货的人呢。"子贡以玉的藏与卖试探老师是否出仕，说明子贡脑子里经常捉摸经商之道。子贡因善于经商，成为孔门弟子中的首富，经常往来于曹、鲁等国之间，据《史记·货殖列传》记载："子贡结驷连骑，束帛之币以聘享诸侯，所至，国君无不分庭与之抗礼。"受到各诸侯国统治者的重视与礼遇，可见子贡影响之大。

子贡是擅长经商之道，但他不是一般的商人，而是儒家学说的积极践行者、捍卫者和传播者。在孔门弟子中，《论语》记载子贡的言行次数最多，而且其中许多是具有儒家代表性的名言，如"夫子温良恭俭让以得之"，"贫而无谄，富而无骄"，"我不欲人之加诸我也，吾亦无欲加诸人"等等。孔子的不少名言，也是在回答子贡提问或与他讨论学问时讲的，其中涉及到了仁爱、诚信、忠恕、中庸等儒家核心价值观等方面。正是因为子贡对儒家思想好学深思，所以多次受到孔子的肯定与表扬。

子贡是孔子的弟子，是儒家学派中最早经商而获得成功的人，可以说是最早最有代表性的儒商。（彭耀光）

仰圣门　曲阜城中根据子贡的"夫子之墙数仞，不得其门而入"之语而建造的仰圣门，上面有乾隆帝亲笔题写的"万仞宫墙"四个字。